Markus Decker
Zweite Heimat

W0076774

Markus Decker

Zweite Heimat

Westdeutsche im Osten

Ch. Links Verlag, Berlin

Für Christiane

Die Deutsche Nationalbibliothek verzeichnet diese Publikation
in der Deutschen Nationalbibliografie; detaillierte bibliografische
Angaben sind im Internet über www.dnb.de abrufbar.

1. Auflage, August 2014
© Christoph Links Verlag GmbH
Schönhauser Allee 36, 10435 Berlin, Tel.: (030) 44 02 32-0
www.christoph-links-verlag.de; mail@christoph-links-verlag.de
Umschlaggestaltung unter Verwendung eines Fotos von
Birgit und Horst Lohmeyer (Fotograf: Roman Pawlowski)
Satz: Ch. Links Verlag, Berlin
Druck und Bindung: Druckerei F. Pustet, Regensburg

ISBN 978-3-86153-798-4

Inhalt

Vorwort

Ein Buch über Westdeutsche in Ostdeutschland? Das Thema habe sich doch 25 Jahre nach dem Mauerfall überlebt, raunen kritische Stimmen. Ja, mehr noch: Wer die Frage trotzdem aufwerfe, der arbeite an der Spaltung, statt sie zu beheben. Das jedenfalls finden selbsternannte Patrioten. Also: Schwamm drüber! Schwamm drüber? Nein, das wäre ganz falsch. Ich kann vielmehr an allen statistischen Erhebungen ablesen und an meinem eigenen Leben immer wieder beobachten, dass sich das Ost-West-Ding ganz und gar nicht erledigt hat. Es fängt an bei den Ostrentnern, zu denen ich – da seit über 20 Jahren im Osten beschäftigt – heute gehören würde, obwohl ich im Westteil der Republik geboren und aufgewachsen bin. Und es hört nicht auf bei Gesprächen, die ich mit Ostdeutschen führe und bei denen ich merke, dass wir von unterschiedlichen biografischen Voraussetzungen ausgehen. Manches, was selbstverständlich scheint, ist weiterhin erklärungsbedürftig. Heimat aber, so könnte man sagen, ist dort, wo man nichts erklären muss, sondern sich alles von allein versteht. Erst kürzlich fragte mich eine ostdeutsche Leserin am Telefon, ob ich aus dem Westen komme. Um mein »Ja« daraufhin mit den Worten zu quittieren: Man merke das. Es handelte sich um ein Misstrauensvotum.

Die fast anderthalbjährige Arbeit an diesem Buch mit insgesamt 30 längeren Interviews quer durch die ehemalige DDR stützt die These, dass die innere Einheit eine bestenfalls fragile Angelegenheit ist. Westdeutsche kostet es mal mehr, mal weniger Mühe, sich im Osten zurechtzufinden und sich dort heimisch zu fühlen. Mühelos ist es eigentlich nie. Zuweilen stellte sich bei Betroffenen im Laufe der Gespräche auch ein gewisser Aha-Effekt ein. Sie waren gezwungen, sich mit ihrer Lage als Westdeutsche im Osten einmal eingehender auseinanderzusetzen und stießen dabei auf Verdrängtes oder noch gar nicht Reflektiertes.

In einem Einleitungsessay habe ich vor dem Hintergrund der letzten 25 Jahre ein Bild der West-Ost-Wanderung entworfen, den Rahmen abgesteckt, in dem sich das Individuum bewegt. Tatsächlich begann diese Wanderung – von zahlreichen Ausnahmen zu DDR-Zeiten abgesehen – direkt nach dem Mauerfall, nicht erst nach der offiziellen Vereinigung am 3. Oktober 1990. Vieles in dem Prozess war zunächst regellos, herrlich regellos, wie manche fanden, ja fast rauschhaft. Es handelte sich überwiegend um die Wanderung von Eliten aus allen Lebensbereichen, die ein fremdes System in einem ihnen fremden Landesteil implantierten, dieses System beherrschten und es nicht selten immer noch tun. Die Wanderung war Folge eines Systemwandels, der von den Ostdeutschen selbst gewollt war und dessen Folgen sie nicht übersahen. Dabei ist der Essay ein Konstrukt aus zeitgeschichtlicher Erinnerung und dem Studium der auffallend schmalen Literatur zum Thema.

Der Hauptteil des Buches besteht aus Porträts von Migranten der ersten Stunde bis heute. Sie wurden nach dem Kriterium größtmöglicher Vielfalt ausgewählt, ohne dass diese Vielfalt Vollständigkeit beansprucht. Frauen und Männer sollten etwa gleich stark vertreten und territorial möglichst gleichmäßig auf den Osten verteilt sein. Auch sollten alle Altersgruppen vorkommen. Einzelne der Porträtierten kannte ich vorher. Andere habe ich komplementär dazu gesucht und zuweilen mit Hilfe Dritter gefunden. Dabei überwiegen Vertreter von Funktionseliten: Beamte, Politiker, Wissenschaftler – so wie Funktionseliten unter den West-Ost-Migranten generell überwiegen. Es sind aber auch »einfache Leute« dabei. Doch selbst sie ragen durch materielle Überlegenheit oder besonderes gesellschaftliches Engagement oft noch hervor. In der Vielfalt der Erfahrungen zeigt sich: Das Leben widerlegt die entwickelte Theorie nicht, geht aber über sie hinaus. Anfangs herrschte deutsch-deutsche Euphorie. Bald allerdings setzten teils bittere Kämpfe ein. Die Porträts, Ausnahmen bestätigen die Regel, geben ein Zeugnis dieser Kämpfe. Sie flachten in den Nullerjahren ab. Denn die größten Umwälzungen im Osten waren damals schon vorüber. Die Klischees wichen einem beiderseitigen Realismus. Man wusste inzwischen, was man voneinander zu halten hatte. Zugleich war die wirtschaftliche Not im Osten damals anhaltend groß. Nahezu jeder Zweite hatte keine Arbeit. Die Gesellschaft in den neuen Ländern war eine andere. Und sie ist es, wenn auch mit abnehmender Tendenz, geblieben. Das stellen sogar jene Westdeutschen mit Überraschung fest, die ihren Wohnort erst in den letzten fünf Jahren in den Osten verlegt haben und in Teilen von der falschen Voraussetzung ausgingen, das Land sei vollends zusammengewachsen. Das ist es nicht. Noch nicht.

Unter die Porträts mischen sich Reportagen über Gruppen: Westbeamte, Westrentner, Weststudenten und West-Ost-Liebende am Beispiel eines Paares aus Leipzig. Der Text über den Wettbewerb um die Nachfolge des ehemaligen Bundestagspräsidenten Wolfgang Thierse (SPD) ist ein Solitär. Er steht ganz für sich. Nicht nur, weil er in Berlin spielt, sondern auch, weil er die Perspektiven von Ost und West auf denselben Sachverhalt gleichsam paritätisch ausleuchtet. In allen anderen Fällen dominiert die westliche Perspektive, wenn auch jeweils eingeordnet. Die meisten Betroffenen haben sich sehr geöffnet, auch Ängste vor Ablehnung thematisiert. Einzelne haben Persönliches eher verborgen. Doch auch Letztere geben wie durch ein Fenster Einblick in die deutsch-deutsche Gegenwart.

Es soll in diesem Buch nicht darum gehen, die Schuld für offensichtliche Integrationsschwierigkeiten der einen oder anderen Seite zuzuschreiben, wenn man von Schuld überhaupt sprechen will. Die wesentliche Ursache für diese Schwierigkeiten liegt ohnehin weniger in den Einzelnen als in den historischen Bedingungen, denen sie unterworfen sind. Ziel ist es zu zeigen, wo die innere Einheit krankt und wo sie gelingt. Denn die innere Einheit entscheidet sich ja in der Regel weniger abstrakt, also im Aufeinanderprallen unterschiedlicher Landesteile. Sie entscheidet sich überwiegend in der konkreten menschlichen Begegnung. Und diese Begegnung findet entweder im Osten statt – dann, wenn Westdeutsche sich dort hinbegeben – oder umgekehrt. Erst wenn man die Erfahrungen beider Migrantengruppen nebeneinander legen würde, ergäbe sich ein vollständiges Puzzle. Das Buch über Ostdeutsche im Westen müsste also noch geschrieben werden.

Dieses Buch endet mit einem essayistischen Nachwort, das versucht, die unterschiedlichen Erfahrungen der Porträtierten auf einen gemeinsamen Nenner zu bringen und einen Ausblick zu geben. Das Fazit ist recht eindeutig: Oberflächlich betrachtet hat sich im vergangenen Vierteljahrhundert zwischen Ost- und Westdeutschen vielerlei angeglichen. Doch zumindest unter denen, die beim Fall der Mauer 20 Jahre alt und älter waren, gären die Differenzen unterhalb der Oberfläche weiter. Nur gesprochen wird darüber selten, weil viele das Thema für erledigt halten oder für erledigt halten wollen. Dabei sind Gespräche das Einzige, was hilft. Das war 1989 so. Und es ist heute nicht anders.

Agenten einer schwierigen Einheit

Ein Einleitungsessay

Er ist der Vater aller Sätze der deutschen Einheit und hat ihr vielleicht gerade deshalb am meisten geschadet – Willy Brandts berühmtes Diktum: »Jetzt wächst zusammen, was zusammengehört.« Nicht, dass es der vormalige Kanzler und langjährige SPD-Vorsitzende nicht gut gemeint hätte mit dem Satz, den er am 10. November 1989 auf dem Balkon des Rathauses Schöneberg gesagt haben soll, den er in Wahrheit aber erst später in das Redemanuskript einfügte.[1] Der Satz war in seinem Pathos der Stunde angemessen. Doch er war falsch. Ja, mehr noch: Er wurde zur sich selbst eben nicht erfüllenden Prophezeiung, sondern provozierte ihr Gegenteil. Waren sich die Deutschen in den ersten Monaten nach dem Fall der Mauer noch recht nahe, so wuchs die Entfremdung nach dem formellen Vollzug der Einheit am 3. Oktober 1990 rapide. Die Entfremdung war Ergebnis der Begegnung. Die Nähe war gefährlich geworden. Man sieht dies nicht zuletzt an jenen Menschen, die seit dem 9. November 1989 von West nach Ost übersiedelten, zunächst vereinzelt, dann immer zahlreicher. Sie werden neutral Westdeutsche genannt, kursieren in der wissenschaftlichen Literatur vereinzelt als »West-Ostler« und mutierten bald zu den böse beleumundeten »Wessis« mit der Steigerungsform »Besserwessis«. Ganz selten werden die Westdeutschen im Osten als das benannt, was sie tatsächlich sind: Migranten aus einem anderen Land – mit einer in Teilen anderen Geschichte, anderen Sprache und Kultur, anderen Religiosität, anderen Anbindung an die westliche Lebensart, mit einer anderen kollektiven Erinnerung an die Zeit nach 1945. Diese Migranten sind Agenten einer schwierigen Einheit.

Westdeutsche im Osten hat es entgegen der herrschenden kollektiven Erinnerung auch schon vor 1989 gegeben. Die Historikerin Andrea Schmelz beziffert sie auf mehr als eine halbe Million allein in den 50er und 60er Jahren.[2] Es waren zu zwei Dritteln heimkehrende Ostdeutsche, vom SED-Regime als »Republikflüchtlinge« gescholten, und zu einem Drittel »echte« Westdeutsche. Manche kamen aus politischen Gründen, nicht zuletzt nach dem KPD-Verbot 1956, andere aufgrund wirtschaftlicher Erwägungen wie der vor allem in den 50er Jahren noch hohen Arbeitslosigkeit. Und es waren keineswegs nur Nobodys, die es in die DDR zog, sondern auch Angehörige der intellektuellen Elite. Der Bekannteste unter ihnen war der Liedermacher Wolf Biermann, der 1953 mit 17 Jahren und voller Überzeugung aus Hamburg nach Ost-Berlin ging und 1976 von der Obrigkeit in den Westen ausgesperrt wurde. Ähnlich verhielt es sich mit Lothar Bisky, der als 18-Jähriger aus Schleswig-Holstein rüberkam, um in der DDR das Abitur zu machen, und der die Linkspartei Jahrzehnte später mit einem Ost- und einem Westkopf führen konnte. Ein anderer interessanter Fall ist Horst Kasner, verstorbener Vater der heutigen Bundeskanzlerin Angela Merkel. Der evangelische Pfarrer übersiedelte 1954, also ein Jahr später als Wolf Biermann, ebenfalls aus der Hansestadt Hamburg in den real existierenden Sozialismus. Dort herrschte Mangel an Geistlichen. Überdies wird Kasner nachgesagt, Sympathie für die DDR gehabt zu haben: Man schimpfte ihn den »roten Kasner«. Auch Karl-Eduard von Schnitzler wäre zu nennen, der so verhasste TV-Propagandist vom »Schwarzen Kanal«, einer politischen Propagandasendung des DDR-Fernsehens. Kaum zu glauben angesichts seiner Hasstiraden, aber wahr: Schnitzler war »Wessi«. Er wurde nach dem Krieg beim neu entstandenen Nordwestdeutschen Rundfunk beschäftigt, »ließ in seine Kommentare indes fortgesetzt kommunistische Propaganda einfließen«[3], wie der britische Chefkontrolleur Hugh Carleton Greene monierte. Schnitzler musste gehen und heuerte 1948 beim Berliner Rundfunk an. Last, but not least: Inge Viett. Die damalige Terroristin der Roten Armee Fraktion entwand sich der Strafverfolgung in Deutschland West, indem sie 1982 in Deutschland Ost untertauchte – mit Hilfe der Staatssicherheit. Das flog erst nach der Wende auf. Und schließlich gab es da die desertierenden Nato-Soldaten, die es ebenfalls in die DDR lockte.[4]

Der DDR waren die überwiegend jungen Übersiedler selbstredend genehm, weil sie den Aderlass in die Gegenrichtung kompensieren halfen, vor allem aber aus ideologischen Motiven. DDR-Zeitungen schrieben mit Blick auf die Wiederbewaffnung der Bundesrepublik Deutschland: »Jetzt stimmen die westdeutschen Jugendlichen mit den Füßen ab.« Gemeint ist: Sie fliehen vor dem Westmilitär in den Osten. In einem Aufnahmeheim in Röntgenthal bei Berlin fand sich noch im Januar 1990 ein 33-jähriger Dachdecker aus Köln ein und tat kund, er suche in der DDR »'ne Perspektive im menschlichen Bereich«. Ihm gehe der bundesrepublikanische »Scheißladen auf die Nerven«[5]. Der verzweifelte Handwerker ist einer von 300 Gleichgesinnten, die, wie der Soziologe Rudolf Stumberger später herausfand, noch in dem Augenblick Sehnsucht nach der DDR haben, als sie sich aufzulösen beginnt.

Das alles kann wiederum nicht darüber hinwegtäuschen, dass die West-Ost-Migranten bereits vor dem Verschwinden der DDR Integrationsschwierigkeiten hatten. Den Rückkehrern haftete der Makel an, auf der anderen Seite der Mauer nicht zurechtgekommen zu sein. Die »echten« Westdeutschen wurden mit Kopfschütteln betrachtet, weil man sich fragte, warum sie nicht blieben, wo sie waren. Schließlich war der Westen doch golden. Oder nicht? Dieses Unverständnis gilt wohl auch retrospektiv: Dass Angela Merkel für die Übersiedlung ihrer Familie von West nach Ost lobende Worte gefunden hätte, ist nicht überliefert.

Neben den Übersiedlern waren da die vielen Westdeutschen, die im Osten so gut es ging ihre Verwandten besuchten, und jene Schülergruppen, die für ein paar Tage den zweiten deutschen Staat in Augenschein nahmen. Im Oktober 1990 hatten 52 Prozent der westdeutschen Jugendlichen zwischen 14 und 25 Jahren die DDR beziehungsweise Ost-Berlin bereist, knapp ein Viertel davon allerdings maximal zwei Tage.[6] Die meisten Schüler beurteilten das, was sie vor 1989 in der DDR sahen, milde. Sie begegneten Land und Leuten mit Empathie sowie in der falschen Gewissheit, dass sie mit beidem nichts weiter zu tun haben würden. Hinterher wurde der Blick, wie Forscher herausfanden, gnadenloser. Urteile wurden nachträglich revidiert.[7] Plötzlich erschienen die Ostdeutschen »fast wie kleine Kinder«[8]. Man schämte sich vorangegangener Urteile und urteilte nun umso härter. Zugleich wurden vermeintliche oder tatsächliche Interessengegensätze zwischen Ost und West ab 1990 zu einer der »wesentlichen Empathiebremsen im westostdeutschen Verhältnis«[9]. Aufrichtiger mutet da von Anfang an die Legende um Altbundeskanzler Konrad Adenauer (CDU) an, der, wenn er die Elbe mit der Eisenbahn in östlicher Richtung überquerte, stets die Vorhänge zugezogen haben soll.

Mit der deutsch-deutschen Einfühlungsbereitschaft war es also spätestens vorüber, als die Einheit erreicht war. Dies gilt auch für den Blick der Ostdeutschen auf die in ihrem Land nun zahlreicher anzutreffenden Westdeutschen. 2 324 569 Frauen und Männer übersiedelten zwischen 1989 und 2011 von West nach Ost[10] (bei 4 184 903 in die Gegenrichtung). Gerade am Anfang war der Anteil der Rückkehrer sehr hoch. Die »echten« Westmigranten siedelten in Ost-Berlin und dem Berliner Umland. Sie ließen sich in Thüringen und anderen eher grenznahen Gebieten nieder. Sie zogen überwiegend in die neu entstehenden Landeshauptstädte und in andere Verwaltungszentren. Die wenigsten gingen aufs Land oder an die Grenze zu Polen oder Tschechien. Es kamen weitaus mehr Männer als Frauen und vor allem die mittleren Altersgruppen. Lediglich 13 Prozent waren über 50. Kurzum: Es kamen hauptsächlich Eliten aus Politik, Wirtschaft, Wissenschaft, Verwaltung und Medien – Menschen, die im neuen Deutschland Ost gute Jobs fanden und sich besonders gern dort niederließen, wo es ihnen nicht ganz so fremd erschien, in Weimar oder in Dresden zum Beispiel. Bei vielen von ihnen ist bis heute ein Fremdheitsgefühl geblieben – ein Fremdheitsgefühl, das auch der Tatsache geschuldet ist, dass ausweislich einer Umfrage von 2012 noch immer über 40 Prozent der Ostdeutschen die Westdeutschen für arrogant, geldgierig und oberflächlich halten.[11] Die Frage ist: Woher kommt das?

Die Antwort liegt auf der Hand. Die anhaltende Distanz hat außer einer unterschiedlichen Herkunft und ihren Konsequenzen wesentlich mit den Machtverhältnissen zwischen Ost- und Westdeutschland im Ganzen sowie Ost- und Westdeutschen im Einzelnen zu tun. Die Beziehungskiste war und ist asymmetrisch, und zwar in jeder Hinsicht. Nicht umsonst aber gelten Beziehungen im Privatleben dann am aussichtsreichsten, wenn sich die Partner ähnlich und gleich stark sind. Davon kann bei der deutsch-deutschen Paarung keine Rede sein.

Die Westdeutschen waren den Ostdeutschen zahlenmäßig überlegen. Knapp 64 Millionen Altbundesrepublikaner trafen auf rund 16 Millionen neue. Das mag eine banale Feststellung sein. Dennoch wirkt sie sich aus, auch mental. Schon die nackten Zahlen mussten in Ostelbien das Gefühl einer Übermacht auf der anderen Seite erzeugen.

Das ökonomische Gefälle war gigantisch und kam in der ersten Hälfte der 90er Jahre voll zum Tragen, als es darum ging, die DDR-Wirtschaft zu privatisieren. Bis Mitte 1994 fielen 80 Prozent des von der Treuhandanstalt verwalteten Produktivvermögens an Westdeutsche und nur sechs Prozent an ehemalige DDR-Bürger. Der Rest, nämlich 14 Prozent, fiel ausländischen Investoren zu.[12] Die 45 Treuhanddirektoren kamen ihrerseits zu nahezu 100 Prozent aus dem Westen.[13] Hinzu traten die zahllosen Rückgabeansprüche auf Immobilien, die in Städten wie Kleinmachnow bei Berlin bis zu 80 Prozent erreichten. Mit anderen Worten: Die Westdeutschen teilten die Reste der DDR unter sich auf. Dabei ist die westdeutsche ökonomische Dominanz im Osten in Teilen ungebrochen. So ergab eine Umfrage des Mitteldeutschen Rundfunks in den Großstädten der Region, dass noch 2011 exakt 45 Prozent aller Eigentumswohnungen an Westdeutsche verkauft wurden. In Leipzig betrug der Anteil sogar 61 Prozent (in Erfurt hingegen nur 23 Prozent) – wobei die Westdeutschen eher die neuen oder frisch renovierten Wohnungen erwarben, während die Ostdeutschen auf gebrauchte Ware zurückgriffen.[14] Dass von den 500 Zentralen der großen deutschen Konzerne bis heute 95 Prozent im Westen residieren, versteht sich fast von selbst. Es ist polemisch formuliert und doch richtig: Die Ostdeutschen leben in einem Land, das ihnen mehrheitlich nicht gehört.

Politisch-strukturell sah es nach 1989 ähnlich aus. Ökonomische wie politische Vorherrschaft bedingten sich gegenseitig. Die Deutschen Ost wollten keine Experimente. Schon im Dezember 1989 jubelten sie in Dresden Helmut Kohl, dem »Kanzler der Einheit«, zu. Auf den Transparenten stand nicht mehr: »Wir sind das Volk.« Darauf stand bekanntlich: »Wir sind ein Volk.« Bei der ersten freien Volkskammerwahl im März 1990 votierten die Ostdeutschen dann überwiegend für die CDU-dominierte »Allianz für Deutschland«. Rasch stiegen mit Kurt Biedenkopf (»König Kurt«) in Sachsen und Bernhard Vogel in Thüringen westdeutsche CDU-Politiker zu Ministerpräsidenten auf, deren Karrieren eigentlich schon beendet waren. Den politisch Verantwortlichen hüben wie drüben erschien das historische Zeitfenster berechtigterweise eng. So nutzte Kohl beherzt die sich ihm bietende historische Chance. Ohnehin wirkte die alte Bundesrepublik bis dahin im Ganzen wie ein exportfähiges Modell. Der Westen war ebenso wenig wie der Osten in der Stimmung, etwas auszuprobieren. Er hatte es scheinbar auch nicht nötig. Währungsunion, Einigungsvertrag, Vereinigung – es ging Schlag auf Schlag. Und weil das westliche System im Osten etabliert werden sollte, mussten die westdeutschen Eliten ran, allen voran die Juristen: »Leihbeamte« mit Zulage, Letztere bald für Ostdeutschland wenig schmeichelhaft »Buschzulage« getauft. Bereits Ende 1991 kamen in Brandenburg 53 Prozent der Beamten im Höheren Dienst aus den alten Ländern. In der Staatskanzlei waren es sogar 73 Prozent. Lediglich in den Randressorts konnten sich die Ostdeutschen besser behaupten.[15] Auch in diesem Punkt herrscht bis heute Kontinuität. Zwar sind die ostdeutschen Ministerpräsidenten mittlerweile allesamt ostdeutscher Herkunft – von dem Westfalen Erwin

Sellering (SPD) in Mecklenburg-Vorpommern einmal abgesehen. Aber die Staatskanzleichefs sind wieder ausnahmslos Westdeutsche, seitdem die ostdeutsche CDU-Politikerin Marion Walsmann in der thüringischen Kapitale Erfurt im Herbst 2013 durch den Trierer Juristen Jürgen Gnauck ersetzt worden ist.

Die westliche Dominanz war schließlich auch dort noch weit überproportional, wo sie es nicht hätte sein müssen. Und sie führte dazu, dass die Ostdeutschen die Deutungshoheit über ihr Land und dessen Geschichte teilen mussten. Die auflagenstarken SED-Bezirkszeitungen gingen an westdeutsche Verlage und wurden in der Regel westdeutschen Chefredakteuren überantwortet. Erst nach und nach rückten Ostdeutsche zu Chefredakteuren auf. Dem früheren Chefredakteur des Bayerischen Rundfunks, Rudolf Mühlfenzl, stand bei der Abwicklung des DDR-Hörfunks- und Fernsehens eine 14-köpfige Beratergruppe zur Seite, in der sich kein einziger Ostdeutscher fand.[16] Selbst da, wo Westdeutsche eine Anpassung des DDR-Systems an eigene Gepflogenheiten am allerwenigsten vermuten würden, bei den Kirchen, blieb kein Stein auf dem anderen. Der ehemalige evangelische Superintendent von Karl-Marx-Stadt (heute Chemnitz), Christoph Magirius, beklagte, dass alles eins zu eins übernommen worden sei, was aus dem Westen kam: Kirchensteuer, Religionsunterricht in Schulen, Militärseelsorge. »Es wäre ein Trugschluss zu glauben, die Wessis brachten einiges mit«, ärgert sich der Kirchenmann. »Sie brachten alles mit.«[17]

Zu der strukturellen Überlegenheit in beinahe allen Bereichen des öffentlichen Lebens gesellte sich ein geistiges Dominanzgefühl West. Der aus Esslingen stammende Magdeburger Psychoanalytiker Jörg Frommer hat herausgearbeitet, was das bedeutet. So attestiert er der westdeutschen Gesellschaft eine mentale Abkehr vom Erbe des Nationalsozialismus. Diese sei spätestens seit der Rede des damaligen Bundespräsidenten Richard von Weizsäcker zum 40. Jahrestag der deutschen Kapitulation am 8. Mai 1985 im Bundestag »unbestrittener Teil des öffentlichen Selbstverständnisses«[18]. Parallel zur Läuterung im Westen sei nach der Niederschlagung des Prager Frühlings durch Truppen des Warschauer Pakts die Attraktivität des real existierenden Sozialismus allmählich gesunken. Auch die westdeutsche Linke verstand sich mehr und mehr als Teil des Westens. Die alte Bundesrepublik versöhnte sich mit sich selbst, so Frommer, ohne den Nationalsozialismus vollkommen aufzuarbeiten. »Als Ersatz für die verlorenen Projektionsflächen dienten nun im öffentlichen Diskurs zunehmend die gerontokratischen repressiven Systeme im Osten Europas einschließlich der DDR.«[19] Gerontokratie bedeutet: Herrschaft der Alten. Nach einer kurzen Phase der Wiedervereinigungseuphorie seien die Westdeutschen dann nach 1989 dem inneren Zwang verfallen, »die neuen Länder als den Ort wahrzunehmen, an dem die unbewältigten negativen eigenen Identitätsanteile projektiv Platz finden konnten«[20]. Einfacher ausgedrückt: Der Osten repräsentiert in den Augen des Westens das, was er glaubt, hinter sich gelassen zu haben: autoritäres Denken, intellektuelle Enge und jede Menge Provinzialität. So kommt der Psychoanalytiker zu dem Schluss, »dass die Wiedervereinigung nicht nur die Identitätsentwicklung der Ostdeutschen richtungsweisend prägte, sondern auch für die westdeutsche Bevölkerung kollektiv identitätsrelevant wurde«[21].

Wir haben es also mit einem Paradox zu tun: Im Prozess der Vereinigung entstand die alte Bundesrepublik neu. Ja, erst nach 1989 entstand sie wirklich. Es entwickelte sich ein »scharfes Abgrenzungsbedürfnis«[22] (Frommer) – ein Abgrenzungsbedürfnis auch von sich selbst und der eigenen Vergangenheit. Die Bezeichnungen, die der Westen für den Osten erfand, künden davon: »Dunkeldeutschland«, »Der Doofe Rest« (für DDR) oder schlicht »die Zone«. Die Ostdeutschen verweigerten die Anpassung im Kleinen, weil sie die Anpassung im Großen anfangs nicht verhindern wollten und danach nicht mehr verhindern konnten. So entstand die »Mauer in den Köpfen«. Was nach 1990 zunächst unverständlich erschien, ist aus heutiger Perspektive sonnenklar: Die Deutschen konnten nicht so zusammenkommen, wie sich das die Naiveren wohl gedacht hatten. Dies ging auch deshalb nicht, weil, wie der Soziologe Georg Simmel lehrte, Fremdheit erst durch Begegnung überhaupt entsteht, während das Fremde bis dahin einfach nur das Unbekannte ist und Fremde keine »Bodenbesitzer« sind. Die Westdeutschen im Osten sind fatalerweise – nicht immer als Person, aber als Repräsentanten des anderen Landesteils – Fremde und Bodenbesitzer zugleich. Dadurch wird Fremdheit zementiert. Und der Umzug von West nach Ost wird für den Psychoanalytiker Frommer eine »biographische Schwellensituation, die ein entsprechendes psychisches Bewältigungspotenzial herausfordert«[23] – mit zwei problematischen Varianten. Entweder die soziale Integration gelingt zulasten des westdeutsch geprägten Selbstwertgefühls. Oder aber das westdeutsch geprägte Selbstwertgefühl bleibt unverletzt – zulasten der sozialen Integration.

Neben unterschiedlichen Machtverhältnissen stellten sich bald unterschiedliche Mentalitäten heraus. Während der Westdeutsche, wie der Psychologe und Coach Olaf Georg Klein[24] zeigte, auf Selbstrepräsentation und konfliktträchtiges Verhalten geeicht war, übte sich der Ostdeutsche überwiegend in Zurückhaltung und wich Konflikten aus. Repräsentanten einer Ich-Gesellschaft trafen auf Repräsentanten einer Wir-Gesellschaft. Bereits 1991 sahen 65 Prozent der Westdeutschen und sogar 70 Prozent der Ostdeutschen »große Unterschiede« zwischen beiden Bevölkerungsgruppen.[25] Waren die Ostdeutschen noch 1991 der Ansicht, es kämen zu wenige Westbeamte, waren es ihnen 1993 schon zu viele.[26]

Den Westdeutschen im Westen ist dies nach wie vor einerlei. An der Wirklichkeit in Konstanz oder Saarbrücken hat sich bis heute wenig verändert. Für die Westdeutschen, die ihren Lebensmittelpunkt in die »jungen Länder« verlegten, blieb das System dagegen identisch. Sie hatten eine erhebliche Anpassungsleistung in psychischer, kultureller und sozialer Hinsicht zu vollbringen. Eine Anpassungsleistung, die weder die daheimbleibenden Westdeutschen noch die daheimbleibenden Ostdeutschen wohl so richtig einzuschätzen wissen. Unter den West-Ost-Migranten hat die Soziologin Claudia Dreke drei Verhaltensmuster herausdestilliert.[27]

Da sind jene, die rasch auf einen Ordnungs- und Integrationserfolg hinsteuern. Sie können die Fremde ordnen, messen dem Ost-West-Gegensatz immer weniger Bedeutung zu und integrieren sich voll in die neue Gesellschaft. Dabei hilft ihnen die eigene Wahrnehmung als Aufbauhelfer und Pionier, der aus idealistischen Motiven handelt und die Lage langsam unter Kontrolle bringt. »Die westlichen Aufbauhelfer waren überwiegend Männer«, schreibt etwa der Ökonom Friedrich Thießen. »Sie verbrachten Wochen um Wochen in den neuen Bundesländern und arbeiteten vom frühen Tag bis in die späte Nacht.«[28] Spätestens nach Feierabend warfen sie dann ein Auge auf die Ostfrauen. Man sieht: Es herrscht das Selbstbild eines Cowboys vor, der Ordnung schafft in der Wildnis. Der schon erwähnte Schweriner Ministerpräsident Erwin Sellering gehört zweifellos zu jener Gruppe. Ja, er überschreitet zumindest für einstige Dissidentenkreise sogar die Grenze zur Überanpassung, wenn er sagt: »Ich verwahre mich dagegen, die DDR als totalen Unrechtsstaat zu verdammen, in dem es nicht das kleinste bisschen Gute gab.«[29]

Die zweite Gruppe bilden Claudia Dreke zufolge jene, die den fremden Osten als Bedrohung wahrnehmen. Ihnen gelingt die Überwindung von sozialer und kultureller Fremdheit nicht. Das aufsehenerregendste Beispiel war zweifellos die Arztfrau und Physiotherapeutin Gabriela Mendling, die mit ihrem Mann Werner von Wuppertal nach Frankfurt an der Oder übersiedelte und dort 1999 ein Buch mit dem Titel *Neuland* schrieb.[30] Darin schildert sie den Osten als ein Territorium, in dem die Lasagne »mit der Hand gegessen« wird. In Frankfurt bricht daraufhin ein Sturm der Entrüstung los. Und den Mendlings bleibt nichts anderes übrig, als der Oder den Rücken zu kehren. Nun gab es im Osten einige Mendlings. Doch die wenigsten schrieben Bücher. Sie machten wieder rüber – heimlich, still und leise. Ganz nebenbei hat der Osten auch solche Zuwanderer erlebt, die sich dort als integrationsunfähig erwiesen. Bis man feststellte, dass sie es auch im Westen waren. Die dritte und letzte Gruppe besteht, folgt man der Potsdamer Soziologin, aus Grenzgängern. Sie spielen mit den

Ost-West-Kategorien und ihrer eigenen Identität. Sie fühlen sich mal hier, mal da zugehörig. So wie die erste Gruppe können sie das Fremde im Osten als Abenteuer genießen. Sie sind glückliche und wohl auch starke Menschen, die sich nicht auf eine Seite schlagen müssen. Bundesinnenminister Thomas de Maizière (CDU), in Bonn geboren und seit Anfang der 90er Jahre in Ostdeutschland lebend, ist dafür das vielleicht hervorstechendste öffentliche Beispiel. Der Vetter des letzten DDR-Ministerpräsidenten Lothar de Maizière bewegt sich souverän zwischen den Fronten.

Zweifellos sind die hitzigen Zeiten, in denen Ost und West ungebremst aufeinanderprallten, weithin vorüber. Man hat beidseitig Erfahrungen miteinander gesammelt und das Gegenüber in seiner gesellschaftlichen Stellung und damit auch in seiner Individualität lesen gelernt. Es sind Freundschaften entstanden. Und da, wo es nottut, geht man sich meist ohne Geschrei aus dem Weg. Die Jungen sind überdies in der Regel nicht so von der Vergangenheit belastet wie die Alten. Allein: Die alten Konfliktlinien sind noch da, auch weil sich Machtverhältnisse kaum geändert haben und die Teilgesellschaften sich zumindest in den ländlichen Regionen weiter autonom entwickeln. Es ist bei der inneren Einheit wie mit einem Hemd, das am ersten Knopf falsch zugeknöpft wurde: Es kann auch am letzten Knopf schwerlich richtig zugeknöpft werden.

Man sieht das an der jungen westdeutschen Journalistin Judith Borowski, die zehn Jahre nach Gabriela Mendling ein Buch publiziert hat, das jenem nicht unähnlich ist. Es trägt den Titel *Knietief im Osten. Reisen durch ein fremdes Land*[31] und misst die neuen Länder an den ästhetischen Kategorien westdeutscher Großstadthipster. Weder Dresden noch Jena finden darum vor Borowskis Auge Gnade. Über ihr Hotel in »Hölle an der Saale« (gemeint ist Halle) schreibt die junge Frau vom Jahrgang 1969: »Beim Anblick des Bettes in meinem schlauchartigen Zimmer sehe ich masturbierende Handelsvertreter.«[32] Was ebenso gut im Westen hätte assoziiert werden können, wird wie gehabt unter das ostdeutsche Stereotyp subsumiert. Die wenig verhüllte Botschaft lautet: Der

Osten nimmt es sich 20 Jahre nach der Einheit noch immer heraus, fremd und im Zweifel arm zu sein. Dass die Fremdheit im Auge der Betrachterin liegt, bleibt unreflektiert. Derweil gibt es zu Borowskis Werk ein ostdeutsches Pendant, das 2012 erschienen ist. Der Autor heißt Holger Witzel. Der Titel seines Machwerks: *Schnauze Wessi. Pöbeleien aus einem besetzten Land*.[33]

Man sieht die west-ost-deutschen Abgründe, die sich dann und wann auftun, nicht minder gut und ausgerechnet an jener Partei, die sich Die Linke nennt und die 2007 aus der Partei des Demokratischen Sozialismus (PDS) Ost und der Wahlalternative Arbeit und Soziale Gerechtigkeit (WASG) West entstand. Da liefert sich der ungeliebte westdeutsche Vorsitzende Klaus Ernst aus Bayern, der gern Porsche fährt und sich den Vorsitz gut bezahlen lässt, während einer Fraktionssitzung im Juni 2011 ein Wortgefecht mit dem sächsischen Linken Michael Leutert. Ernst sagt, Leuterts Lebensleistung legitimiere ihn nicht zu Kritik – gemeint war augenscheinlich, so jedenfalls wurde es interpretiert, dass es eine »nur« ostdeutsche Lebensleistung ist. Daraufhin knallen Türen. Einer soll gerufen haben: »Arschloch!« Ernst ist auf Dauer nicht zu halten und muss abtreten. Sein autoritärer Gestus erinnert an die Hausväter der 50er Jahre, die ihre Söhne gern wissen ließen: »Solang du deine Füße unter meinen Tisch stellst …« Im Herbst 2012 wirft der Justiziar der Bundestagsfraktion, der Lübecker Wolfgang Neskovic, dem Landesverband Mecklenburg-Vorpommern vor, »auch über zwanzig Jahre nach der Wende« hätten Teile der Partei noch immer »größte Mühe, einfachste Prinzipien von Demokratie und Rechtsstaatlichkeit zu beachten«[34]. Der parteilose Neskovic hat seinen Wahlkreis zu jener Zeit in Cottbus und tritt schlussendlich auch aus der Fraktion aus. Zwischen den beiden Ereignissen bringt der ostdeutsche Fraktionsvorsitzende Gregor Gysi auf dem Göttinger Parteitag im Juni 2012 eine neuerliche Trennung der beiden Parteihälften ins Gespräch. Und im Hochsommer desselben Jahres mahnen die Vorsitzenden der ostdeutschen Landesverbände bei ihren Westgenossen »mehr Respekt« an. Auf die Frage, warum der West-Ost-Konflikt ausgerechnet in der Linkspartei mehr als 20 Jahre nach dem Mauerfall wieder ausbricht, antwortet Gysi: Weil es der Westflügel nicht ertragen könne, schwächer zu sein als der Ostflügel. Das könnte stimmen.

All das beschreibt nur ausschnittsweise die deutsche Realität 25 Jahre nach 1989. Eine Realität, in der sich die Gegensätze langsam abschleifen und in der sich das Klima zu bessern beginnt. Ein Ausschnitt ist es aber allemal.

Das Bemerkenswerte an der Situation der Westdeutschen im Osten ist unterdessen, dass sie praktisch kein Thema sind und damit auch ihre Nöte nicht ins Gewicht fallen. Aber diese Nöte gibt es. Partnerschaften zerbrechen, weil die Cowboy-Frauen häufig nicht mitziehen wollen in den »Busch«. Die Westdeutschen stehen aus diesen und aus anderen Gründen zwischen West und Ost. Im Osten stehen sie zudem zwischen den alten SED-Eliten und den Dissidenten. Vor allem treten die »Wessis« in den Augen der »Ossis« entweder als geldgeile Kapitalisten in Erscheinung, die alten Besitz für sich beanspruchen, oder sie werden, sofern sie Beamte sind, als zweite Garnitur betrachtet, die im Osten eine Laufbahn einschlagen, die sie im Westen niemals hätten einschlagen können. »Ausschuss aus dem Westen – das verletzt manchmal«, sagt ein Verwaltungsangestellter im Gespräch mit der Soziologin Claudia Dreke.[35] An anderer Stelle heißt es: »Trotzdem bleibt so was innen drin, wo es dann doch irgendwie schmerzt, weil man nicht dazugehört.«[36] Hinzu tritt ein Phänomen, das auch türkische und andere »Gastarbeiter« kennen. Sie wurden angeworben oder kamen aus eigenem Antrieb – mutmaßlich für eine Übergangszeit. Dann blieben sie länger, ohne dass Integration wirklich stattfand. So ist es in diesen Fällen auch oft gewesen. Mit der besonderen Ausprägung des Di-Mi-Do-Mannes, der am Dienstag seinen Arbeitsplatz, sagen wir in einer ostdeutschen Universität, aufsucht und am Donnerstag nach der letzten Vorlesung wieder verschwindet. Nur geredet wird darüber kaum mehr.

In den Medien hat sich der Neuigkeitswert abgenutzt. In der Wissenschaft herrscht, Ausnahmen bestätigen auch hier die Regel, weithin Leere. Ich habe selbst nach längeren Recherchen wenig Erhellendes darüber gefunden, wie sich die Neuen in den neuen Ländern integrieren oder eben nicht integrieren. Migrations- und Elitenforscher fanden das Thema auf Nachfrage jeweils interessant, verwiesen jedoch auf Fachkollegen, die dann ihrerseits auf andere Wissenschaftler verwiesen. Und warum? Wohl auch, weil man durch die Wahrnehmung der Westdeutschen im Osten als Migranten ein deutsch-deutsches Problem offenbaren würde. Weil nicht sein kann, was nicht sein darf. Es dominiert die ungebrochene Ideologie des: »Es ist doch jetzt alles eins.« Und Ideologien versperren bekanntermaßen den Blick auf die Wirklichkeit.

Ähnlich geht die Politik mit dem Phänomen um. Angaben über die Besitzverhältnisse im Osten sucht man im einmal jährlich erscheinenden Bericht zur deutschen Einheit vergebens. Man meint wohl, das verstehe sich von selbst. Auch will man keine neuen Wunden aufreißen. Das gleiche Bild ergibt sich beim Blick auf die Eliten in den neuen Ländern. Lieber hält man die Hand vor Augen, da alle wissen: West-Dominanz auch hier. Immer noch. Die Zeche zahlt im Zweifel der Westdeutsche im Osten. Er wird dort, meist verdeckt und selten offen, als Vertreter des Siegers der deutsch-deutschen Geschichte wahrgenommen. Er steht nicht für sich selbst. Er steht *nolens volens* für ein Ganzes. Und so kommt es, dass der aus Baden stammende Bürgermeister von Marzahn-Hellersdorf, der Sozialdemokrat Stefan Komoß, noch im Januar 2013 verschämt zu Protokoll gibt, er sehe sein Leben »nicht als Maß aller Dinge«[37]. Im Westen versteht sich das von selbst. Wer sieht sein Leben schon im Ernst »als Maß aller Dinge«? Im Osten ist es der Erwähnung weiter wert. Es ist ein Signal: Ich bin nicht so wie die da drüben.

Dass bald ein Vierteljahrhundert nach dem Mauerfall rund ein Fünftel der Westdeutschen unverändert noch nie in Ostdeutschland war, spricht jedenfalls Bände. Und es verweist auf ein weiteres Paradox der deutschen Einheit: dass nämlich Westdeutsche für das östliche Selbstwertgefühl ein Problem sein können, wenn sie kommen und wenn sie nicht kommen. So oder so stimmt nicht, dass nach 1989 zusammenwuchs, was zusammengehörte. Näher an der Wahrheit ist der Satz, den der Intendant der Ost-Berliner Volksbühne, Frank Castorf, schon 1992 sprach: »Wenn wir zweierlei Deutschen nicht begreifen, daß wir verschieden sind, werden wir nicht zueinanderkommen.«[38]

Als Onkel Herbert aus der Ostzone sein Holzbein ablegte

373 Kilometer liegen zwischen Münster in Westfalen und Bernburg in Anhalt – dazwischen die ehemalige deutsch-deutsche Grenze.

Mein erster Kontaktmann zu denen da drüben war Onkel Herbert. Unser Nennonkel kam aus Bernterode im thüringischen Eichsfeld. Er kam, wie meine Eltern sagten, aus der »Ostzone«. Und weil ich noch klein war und mir unter der »Ostzone« nichts vorstellen konnte, erschien es mir, als käme Onkel Herbert aus dem Nichts. Ich erinnere mich, dass er als Geschenk meist Lederwaren mitbrachte, Brieftaschen und solche Sachen. Noch mehr erinnere ich mich an sein Holzbein. Denn Onkel Herbert hatte im Zweiten Weltkrieg ein Bein verloren und trug seither eine Prothese. Da er, wenn er aus der »Ostzone« kam, immer in unserem Zimmer schlief, warteten wir mit dem Einschlafen so lange, bis er sich auszog. Dann lugten wir heimlich unter der Bettdecke hervor und konnten sehen, wie Onkel Herbert das Holzbein ablegte. Für eine Weile gingen die Worte »Ostzone« und Holzbein in meinem Kinderkopf eine Synthese ein. Das war in den frühen 70ern, in Borghorst im Münsterland.

In den späten 70ern fing ich an, mich zu politisieren. Der Warschauer Pakt rüstete mit atomar munitionierten Mittelstreckenraketen des Typs SS 20 auf, die Nato wollte mit Pershing-II-Raketen dagegenhalten. Ich fand Letzteres nicht richtig, mein Vater schon. Wir stritten uns. Was mein politisches Interesse weiter steigerte. Bald darauf verweigerte ich den Wehrdienst, unter anderem, weil ich im Ernstfall nicht auf Ostdeutsche schießen wollte. Ein Anspruch, den durchzusetzen mich drei mündliche Verhandlungen, einige Nerven und viel Zeit kostete und den besagte Ostdeutsche später dennoch eher achselzuckend zur Kenntnis nahmen. Wenn überhaupt.

Im Sommer 1983 machte ich Abitur. Und im Frühherbst desselben Jahres lud mich ein Freund zu einem Jugendlager der Freien Deutschen Jugend nach Werder an der Havel ein. Mein Freund war Mitglied der Jungdemokraten. Das war damals die durchaus linke Jugendorganisation der FDP. Und weil in deren Delegation noch ein Platz frei war und die »Ostzone« mich interessierte, sagte ich zu. Vorn auf dem Podium saßen FDJler, die locker auf die 50 zugingen und auf einen 19-Jährigen auch sonst etwas sonderbar wirkten. Ihnen zu Füßen saßen Vertreter westdeutscher linker Jugendorganisationen, die ungefähr so dogmatisch argumentierten wie die FDJ – bis auf uns, die Jungdemokraten. Man war übereinstimmend der Ansicht, dass der Osten allemal besser sei als der Westen und Ostraketen allemal besser seien als Westraketen. Als Kontrastprogramm und um etwas Luft zu schnappen, besuchten wir die Ständige Vertretung der Bundesrepublik in der DDR in Ost-Berlin, in deren Umgebung es von Volkspolizei und Staatssicherheit nur so wimmelte. Dort hörten wir von der allgegenwärtigen Repression, die in Werder unterschwellig zu spüren war. Mein linker Idealismus war nach der Tour kleiner als vorher. Dies änderte an meinem Interesse für den Osten aber nichts. Ich besuchte Moskau und Prag. In Moskau habe ich den Besuch des Leninmausoleums verschlafen. Aus Prag ist mir die Ruhe erinnerlich und dass wir viel Bier getrunken haben.

Dann verschwand die Mauer. Ich saß von Donnerstagabend bis Freitagabend in meinem Münsteraner Wohngemeinschaftszimmer begeistert vor dem Fernseher, nachdem das SED-Politbüromitglied Günter Schabowski am 9. November den berühmten Zettel hervorgekramt hatte. Schließlich habe ich es nicht mehr ausgehalten, bin nach Berlin gefahren und stundenlang an der bröckelnden Staatsgrenze rumgelaufen. Es war großartig. Dass ich wieder einmal anders tickte als meine Freunde, merkte ich daran, dass manche von ihnen selbst am 12. November noch nicht an der Mauer gewesen waren, und das, obwohl sie da schon drei Tage lang offen stand, meine Freunde in West-Berlin studierten und eine U-Bahn-Fahrt genügt hätte. Zurück in der Heimat, diskutierte ich mit meinen linken Kommilitonen erhitzt über die Frage, ob das mit der Vereinigung seine Richtigkeit habe. Sie betrachteten das Ganze skeptisch, ich weniger. Unsere Generation fürchtete alles Nationale wie der Alkoholiker die Weinbrandbohne.

Es folgten die ausländerfeindlichen Exzesse von Hoyerswerda und Rostock-Lichtenhagen. Ich saß wie an jenem 9. November erneut vor dem Bildschirm und bekam es mit der Angst zu tun. Hatten meine Kommilitonen Recht behalten? In dieser Zeit endete auch mein Studium. Ich begann, mich um ein Zeitungsvolontariat zu bewerben. In Ostdeutschland hatte ich vier Vorstellungsgespräche: in Magdeburg, Schwerin, Neubrandenburg und Halle. In Westdeutschland kein einziges. Ich konnte zwischen einem Job in Neubrandenburg und einem in Halle wählen. Und so kam ich, der Wendegewinnler, zur *Mitteldeutschen Zeitung* ins soeben erstandene Sachsen-Anhalt. 1992 war das.

Der Osten war grau in jener Zeit, viel grauer als heute. Von Magdeburg bis Bernburg, wo ich mein Volontariat in der Lokalredaktion begann, brauchte man wegen der schlechten Verkehrsverbindungen drei Stunden – für 40 Kilometer. Im Winter roch es überall nach Kohle. Und wenn zwei meiner sieben Kollegen telefonierten, mussten wir anderen sechs warten. Denn es gab bloß zwei Leitungen. Manche meiner Ost-Kollegen waren in der SED und schon vor der Wende bei jener Zeitung, die seinerzeit noch *Freiheit* geheißen hatte. Sympathisch waren sie alle, und ich sah mich außerdem nicht berechtigt, ihnen bohrende Fragen zu stellen. Auch wenn ich es theoretisch hätte tun können. Ich war erst 28 und von der DDR-Vergangenheit völlig unbelastet. Ich schrieb mir die Finger wund und schaffte endlich, was ich hatte schaffen wollen: mich zu lösen von der Scholle. So vieles war anders und wahnsinnig interessant. Es war wie ein Rausch. Ja, ich war jetzt in der »Ostzone«. Freunde bemitleideten mich. Ich jedoch fühlte mich so gut wie lange nicht. Ich war frei. Ich war high. Und ich merkte, dass diese neue Welt etwas mit mir machte.

Nach zwei Jahren wurde ich von Bernburg in die Lutherstadt Wittenberg geschickt. Ich war nicht mehr Volontär. Ich war nun

Redakteur. In Wittenberg lernte ich Christen einer Spielart kennen, die mir in der katholischen Heimat unbekannt geblieben waren. Sie nannten sich Protestanten. Ein Mann namens Friedrich Schorlemmer war der Bekannteste unter ihnen. Auch traf ich bald den Arbeitsamtsdirektor. Der hieß Reiner Haseloff, war wie ich Katholik und ist heute Ministerpräsident von Sachsen-Anhalt. Wir wohnten in derselben Straße, an deren Ende sich die katholische Kirche befindet. Sein offensiver Katholizismus erinnerte mich an zu Hause. Das war vertraut und bedrohlich zugleich.

Meine Mutter hatte mich vor den Protestanten gewarnt. Ich wolle doch wohl nicht die Seiten wechseln, sagte sie mahnend. Derweil spielten ihr die Protestanten in die Hände – nur anders, als sie dachte. Denn das Erleben von Religiosität aus einer Minderheitsposition heraus war für mich wichtig. Zu Hause war der Katholizismus dominant. Er übte, wo er konnte, Herrschaft aus. Im Osten konnte er keine Herrschaft ausüben. Dazu war er viel zu schwach. Umso mehr merkte ich, dass mir die Kirchenleute, ob protestantisch oder katholisch, die nächsten waren. So konnte ich mich Gott auf einem Schleichweg wieder nähern. Die Wiederannäherung folgte einer Art dialektischem Prinzip. Und mit der Dialektik kannten sie sich im Osten ja aus.

Wie sehr ich mir einbildete, »Ossi« geworden zu sein, fiel mir auf, als ich 1999 politischer Redakteur in Halle wurde. Ich hatte mir in sieben Jahren angewöhnt, meinen Kollegen zur Begrüßung die Hand zu geben, wie es in der DDR üblich gewesen sein soll. Die Kollegen an der Saale indes hatten es sich im Laufe der Jahre abgewöhnt. Sie waren unterwegs nach Westen. So griff ich in der Zentrale plötzlich ins Leere. Das war irgendwie absurd. Auf jeden Fall irritierte es meine in Bewegung geratene Identität.

Zuletzt fällt mir jener stellvertretende Landrat ein, der aus Haan im Rheinland kam, in Halle gescheitert war und in Wittenberg seine zweite (Ost-)Chance erhielt. Er war immer makellos gekleidet. Und seine Frau fragte mich eines Tages, ob ich denn keine Karriereplanung hätte, was ich verneinte. Irgendwann saß ich mit Oberbürgermeister Eckhard Naumann, seinem Referenten Jörg Bielig und jenem Mann auf dem Marktplatz zu Füßen der Stadtkirche, in der Martin Luther gepredigt hatte. Es war Sommer. Der Himmel war sehr groß und blau. Ich erzählte von meiner bevorstehenden Polenreise. Die Stimmung war entspannt. Bis der Vizelandrat, der sich nach eigener Auskunft gelegentlich samstags auf dem Ku'damm die Haare schneiden ließ, als Reaktion auf meine Polenpläne ungerührt kundtat: Weiter östlich als Wittenberg gehe er in seinem Leben auf gar keinen Fall. Er sagte damit nichts anderes, als dass er schon sein jetziges Lebensumfeld als Zumutung empfand. Der Kommunalpolitiker, der freundlich und fürsorglich sein konnte, wunderte sich oft darüber, dass er im Osten nicht klarkam. Nun lieferte er erneut den Grund, ohne es zu merken. Ich empfand damals das Bedürfnis, mich von ihm und all den anderen »Wessis« abzugrenzen, obwohl ich selbst einer war. In der Rückschau kommt mir das etwas verlogen vor.

Heute arbeite ich als politischer Korrespondent in (Ost-)Berlin. Und das schon seit mehr als zehn Jahren. Ich schreibe unter anderem über die Linkspartei und die Stasi-Unterlagenbehörde. So kommt es, dass ich mit dem Milieu der einstigen DDR-Eliten genauso zu tun habe wie mit der damaligen Opposition. Aus dem Büro des Chefs der Stasi-Unterlagenbehörde, Roland Jahn, konnte ich auf das Fenster des Büros von Hans Modrow schauen, der in der SED bekanntlich eine führende Rolle gespielt hatte und nun dem Ältestenrat der Linkspartei vorsitzt. Der eine hat in der DDR im Knast gesessen und wurde außer Landes geschafft. Der andere war kürzlich in Kuba und hat die Revolution noch immer nicht aufgegeben. Die beiden haben sich vor einer Weile sogar mal getroffen. Ich werde, wenn auch verspätet, Zeuge einer Geschichte, die ich selbst nur aus dem Fernsehen kenne. Das ist wunderbar.

Überhaupt bin ich zuständig für das, was man bei uns die »Ostthemen« nennt. So saß ich vor ein paar Monaten auf der Tribüne des Reichstages. Der Bundestag debattierte über den Jahresbericht zum Stand der deutschen Einheit. Nicht weniger interessant als das, was gesagt wurde, war allerdings, wer etwas sagte und wer nicht. Denn von den insgesamt zwölf Rednern waren elf in

Ostdeutschland geboren. Die einzige westdeutsche Rednerin war über die brandenburgische Landesliste der Grünen ins Parlament eingezogen. Auf der Kabinettsbank hatten nur die zwei Ministerinnen mit ostdeutscher Herkunft Platz genommen. Und auf der Tribüne saßen neben mir zwei weitere Kollegen, die ebenfalls für ostdeutsche Zeitungen schreiben. Westkollegen waren nicht da. Die Debatte über den Stand der deutschen Einheit fand also ohne den Westen statt. Und so ist es leider oft.

Westdeutsche sind nicht allzu interessiert. Es sei denn, sie haben Verwandte im Osten oder eine Weile dort gelebt. Wenn ich einem Durchschnittswestdeutschen den Osten erklären soll, muss ich nicht selten bei null anfangen. Es gibt viele Vorurteile und wenig inneres Verständnis. Für die einen war der Mauerfall eine Zäsur, für die anderen ein TV-Ereignis. Ginge zu einer Paartherapie stets einer allein, wäre die Therapie bald zu Ende. Bei der deutsch-deutschen Therapie ist es umgekehrt. Auch weil immer nur der eine reden will, der andere aber nicht zuhört, dauert sie so lange.

Da, wo wir leben, in Berlin-Prenzlauer Berg, ist der Osten verschwunden, vordergründig zumindest. Wo früher ostdeutsche Arbeiter und Künstler zu Hause waren, dominieren jetzt westdeutsche Akademiker aus der Erbengeneration. Die Preise für Wohnraum steigen. Die Klage über das, was Gentrifizierung genannt wird, ist allgegenwärtig. Wer in Quickborn, Schmalkalden oder Berlin-Charlottenburg in den eigenen vier Wänden lebt, muss das nicht erklären. In meiner münsterländischen Heimat schießen seit jeher die Einfamilienhäuser wie Pilze aus dem Boden. Auch dort muss das keiner erklären. Hier muss er das schon. Erst kürzlich eilte ein Reporter einer großen deutschen Tageszeitung aus München herbei und schrieb einen Artikel über den vermeintlichen oder tatsächlichen Luxus in diesem Teil Ost-Berlins. Das war so bezeichnend wie zwangsläufig. Denn der Prenzlauer Berg gilt als Laboratorium der Einheit, in dem wieder mal die »Wessis« die »Ossis« verdrängen. Jede Bewegung wird mikroskopisch vergrößert. Dabei wuchern die Klischees über mein aus der

Ferne betrachtet ach so luxuriöses Leben, in denen ich mich auf unserem in die Jahre gekommenen Ikea-Sofa nicht wiederfinde. Sie zwingen mir eine Scham auf, die grundlos ist. So gesehen ist es schön im Prenzlauer Berg – schön schwierig.

Ausnahmslos schön ist, dass meine Liebste, eine Ostfrau, beruflich regelmäßig auch im Münsterland zu tun hat, dass es ihr da gefällt und wir uns über das Ost-West-Ding austauschen können. Der Austausch bereichert unser Dasein. Sie stammt aus einem 3000-Seelen-Dorf mit dem schönen Namen Schweina am Rande des Rennsteigs, wo ich, wenn die ganze Familie beisammensitzt, der einzige Westdeutsche bin. Zuweilen wird mir meine Minderheitsposition bewusst. Die Eltern meiner Liebsten, die in den 40er Jahren geboren wurden und die Teilung des Landes ebenso erlebt haben wie dessen Wiedervereinigung, berichten viel von früher. Das bringt uns einander näher. Manches erinnert mich an Erzählungen meiner Eltern – wenngleich aus einer entgegengesetzten Perspektive. Manches ist mir fremd und wird mir erst durch Erzählungen allmählich vertraut. Ihr jüngster Enkel, der bald zehn Jahre alt wird, sagt unterdessen, dass er das Wort »Wende« nicht mehr hören könne. Er meint damit natürlich die 89er Wende. Das ist ein Kommentar aus Kindermund zu den deutsch-deutschen Befindlichkeiten, der für sich spricht. Dem Enkel sind die Befindlichkeiten egal. Er wartet auf seine eigene Geschichte. Und er kann warten. Meine Liebste kommt übrigens aus Thüringen – wie Onkel Herbert, der im Zweiten Weltkrieg, den er nicht verschuldet hatte, ein Bein verlor und seither ein Holzbein trug. Er konnte nicht mehr warten, sondern war in die Geschichte eingesponnen, erst durch den Krieg und dann durch die Teilung.

In der Küche hoch über Schweina, den ostdeutschen Thüringer Wald hinter mir und die gesamtdeutsche Rhön vor mir, spüre ich, das alles mitbedenkend, über drei Generationen hinweg, dass Geschichte mehr ist als das, was in Büchern steht. Vor allem spüre ich, dass das Glück friedlicher Einheit groß ist. Größer als alle Widrigkeiten, die ihr im Wege sind.

Was allen in die Kindheit scheint

*Der Umzug von Düsseldorf nach Magdeburg hat
den Psychoanalytiker Jörg Frommer seelisch gefordert.*

Nicht einmal fünf Jahre nachdem Jörg Frommer umgezogen war, schien der Westen ihn bereits ausgesperrt zu haben. Da hatte der West-Ost-Migrant nämlich zufällig mit einem Headhunter zu tun. Headhunter sind bekanntlich Leute, die im Auftrag Dritter nach besonders qualifiziertem Personal Ausschau halten. Und dieser Headhunter sagte um die Jahrtausendwende herum zu Jörg Frommer, dass »Returner« – Rückkehrer also – im Westen zurzeit überhaupt nicht erwünscht seien. Wer in den Osten gegangen sei, gelte als »vergröbert« und mache oft »einen frustrierten Eindruck«. »Daran merkte ich, dass ich tatsächlich migriert bin«, sagt Frommer. »Denn wo man herkommt, gilt man als verschollen.«

Wenige Jahre später schrieb er für die wissenschaftliche Fachzeitschrift *Forum der Psychoanalyse* einen Aufsatz zum Thema »Migration von West nach Ost im vereinten Deutschland«. Der Herausgeber war mit dem Text sehr zufrieden. Allein der Titel gefiel ihm gar nicht. Denn wir lebten ja nun in einem wiedervereinigten Land, sagte der Mann. Und in einem wiedervereinigten Land könne es Migration nicht mehr geben, sondern nur noch Umzüge. Man denkt unwillkürlich an den Satz Kaiser Wilhelms II. von 1914: »Ich kenne keine Parteien mehr, ich kenne nur noch Deutsche.« Frommer erinnert sich, dass er seinerzeit einfach zu viel um die Ohren hatte, um sich gegen den falschen Aufsatztitel zu wehren, was wiederum typisch war für die innerdeutschen Migranten jener Jahre, die allesamt nicht unter einem Übermaß an Muße litten. Darum lautete der Titel des Aufsatzes schließlich »Umzug von West nach Ost im vereinten Deutschland«. Heute, so viel scheint gewiss, würde Frommer ihn nicht mehr akzeptieren.

All das ist lange her. Jörg Frommer sitzt jetzt in Zimmer 175 von Haus 19 des Universitätsklinikums Magdeburg mit seinen 4250 Mitarbeitern und jährlich knapp 200 neuen Studenten. Er ist W3-Professor für Psychosomatik und Psychotherapie und voll etabliert. Auf den Fluren der Klinik ist weit und breit kein Mensch zu sehen. Keine Sekretärin. Niemand. Frommer allein wartet auf mich, um in seinem schmucklosen Büro über die letzten 16 Jahre, aber auch die Zeit davor zu sprechen. Der 1955 geborene Mediziner ist ein West-Ost-Migrant. Und er hat dies intensiver reflektiert als die meisten.

Da, wo Frommer seine Wurzeln hat, ist Ostdeutschland sehr weit weg. Er wurde in Esslingen am Neckar geboren, einer knapp 100 000 Einwohner zählenden Kommune unweit von Stuttgart. Der ehemalige SPD-Bundesminister und spätere Frankfurter Oberbürgermeister Volker Hauff kam dort zur Welt und der Fußballprofi Serdar Tasci, deutscher Nationalspieler mit türkischem Migrationshintergrund. Auch dichtete am Neckar Friedrich Hölderlin. Frommer hatte zur DDR keinerlei biografischen Bezug. Weder Eltern noch Großeltern sind aus der Gegend. Dennoch ist er als Zivildienstleistender und mit Freunden mal eine knappe Woche »wild« in der Zone »rumgefahren«, hat auf Zeltplätzen übernachtet, dabei Dessau gesehen und Leipzig. So ganz zufällig war das nicht. Frommer war auf der »jugendlichen Suche nach einer anderen Welt«. Und »mit siebzehn, achtzehn, neunzehn war das eine spannende Attraktivität«. Gemeint ist die DDR. In den 80er Jahren, sagt Frommer, habe sich diese Attraktivität dann verloren.

Der junge Mann ging zum Studium nach Heidelberg. Er studierte Medizin, Philosophie, Soziologie und Psychoanalyse. Später wurde Frommer Oberarzt in Düsseldorf und habilitierte sich dort. Kurz darauf »flatterte die Ausschreibung für die Professur in Magdeburg auf den Tisch«. Der leise sprechende Schwabe, der einen feinen, aber unverkennbaren heimatlichen Akzent hat, bewarb sich und wurde genommen. Sicher auch, weil östliche Konkurrenten in jenen Jahren evaluiert, auf Stasi-Mitarbeit überprüft und zuweilen einfach nur fälschlicherweise denunziert worden waren, wie der Obsiegende mitfühlend bedauert. Der Impuls zum Wechsel sei »ganz eindeutig beruflich« gewesen, sagt Frommer. »Es war die Herausforderung, ein im Fächerkanon der DDR-Medizin nicht vorhandenes Fach grundlegend neu aufzubauen.« Zudem habe ihn als gerade 40-Jähriger der erste Ruf auf eine Professur ereilt. »So etwas lehnt man nicht ab.« Hinfort begann ein anderes, ein ganz neues Leben. Frommer war jetzt ein Sachsen-Anhalter mit schwäbischem Migrationshintergrund, lernte freudig die Elbaue kennen, das Bauhaus, Stendal und den Magdeburger Dom. Er kam aus einer Stadt, die im Westen schwer unter Schicki-Micki-Verdacht steht, in eine Stadt, die in der DDR zur »Stadt des Schwermaschinenbaus« deklariert worden war und zu der diese Auszeichnung auch irgendwie passte. 90 Prozent der Altstadt wurden im Zweiten Weltkrieg zerstört. Allein 15 Kirchen lagen in Trümmern. Könnte eine Stadt Charisma käuflich erwerben, sollte Magdeburg die Kosten nicht scheuen.

Die Lebensumstände in Düsseldorf und Magdeburg glichen sich in nichts, wohl aber die Reaktionen hüben wie drüben. »In Düsseldorf hat man mir kondoliert und mir alles Gute gewünscht«, sagt Frommer. Auch in Magdeburg sei er bedauert worden. »In der Kfz-Zulassungsstelle wurde ich gefragt: Haben Sie sich das gut überlegt? Man konnte kaum glauben, dass jemand ohne Zwang hierher umsiedelt.« Es begann ein schwieriger Prozess von Konfrontation und Anpassung. Ein Prozess, der in gewisser Weise immer noch andauert.

Privat hatte Frommer Glück, mehr Glück als viele, die privat scheiterten und manchmal auch beruflich. Zwar pendelte er ein Jahr lang zwischen Düsseldorf und Magdeburg hin und her, immer die Autobahn 2 rauf und wieder runter. Er zog in eine Hinterhauswohnung und empfand das Drumherum als »extrem trostlos«. Dann gab es da dieses Wochenende, an dem er nicht zu seiner Familie fuhr und die Familie auch nicht zu ihm kam. So stand der Zuzügler eines Samstagnachmittags um drei auf dem Magdeburger Domplatz, ohne irgendjemand anderen zu entdecken. »Anfangs dachte ich, die Stadt ist tot«, sagt Frommer. »Wer weiß, ob sie jemals wieder lebendig wird.« Doch bald zogen seine Frau, eine Soziologin, und die siebenjährige Tochter nach. Die Tochter ist immer noch in Magdeburg und studiert hier. Es kehrte Normalität ein, wenn auch erst langsam. Frommer erinnert sich, dass es in der Stadt mit mehr als 230 000 Einwohnern noch Mitte der 90er Jahre nur ein italienisches Restaurant gab, in das man habe gehen können. Zum Schachspiel habe er seine Tochter in ein zunächst unauffindbares Hinterhaus gebracht. »Das Privatleben spielte sich in Nischen ab, zu denen man wenig Zugang hatte. Das war eine Gesellschaft für Insider.«

Auch die Infrastruktur sei lange ein ernsthaftes Problem gewesen. Einmal habe er für die 349 Kilometer lange Strecke von Magdeburg nach Düsseldorf zehn Stunden gebraucht, rekapituliert der Professor. Im Land selbst sei die Verkehrssituation damals noch deutlich schlechter gewesen als jetzt. Das Lebensgefühl eines Westdeutschen habe dem eines Autofahrers geglichen, der einen Fahrschüler vor sich hat und einfach nicht weiterkommt.

Schließlich war da der schwierige Umgang mit den Menschen, das Zwischen-den-Stühlen-Sitzen. Im Osten habe es viele Missverständnisse in der Kommunikation gegeben, sagt Frommer. »Keiner fühlte sich gut verstanden. Die Beschreibung von Unterschieden stieß auf Ablehnung. Man wurde sehr stark geprüft auf versteckte Wertungen oder Entwertungen.« Der Endfünfziger verweist auf ein privates Treffen: »Kollegen hatten mich eingeladen. Es war Hochsommer. Der Ort war wieder schwer zu finden. Ich betrat den Raum, setzte meine Sonnenbrille ab und holte aus dem Brillenetui meine andere Brille. Später hörte ich den Vorwurf der Arroganz, weil ich mit der Sonnenbrille reingekommen sei.« Wenn man das häufig erlebe, dann beginne man, »sich ein bisschen zurückzuziehen und sich zu schützen vor Interpretationen des eigenen Verhaltens, die man so nicht haben will«. Auch habe es in gewissen Kreisen der alten Bundesrepublik »einen ironisch-zynischen Stil« des Sprechens gegeben, mit dem man lässig markiert habe, was einem gefalle und was nicht, fährt der Übersiedler in seiner Erzählung fort. Dieser Ingroup-Stil sei »hier nicht gut angekommen. Das habe ich bald bleiben lassen, weil man damit gröbste Missverständnisse erzeugen konnte.« Mit anderen Worten: Der psychoanalytisch geschulte Professor war den psychosozialen Mechanismen seiner neuen Umgebung genauso unterworfen wie alle anderen Migranten auch, obgleich er sie besser durchblickt hat. Er hat sich angepasst, zumindest ein bisschen. Heute lasse sich Freundschaft am ehesten mit den älteren oder den jüngeren Ostdeutschen schließen sowie mit jenen aus christlichen Bezügen, sagt Frommer. Schwieriger sei es mit allein in der DDR geprägten Menschen. Hier lägen die Sozialisationserfahrungen doch sehr weit auseinander. Beziehung bedeute dann vor allem: Verständigungsarbeit. Und darin steckt das Wort Arbeit.

Auf der anderen Seite war das westliche Unverständnis. In der ersten Zeit seien sie daheim immer gefragt worden, »wie ist das denn dort in Magdeburg?«, sagt Frommer. »Es sprudelte dann aus uns heraus, und nach fünf Minuten merkten wir, dass der, der uns gefragt hatte, gar nicht zuhörte. Eigentlich wollte niemand die Antwort wissen.« Es begann eine Phase, die einem Bild des Dresdner Malers A. R. Penck ähnelt. Es trägt den Titel »Der Übergang« und zeigt eine nackte Figur auf einem Seil über einem Abgrund balancierend. Das Seil brennt.

Nun könnte man vielleicht meinen, Frommer neige zur Klage und zum Schlechtreden. Dieser Eindruck täuscht. Er ergibt sich allenfalls durch die von mir ja erbetene Verdichtung seiner Eindrücke jener ersten Jahre. Tatsächlich ist Frommer ein sanfter Mann, der abgewogen, kritisch und selbstkritisch urteilt und die Gedanken beim Reden allmählich verfertigt. Dies gilt auch für die Schilderung seiner beruflichen Situation.

Die ersten Jahre an der Klinik, sagt Frommer, waren ähnlich prekär wie die privaten. Die bauliche Situation war schlecht. Die ehemals Sudenburger Krankenanstalten mit ihren Gründerzeit- und Vorgründerzeitbauten auf dem weitläufigen Gelände harrten der Sanierung. Ein inzwischen längst fertiges neues Bettenhaus fehlte. Dauernd musste Frommer mit seinen Leuten umziehen.

Gravierender war der Kampf um die Anerkennung seines Fachs. Frommer hat einzelne der die 90er Jahre prägenden DDR-Mediziner als roh erlebt, andere wiederum als differenziert und feinsinnig. Er berichtet: »Eine junge Mutter, die unheilbar an Krebs erkrankt war, spürte einen neuen Knoten und ging zu einem Kollegen. Dessen Sekretärin ging zu dem Arzt, und der ließ dann über die Sekretärin wiederum ausrichten: Bei Ihnen lohnt sich das nicht mehr und schickte sie weg.« Frommer hat bald versucht, eine stationäre psychosomatische Versorgung aufzubauen, natürlich inklusive gesprächstherapeutischer Möglichkeiten. Daraufhin habe ihn der ärztliche Direktor gefragt: »Warum können denn nicht mehrere Ärzte die Gespräche in einem Raum führen? Sie können doch mit Vorhängen arbeiten. Sie brauchen doch nicht für jeden Arzt ein Zimmer.« Dabei ist nichts so intim wie ein psychotherapeutisches Gespräch. Genauso gut könnte man sagen, ein Friseur komme mit einer Schere aus.

Die Erwähnung des ärztlichen Direktors entlockt Frommer im Rückblick ein Schmunzeln. Dann verweist er wieder sehr ernsthaft auf eine Studie des Medizinhistorikers Volker Roelke. Der habe untersucht, warum es nach dem Krieg mehr als vier Jahre dauerte, bis der Psychoanalytiker Alexander Mitscherlich, der mit seiner Frau Margarete 1967 den Klassiker *Die Unfähigkeit zu trauern* schrieb, in Heidelberg eine psychosomatische Klinik gründen durfte. Die Antwort: Weil sich die autoritäre und rückwärtsgewandte medizinische Fakultät dem ebenso widersetzte, wie die Magdeburger dies gegenüber Frommer taten. »Es war ein heute kaum noch vorstellbares Fehlen von Mentalisierung und dem Erkennen der Relevanz psychischer und psychosozialer Vorgänge«, sagt er und meint das Ostdeutschland der Nachwendezeit. »Es war wirklich eine Hardware-Medizin, in der es nur um physikalische Größen ging.« Die Betonung liegt auf dem Wort war. Denn was war, das ist nicht mehr. Auch das sagt Frommer.

Es gebe nun junges, frisches und auf natürliche Weise ost-west-gemischtes Personal. Da habe sich vieles radikal geändert, vor allem durch einen Generationenwechsel. »Jetzt erleben wir hier ein kleines 68«, sagt der Professor mit linksliberaler Gesinnung. Die Zeit der Entwertung, offenen Verachtung und Marginalisierung seines Fachs sei vorüber. Dazu trug auch das Jahr 2009 bei. Damals hatte Frommer einen Ruf an die Universitätsklinik Leipzig. Er überhörte den Ruf und führte stattdessen »Bleibeverhandlungen«. Er hat, wenn man ihn recht versteht, ein wenig gepokert. Zuletzt sei die Fakultät Psychosomatik und Psychotherapie »zur eigenen Klinik aufgewertet worden. Jetzt entwickelt sich das sehr, sehr gut.«

Die private und berufliche Transformationsphase ist mithin abgeschlossen – und zwar seit langem. Der Abgrund ist verschwunden. Das Seil brennt nicht mehr. Frommer ist ebenso seit langem dabei, aus der These Bundesrepublik und der Antithese DDR seine persönliche Synthese zu machen. Der Osten ist nicht mehr der Osten, den er 1996 kennenlernte. Taxifahrer wie der in Weimar erzählen ihm neuerdings frei von der Leber weg, was sie früher in der Ukraine gemacht hätten, sagt er, nachdem der Gast und sein Chauffeur sich zunächst über das Wetter ausgetauscht hatten. Früher hätten sich die gelernten Ostbürger nie so in die Karten gucken lassen. Aus Angst, die Westdeutschen würden daraus Rückschlüsse auf ihre Vergangenheit ziehen. Aus, vorbei. Frommer erlebt außerdem junge ostdeutsche Mediziner, die ihren Job ebenso gut machen wie die westdeutschen. Es werden Westdeutsche berufen, die zuvor an einer Ostuni waren, und Ostdeutsche, die von einer Westuni kamen. Es geht quer durch den Gemüsegarten. Erst kürzlich habe er eine E-Mail bekommen von einer Ostkollegin, die der Liebe wegen nach Mainz umgezogen sei, sagt Frommer. In der Mail sei die Kollegin mit einem Clownskostüm zu sehen gewesen, beim Karneval. Ihr alter Chef nimmt darüber hinaus wahr, dass sich die Landsleute nicht mehr in Gruppen gegenüberstehen, sondern jeder für sich fragt: Wer bin ich? Welche Identität habe ich? Wo sind meine Ost-West-Anteile? Und er verweist auf jene alten Magdeburger, deren Kinder längst in Stuttgart oder München wohnen und die nun überlegen, ob sie ihnen nachziehen sollen, um im Pflegefall besser versorgt zu sein.

Das Leben, so die Botschaft, lässt sich nicht mehr ins Gefängnis des innerdeutschen Ost-West-Konflikts sperren. Es fließt. Ohnehin wird der Psychoanalytiker misstrauisch, wenn heute allzu offensichtlich auf diesen Konflikt verwiesen wird, um eigene Nöte zu erklären. Oft stünden, sagt er, weniger Seelenqualen als ganz schlichte Interessengegensätze dahinter.

Umgekehrt kritisiert der Schwabe die, wie er das nennt, »westdeutschen Leihidentitäten« der späten Bundesrepublik. Da habe man sich als toskanischer Weinbauer, französischer Landwirt oder kalifornischer Cowboy geriert und von der eigenen Geschichte nichts wissen wollen. Etwas schimmert dabei durch, dass Frommer in Gedanken vielleicht selbst mal ein toskanischer Weinbauer war. Wie auch immer: Nach bald 20 Jahren im Osten, sagt er, sei die These, »wir sind doch Westen und nicht so zuständig für das deutsche Erbe, nicht haltbar. Das ist unsere Sache. Wir stehen da in der Verantwortung.« Das deutsche Erbe meint: das gesamtdeutsche Erbe. Die West-Ost- oder Ost-West-Kommunikation gelinge sowieso am besten, wenn man sich auf die Geschichte bis 1945 und die Ursachen der Teilung besinne. Frommer guckt nicht mehr auf die Eltern, er guckt auf die Großeltern. Er guckt auf »transgenerationale Prägungen«. Den harten mentalen Kern der Ost-West-Spaltung sieht der Forscher heute in dem, was er »Ambiguitätsintoleranz« nennt, der die Betroffenen wiederum mit einem »Vereindeutigungszwang« begegneten. Die älteren Jahrgänge könnten Zweideutigkeiten und Schwebezustände nicht gut aushalten. Sie suchten Eindeutigkeit auch da, wo sie nicht zu finden sei, sagt der Psychoanalytiker. Für manche verletzte es schon die öffentliche Ordnung, wenn einer schräg über die Straße laufe. »Diese Menschen müssen sich ein freieres Denken in weiteren Horizonten erarbeiten.« Umgekehrt müssten die »Wessis« lernen, dass nicht alles beliebig sei, sondern dass es nur vorwärtsgehe, wenn man sich einlasse. So oder so sei »der alte Westen am Ende«. Der Mann schaut immer in beide Richtungen. Er kann gar nicht mehr anders. Ja, er leidet an einem Vermehrdeutigungszwang.

Zweifellos sind nicht alle so gut durchgekommen wie Jörg Frommer. Er hat nach eigenen Angaben viele Westdeutsche behandelt, die ebenfalls in den Osten gingen und die in schwere Krisen rutschten. Die Gründe: enttäuschte Hoffnungen, Überforderung und Verstrickung in unlösbare Streitigkeiten am Arbeitsplatz, das Auseinanderbrechen von Beziehungen, weil der Partner im Westen blieb, das Aufbrechen seelischer Wunden aus alter Zeit. Doch auch das, so sieht es aus, nimmt ab.

»Sind Sie hier zu Hause?«, will ich in Zimmer 175 von Haus 19 der Universitätsklinik Magdeburg abschließend wissen. »Ja, ja«, sagt Jörg Frommer. Dann hält er inne, offenbar weil er in Gedanken für einen Moment abwesend war und den Kern der Frage erst mit Verzögerung so richtig versteht. »Ach so, innerlich zu Hause?«, fragt er zurück. »Das ist eine gute Frage.« Frommer überlegt und spricht leise vor sich hin, wie um die Worte abzuschmecken: »Zu Hause, zu Hause.« Dann hat er sich die Antwort zurechtgelegt und sagt: »Wenn ich in eine schwäbische Kleinstadt komme, dann bin ich dort nicht mehr zu Hause. Heidelberg ist mir zu puppenstubenhaft. Da bin ich auch nicht mehr zu Hause. In Düsseldorf war es nur eine Interimszeit. Berlin ist ein wichtiger Anlaufpunkt und auch ein bisschen identitätsbildend.« Und das moderne Dasein bedeute ohnehin, »aus dem Koffer zu leben als ein Mensch, der begrenztes Gastrecht hat«. Die Antwort wird lang und immer länger, ohne wirklich eine Antwort zu sein, und mündet in den Satz: »Zu Hause ist das, wo man herkommt, aber nie wieder sein wird.«

Der Satz ist dem berühmten Philosophen Ernst Bloch entlehnt, der Heimat mit den Worten umschrieb: »Was allen in die Kindheit scheint und wo noch niemand war.« Bloch starb in der Gegend, in der Frommer geboren wurde. Aber auch Bloch war dort nicht zu Hause.

In die postsozialistische Unordnung geflohen

Rainald Grebe, Kabarettist aus dem Rheinland, singt spöttische Lieder über die neuen Länder.

In Freyburg an der Unstrut hatte Rainald Grebe mal ziemlich schweren Ärger. Er gastierte da vor Ostrentnern, die ihn gar nicht kannten. Und als Grebe mit seinem Thüringen-Lied begann, schwappte stille Empörung hoch. Schließlich macht er sich darin über eine der erfolgreichsten Leichtathletinnen lustig, die die DDR jemals hatte. Die blonde Weitsprung-Olympiasiegerin Heike Drechsler, sang Grebe, »könnte auch aus Weißrussland sein«. Ein paar Zeilen weiter muss Dagmar Schipanski dran glauben. Die CDU-Politikerin galt einst als mögliche Bundespräsidentin im wiedervereinigten Deutschland in Zeiten, in denen Ostdeutsche in der großen Politik gemeinhin noch nichts zu melden hatten. Kein Grund für den Kabarettisten, sie ungeschoren davonkommen zu lassen. Er tituliert die kräftige Dame als denkbare »Professorin für Hammerwurf« – »in Sofia«. Doch damit nicht genug. Johann Wolfgang von Goethe, heißt es despektierlich, sei »extra aus'm Westen hergezogen«, obwohl die Thüringer den Dichter doch ganz und gar als den Ihren begreifen, und der Rocksänger David Bowie sei »auch schon mal drübergeflogen«. Über Thüringen natürlich. Die Mamis vom Rennsteig, zu guter Letzt, seien spitze, weil sie Kartoffeln rieben, um daraus – na was wohl? – Klöße zu formen. Und »die Männer wollen im Stillen nur raus in den Garten und grillen«. Keine Frage, das war zu viel. Viel zu viel. Das ironieferne Publikum in vorgerücktem Alter am Ort der Rotkäppchen-Sektkellerei fühlte sich verhohnepipelt. Rainald Grebe sagt: »Die haben nicht auf die Rille gekriegt, aus welchem Geist das kommt.« Die Vorstellung mündete in Verachtung und Schweigen.

Unmut gab es irgendwann auch im Saal eines Dorfes bei Guben, das bekanntlich in Brandenburg liegt. Dort versuchte Grebe, sein beinahe schon legendäres Brandenburg-Lied unters Volk zu bringen, das beginnt mit: »Es gibt Länder, wo was los ist / Es gibt Länder, wo richtig was los / und es gibt: Brandenburg / In Brandenburg, in Brandenburg ist wieder jemand gegen einen Baum gegurkt! / Was soll man auch machen mit 17, 18 in Brandenburg?« Und das gipfelt in der Zeile: »Ich fühl mich so leer, ich fühl mich Brandenburg«. Auch hier entglitten manchem die Gesichtszüge. Bei einigen seiner Auftritte habe es Unverständnis gegeben, ja Hass, räumt Rainald Grebe ein. Und hinterher entsprechende E-Mails. Nur im Fernsehen hat Grebe freie Bahn. Da ruft Kurt Krömer, hör- und sichtbar ein Bruder im Geiste, dem Studiopublikum zu: »Er hat genauso einen an der Waffel wie icke.« Applaus. »Begrüßen Sie aus Jena-Paradies: Rainald Grebe!« Grebe, mit einem Indianerschmuck versehen, setzt sich fröhlich ans Klavier und behauptet: »Ja, mein Name ist Rainald Grebe. Ich komme aus Thüringen.« Und spielt sein Thüringen-Lied.

Dabei führen der Frust von Freyburg und Guben sowie der Satz »Ich komme aus Thüringen« mitten hinein ins deutsch-deutsche Grebe-Durcheinander. Denn Rainald Grebe kommt nicht aus Jena-Paradies in Thüringen, sondern aus Frechen bei Köln, aus Nordrhein-Westfalen also. Das größte Paradox besteht freilich darin, dass er im Osten zwar nicht immer verstanden wird, diesen Osten selbst aber besser versteht als viele andere aus dem anderen Landesteil. Denn Rainald Grebe ist in den Osten regelrecht geflohen. Ja, man darf sagen, er floh aus der seit Jahrzehnten festgefügten Ordnung in die 1989 entstehende Unordnung. Und das in vollem Bewusstsein.

Man muss sich dieses Frechen bei Köln nämlich als einen recht spießigen Ort vorstellen. Zumindest für einen Menschen, der sich anschickt, Künstler zu werden. Grebes Vater war eigentlich Schlosser, hatte es dann jedoch über Umwege zum Professor für Buchkunde gebracht. Die Mutter war Lehrerin. Die Eltern, sagt Grebe, zählten zur typisch westdeutschen Nachkriegsgeneration.

Verunsichert vom Schock des Krieges, strebten sie größtmögliche Sicherheit an. Ruhe, Frieden und wirtschaftliches Auskommen seien zentral gewesen. Und »die Bildung, die man zeigt«. Das Haus der Grebes war voller Bücher. Stiche hingen an den Wänden, für alle sichtbar. Rainald Grebe fühlte sich wie in einer »Trutzburg«, umgeben von »Besitzstandswahrern« in einer dieser »fetten Kleinstädte, in denen alles zu planiert war«. Er sagt: »Es war alles da, nur das Wichtigste fehlte: das Leben. Es war die Not der Notlosigkeit.« Die Grebes, das weiß man, sind kein Einzelfall. Es ist die Alterskohorte derer, die vielfach in Luftschutzkellern groß wurden und daraus, wie Rainald Grebe einmal sinngemäß anmerkte, Partykeller machten – ohne aus den Luftschutzkellern emotional wie geistig je ganz herausgekommen zu sein.

Grebe spart sich im Übrigen allzu üppige Einzelheiten, wenn es um das Familiäre geht. Vielleicht, weil diese Einzelheiten zu persönlich sind. Vielleicht, weil er meint, dass eine kleine Skizze genügt, um sich mir, dem anderen Westdeutschen, verständlich zu machen. Doch es gehört nicht viel Fantasie dazu, sich vorzustellen, dass seine Jugend von schweren Konflikten überschattet war. Konflikten, die, wie er sagt, bis zum 30. Lebensjahr andauerten und aus denen er viel künstlerische Energie bezog. Noch bevor Grebe am heimischen Gymnasium Abitur machte, war darum klar: Er wollte weg, weit weg. Der 18. Geburtstag fiel zusammen mit dem Fall der Mauer. Die Abnabelung hatte begonnen. Grebe absolvierte den Zivildienst in Bielefeld in der Psychiatrie und wandte sich dem zu, »was weggeschlossen wird«. Auch das war programmatisch. Von Bielefeld war es dann nicht mehr ganz so weit bis zu jenem Osten, der gerade aufgeschlossen wurde.

Ursprünglich hatte Rainald Grebe mit diesem Osten nichts zu schaffen gehabt. Politik spielte in der Familie keine Rolle. »Die Deutsche Demokratische Republik«, sagt er, »war unter Gleichaltrigen kein Reiseziel und kein Sehnsuchtsort.« Aber genau das war sie für ihn: ein Sehnsuchtsort, und zwar ein unbekannter. Grebe suchte etwas, das ganz anders war oder doch ganz anders zu sein schien als das bürgerliche Milieu, das er verabscheute.

Und was wäre da passender gewesen als die untergehende DDR, die sich anti-bürgerlich wähnte, zumindest auf dem Papier, und in der jetzt so etwas wie Anarchie ausbrach?

Im Mai 1989 war Grebe zum ersten Mal eher zufällig in der Gegend unterwegs. Beim Kirchentag in Berlin lernte er zwei Frauen aus Leipzig kennen, war zu Gast bei einem Wolf-Biermann-Konzert in Kreuzberg, fuhr mit der S-Bahn durch den Ostteil der Stadt. Nach dem Zivildienst herrschte Gewissheit: Grebe wollte nach Berlin. »Nicht West-Berlin. Es musste der Osten sein.« Denn: »Vor der Haustür geht ein Neuland auf, eine komplett andere Gesellschaft, die man besichtigen darf.« Die sollte es werden. Unbedingt. Während die DDR implodierte, träumte ein 18-Jähriger ihren Traum einfach weiter, die zuletzt überwiegend triste Realität weithin ignorierend.

Rainald Grebe trampte durch den Osten und erlebte in Magdeburg die ersten Durchmischungen von real existierendem Sozialismus und Kapitalismus. Einen leuchtenden EC-Automaten und eine große Werbung für Elephant-Bier inmitten einer grauen Stadtlandschaft. »Das war so ein Schockmoment«, sagt er. Nicht wegen der grauen Stadtlandschaft, sondern wegen des EC-Automaten und der Bier-Werbung. Leipzig und Weimar samt Buchenwald folgten. Wie Bolle amüsiert sich Grebe noch immer über einen schwulen Hessen mit Hawaii-Hemd und Wohnwagen, der ständig ausrief: »Da muss doch Leben rein!«

Er zog nach Berlin-Mitte, wo es seinerzeit noch nicht akademisch geordnet, sondern ganz und gar wild zuging. In der Küche seiner Wohngemeinschaft schlief ein bulgarischer Philosoph. Grebe schrieb sich an der Humboldt-Universität für Russisch ein. Dreimal in der Woche hatte er Sprachunterricht bei »drei Muttis aus Russland mit großer Oberweite und einer wunderbaren Sprache«. Er begann, sich in die DDR-Literatur »reinzufräsen«, fuhr nach Russland, Tschechien, Bulgarien. Immer weiter gen Osten. Plötzlich war der »Ostblock« nicht mehr jene hermetische Block, als der er im Westen ununterbrochen dargestellt wurde, sondern ein Gebilde mit zunehmender Kontur. Das Neue allerdings machte den

Reisenden nicht satt, sondern nur hungriger. Grebe klingt noch über 20 Jahre danach begeistert, wenn er über die Post-DDR spricht: »Ich wollte den Osten kennenlernen. Das war das Rockigste, was dieses Land zu bieten hatte. Ohne Ämter, ohne Polizei, ohne Gema. Dieses Aufgerissene passte mir ins Leben rein.« Und Telefone, mit Hilfe derer die Eltern hätten nerven können, gab es eh nur ein Stadtviertel weiter, im Wedding, im Westen. Der junge Mann sah überdies nicht nur in den Verhältnissen, sondern auch in den Menschen seine noch diffusen Hoffnungen bestätigt. »Die Leute waren offener, sanfter«, sagt er. »So was kannte ich nicht. Ich habe zärtliche Gefühle entwickelt, vielleicht auch für die Verlierer.«

Grebe begann an der berühmten Schauspielschule Ernst Busch in Berlin und schloss als diplomierter Puppenspieler ab. 1999 ging er mit einer Gruppe von Kollegen ans Theaterhaus Jena und blieb bis 2004. Nicht als Puppenspieler, der er nicht sein mochte, sondern als Schauspieler, Regisseur, Dramaturg. Ihn beschlich das Gefühl »absoluter Freiheit«. Ein Angebot, nach Halle zu wechseln, schlug Grebe aus. Die »Kulturinsel« des als gleichermaßen links wie autoritär geltenden Intendanten Peter Sodann erinnerte ihn wohl zu sehr an die Heimat. Schon das Wort »Kulturinsel«! »Wie ein Kleinkind, das sich eingemauert hat.« Schließlich inszenierte Grebe unter anderem in Leipzig und ist nun überwiegend als Solist unterwegs, zuletzt vor allem mit der deutsch-deutschen »Kapelle der Versöhnung« und mit durchweg überragendem Erfolg.

Die Kritiker überschlagen sich, rühmen ihn wahlweise als Deutschland-Kolumnisten oder als einzigen deutsch-deutschen Entertainer. Die Säle sind voll. Der Berliner Admiralspalast ist mehrmals hintereinander ausverkauft. Die Berliner Waldbühne ist ebenfalls ausverkauft. Die einzige Frage, auf die Grebe etwas unwirsch reagiert, ist die, ob er Millionär sei. Ungefähr so lautet die Antwort: Er könne Millionär sein, wenn er wolle. Doch er wolle nicht. »Seit mehr als einem Jahrzehnt tourt Grebe immer wieder durch die neuen Bundesländer«, schreibt das *Hamburger*

Abendblatt. »Er singt über den armen Osten und ist damit reich geworden.«[39] Grebe sagt es in einem seiner Programme so: »Jetzt kniet irgendeine Olga über meinem Klo, kratzt meine Kacke weg. Es hat ein bisschen gedauert, aber mittlerweile, mittlerweile schaue ich ihr gern dabei zu.«

Das mag gut gedichtet sein. Wahr ist es dennoch nicht. Denn wenn Rainald Grebe einen Auftrittsort betritt, dann wirkt das zwar überaus kräftig. Mit großen Schritten durchmisst der 43-Jährige die Bühne, die Augen weit aufgerissen. Gern amüsiert er sich über die eigenen Späße. Grebe ist alles andere als scheu. Ja, er ist, was man eine Rampensau nennt. Man könnte ihn leicht für hochmütig halten. Im echten Leben ist der Eindruck aber ein ganz anderer. Grebe schaut halb skeptisch, halb spöttisch, überlegt ausgiebig und spricht stets leise. Wie so viele Clowns ist auch dieser ein bisschen traurig. Allein die entblößte Frau auf dem Feuerzeug, mit dem Grebe seine vielen Zigaretten anzündet, lässt auf einen gewissen Schalk schließen. Und die Feststellung: »Ich hatte hauptsächlich Wesfrauen. Das hat sich so ergeben, interessanterweise.« Kunstpause. Lachen. »Und Bulgarinnen.« Das Hemd ist zerschlissen und der Drei-Tage-Bart keine intellektuelle Attrappe. Er lache gern, sei aber am Ende ein sehr ernsthafter Mensch, sagt Grebe. Das stimmt. Und völlig »verostet« sei er. Stimmt auch.

Der Osten wurde, so hat Grebe es erlebt, langsam vom Westen penetriert. An der Humboldt-Universität unterrichteten plötzlich keine Russinnen mehr, sondern Deutsche mit deutschem Akzent. Für Grebe war das der Augenblick, um Adieu zu sagen. Ähnliches geschah an der Schauspielschule. Dozenten mussten gehen, weil sie politisch »belastet« waren. Andere lernten den neuen Herrschaftsverhältnissen gehorchend vollständig um. Und dann sind da die vielen Kleinigkeiten, an die Grebe sich erinnert. Die Hüpfburg von Prenzlau im Norden Brandenburgs zum Beispiel bei der Eröffnung eines Einkaufszentrums vor den Toren der Stadt, die ihm anzeigte: Das hier ist nicht mehr Osten. Und es ist noch nicht Westen. »Ich bin gerade davor geflohen«, sagt Rainald Grebe und meint die alte Bundesrepublik. »Und dann kam er dann so, der böse Westen. Das war interessant.« Das Faszinierende sei gewesen, diesen Umbruch zu erleben. »Wie der Kapitalismus sichtbar wurde: dieses Pure, dieses Krasse, dieses Eklige.« Zugleich und vermutlich darum hält er sich mit Urteilen über den Osten bis heute demonstrativ zurück. »Beobachten, zuhören, sammeln« – das ist es, was er möchte. »Ich war nicht dabei, und das bleibt auch so«, sagt er und meint die DDR. »Der Ehrgeiz ist, zweisprachig zu sein.« Ja, Grebe fühlte sich als einer der »Gewinner der Geschichte« und stieß jetzt überall auf »Verlierer-Geschichten«. »Da noch draufzutreten wegen seiner Piefigkeit und seiner Haarfrisur, das kam mir nie in den Sinn.« Stattdessen greifen Verteidigungsreflexe.

Wenn Freunde aus dem Westen kommen und sagen: »Da muss aber noch was passieren«, dann ärgert sich Grebe. »Da bin ich plötzlich auf der anderen Seite.« Und ganz bewusst gastiert er nicht bloß in den großen Städten, sondern ebenso in den kleinen, beinahe vergessenen, in Eisenhüttenstadt, Aschersleben, Wittenberge oder Senftenberg, wo Abwanderung Tristesse hinterlässt und ganz besonders viele Verlierer leben. »Wie bitter das ist«, sagt er. »Ich will das kennenlernen.« Leipzig, Erfurt und Jena seien ja »easy«. Dagegen die Ost-Provinz? »Wellness-Hotel, Hartz IV, Abbau.« Auf den Dörfern und in den Kleinstädten seien die Ost-Geschichten noch ganz frisch. Derweil ist Grebes eigener Wohnsitz längst und schon wieder Berlin-Mitte beziehungsweise Prenzlauer Berg. Jene Gegend, die er spöttisch mal »Vergnügungsviertel«, mal »Edelkiez« schimpft. Seit einiger Zeit besitzt er außerdem ein Haus in Brandenburg, in dem Land mithin, das er so schön schaurig besungen hat. Man darf das als Statement begreifen. Hier möchte einer im großen Erfolg unverändert bei den kleinen Leuten sein.

Auch nach einem längeren Gespräch ist Grebe kein böses Wort über die sogenannten neuen Länder zu entlocken, kein Satz über die kleinbürgerliche Enge, die dort ebenso existiert wie in Frechen. Mag die rechte Terrorgruppe »Nationalsozialistischer Untergrund«, die eine Spur der Gewalt hinterließ, auch in Jena wurzeln, Grebe insistiert: In Jena war »nicht alles schlecht«. Er will »nicht, dass wieder dieses Bild entsteht vom hässlichen Osten«. Überhaupt kehrt Grebe der großen Politik am liebsten den Rücken zu, um sich auf Details, also das Leben selbst, zu stürzen. Er sagt es kurz und knapp: »Ich will anders sein. Ich will zuhören.« Als Mensch. Und als Künstler. Dabei bleibt es. Insofern ist er ein Unikat.

Geändert hat sich hingegen die Perspektive auf den Westen. Rainald Grebe war vor ein paar Jahren mal an einem ebenso großen wie renommierten Hamburger Theater engagiert – und erschrak sogleich: »Das war so eine altbürgerliche Welt mit so einem Dünkel«, sagt er. »Da ging es nur um Auslastungszahlen. Die Zahl der Abonnenten musste stimmen. Alles andere wurde dem untergeordnet. Das fand ich widerlich.« Also: Alles wie immer, scheinbar. Nach wie vor sei die Kunst im Westen vielfach kaum mehr als »Salatbeilage«, während das Theaterpublikum im Osten »viel wacher und viel gieriger« sei.

Auch im heimischen Frechen habe sich »nix verändert«. Alternde Menschen in Reihenhaussiedlungen dominierten das Bild. »Das ist die alte Westwelt, die ihrem Ende entgegengeht.« Andererseits hat Grebe seinen Frieden mit diesem Westen nun doch gemacht, ist mit der Mutter »im Klapperbulli« in ihre Heimat Breslau gefahren und hat sich später zehn Tage lang bei seinen Eltern einquartiert, mit ihnen über ihr Leben gesprochen und daraus dann ein Programm entwickelt. »Das sind ja keine bösen Menschen«, sagt er milde. »Sie wollten immer nur das Beste. Oder es ist aus Angst passiert.« Das Sich-Einmauern im Bürgerlichen. Über den Osten sei mittlerweile ohnehin »alles gesagt. Es ist auserzählt.« Jetzt geht es zur »Feldforschung« nach drüben. Gemeint ist West-Berlin.

All die Thüringen- und Brandenburg-Lieder sind demnach, wenn man so will, eine Symbiose. Hier guckt in Wahrheit nicht der arrogante Metropolenbewohner auf abdriftende Ost-Landstriche, im Gegenteil: Der Hauptstädter schaut mit heimlicher Zuneigung auf jene Art Provinz zurück, aus der er selber stammt.

Er macht das Kleine stark gegen das Große, indem er es ernst nimmt, hämisch wie mitfühlend. Rainald Grebe jedenfalls sagt, es seien »Wiedervereinigungslieder«. Womöglich sind es aber auch Liebeslieder. Selbst wenn das in Freyburg an der Unstrut damals keiner so richtig verstanden hat.

Mangelleben im Paradies

Gertraud Huber aus Niederbayern führt in der Uckermark
den beliebten »Huberhof«.

Gertraud Huber zögerte ein bisschen mit dem Umzug in den Osten. Das hatte weniger mit dem Osten als mit ihrem Charakter zu tun. »Mein Mann ist sehr euphorisch«, sagt sie. »Der kann sich schnell begeistern. Ich bin eher der Bremser und Zurückhalter.« Andreas Huber ist Bauingenieur und hat nach seinem ersten Besuch in der Uckermark 1990 rasch erkannt, wie viel Arbeit es dort gibt für einen wie ihn und dass er 100 Kilometer nördlich von Berlin seinen Traum realisieren könnte: ein Hotel zu bauen. Bei Gertraud Huber, einer Lehrerin, hat es hingegen acht Jahre gedauert, bis sie ihren Wohnsitz vollständig von Viechtach im Bayerischen Wald ins brandenburgische Seehausen verlegte, auch der heranwachsenden Kinder wegen. Der Clou dieser Ost-West-Geschichte besteht nun darin, dass Andreas Huber mittlerweile wieder überwiegend in Viechtach lebt, während seine Frau Gertraud in Seehausen langsam, dafür aber umso tiefer Anker wirft. Das Leben, so könnte man sagen, hat Fakten geschaffen. Und sie ist einmal mehr die Beharrende. Nur diesmal im Osten.

Es bedarf somit keiner langen Erklärungen, um Gertraud Huber klarzumachen, worum es geht. Das Leben der Westdeutschen im Osten, das sei ja »ein interessantes Thema«, sagt sie am Telefon und fährt fort: »immer noch«. Dennoch zweifelt die 65-Jährige für einen Moment, ob sie dazu auch öffentlich etwas sagen soll, um sich schließlich einen Ruck zu geben. Wir verabreden uns.

Man braucht mit dem Regionalexpress ziemlich genau eine Stunde, um von Berlin-Gesundbrunnen nach Seehausen in der Uckermark zu kommen. Der Bahnhof Gesundbrunnen im Wedding ist ein urbanes Milieu der rustikalen Sorte. Doch schon bald hat der Zug die Stadtgrenze erreicht. Und Brandenburg glänzt plötzlich mit herrlicher Natur und kosmischer Leere. Wer in Seehausen aussteigt, der wiederum tut dies nicht an einem regulären Bahnhof, sondern an zwei Bahnsteigen, die einer Straßenbahnhaltestelle gleichen. Alles scheint leicht, von Ballast befreit. Ein Hauch von Sommerfrische auch am Ende des Winters. Es ist, als stiege man im Nichts aus. In jedem Fall in einer anderen Welt. Kleinere und größere Seen sind von sanften Hügeln umgeben. Rechts ist der Unteruckersee, links der Oberuckersee. Menschen gibt es kaum. Dafür wunderbar singende Kraniche, die im Herbst gen Süden ziehen. Ein Kilometer von der Haltestelle entfernt liegt Gertraud Hubers Reich: das »Seehotel Huberhof«. Drinnen stehen alte Bauernschränke und -kommoden und Maßkrüge auf kleinen Regalen. Dazu sieht man Kellnerinnen im Dirndl. Der hintere Teil der Fassade ist mit lindgrünen, hölzernen Balkonen versehen. Wer dann noch Gertraud Hubers sanften Sprachsingsang vernimmt, der weiß: Er ist hier nicht mehr im Berliner Wedding und auch nicht mehr in Brandenburg. Er befindet sich vielmehr mit einem Bein in der Uckermark und mit dem anderen in Niederbayern, Gertraud Hubers Heimat. Zwar ist das von ihr geführte Hotel gar nicht übermäßig groß. Es ist mit seinen drei Stockwerken so groß, wie Landgasthöfe in Bayern eben sind. Im 238 Einwohner zählenden Seehausen ist es allerdings eines der größten Gebäude überhaupt und wegen der vielen Gäste eines der lebendigsten. Man übertreibt nicht, wenn man sagt, dass man das ökonomische Zentrum des Ortes vor sich hat. Vieles deutet deshalb gleich auf ein Spannungsverhältnis hin zwischen dem »Huberhof« einerseits und seiner natürlichen Umgebung andererseits. Dieses Spannungsverhältnis besteht auch im realen Leben. Oder besser: Es bestand.

Früher hat Frau Huber, die mit Jeans, schwarzem T-Shirt und grauer Weste eine recht unprätentiöse Frau ist, mit ihrer Familie in eben jenem Viechtach gelebt. Das ist eine 9000-Einwohner-Gemeinde im besagten Bayerischen Wald. Die tschechische Grenze lag direkt vor der Haustür und damit bedeutend näher als die innerdeutsche. Doch für die Hubers war dies einerlei. Sie hatten weder zur Tschechoslowakei noch zur DDR irgendwelche Beziehungen und, gesteht Gertraud Huber, »auch nie das Verlangen, hierher zu fahren, nicht mal nach Berlin«. Man habe da »immer nur so Horrorgeschichten gehört«. Die Hubers haben die DDR mithin sehr wenig wahrgenommen. Mit einer Ausnahme: Frau Huber hat Mathematik und Geografie studiert, um später Lehrerin zu werden. Und im Rahmen ihres Geografiestudiums hat sie sich mal ein Semester mit dem sozialistischen Landesteil beschäftigt. Politik, nein, Politik, die habe sie ansonsten nie interessiert, sagt sie. Das Leben im anderen Teil Deutschlands hat für Frau Huber 40 Jahre lang keine Rolle gespielt, von ihrer Geburt 1949 bis zur Wende 1989. Und das ist für ihren Jahrgang der Normalzustand. Die Distanz zwischen Ost und West, sagen Forscher, ist in den mittleren Jahrgängen am größten und damit zwischen jenen Generationen, die vollständig in der BRD oder vollständig in der DDR sozialisiert wurden. Sie waren einander nicht zugewandt, sondern lebten oft Rücken an Rücken.

Das änderte sich im vorliegenden Fall erst und dann recht schlagartig, als die Hubers 1990 ein Paar aus der Nachbarschaft von Seehausen kennenlernten. Die sagten: Wir zeigen Ihnen mal die schöne Uckermark. Sie sprachen gar von der schönsten Gegend in ganz Deutschland. »Da waren wir neugierig«, sagt Gertraud Huber. Schon im Sommer desselben Jahres brachen die Hubers von Niederbayern nach Nordbrandenburg auf. »Wir haben gesagt, wir schauen uns das an, bevor sich das so schnell verändert, wie das Herr Kohl versprochen hat. Ich wollte einfach mal gucken.« Sie fanden »eine wunderschöne Landschaft« vor und eine Backsteinarchitektur, die sie nicht kannten. »Auf irgendeine Weise hat uns das gefallen.« Andreas Huber eröffnete neben seinem Bauingenieur-Büro in Viechtach bereits 1991 ein zweites Büro in Prenzlau. Die Stadt befindet sich zehn Kilometer nördlich von Seehausen und ist berühmt für ihre weithin sichtbare Marienkirche. Aus einer alten Russen-Kaserne machte er eine Schule und ist, wenn man ihn recht versteht, noch immer stolz darauf.

Der unternehmungslustige Herr Huber hat dann erfahren, dass das Grundstück zum Verkauf angeboten wurde, auf dem heute das Hotel steht und dessen schöne große Wiese im hinteren Teil an den See grenzt. Vom Frühjahr bis zum Herbst liegen hier die Gäste, die Kinder spielen Fußball. Weil er schon immer den Traum von einem Hotel hatte, haben die Hubers Ostern 1993 angefangen, dieses Hotel tatsächlich zu bauen, und es im Sommer 1994 eröffnet. 2,5 Millionen D-Mark habe der Bau ungefähr gekostet, erinnert sich Frau Huber. Es bayerisch herzurichten, das habe sich von selbst verstanden. Wie denn sonst? Sie hätten ja ihre eigene Kultur mitgebracht. Dazu gehört auch der Name »Huberhof«. In Bayern werden Gasthöfe in der Regel nach dem Familiennamen getauft. Was Bayern vielleicht nicht bewusst ist: Die mit der Namensgebung verbundene Demonstration des persönlichen Besitzes tritt außerhalb des Freistaates umso stärker hervor. Da irgendwann auch die Insel im See zu kaufen war, haben die Hubers auch die gekauft. Spätestens da hat sich das Abenteuer Uckermark derart materialisiert, dass es kein Zurück mehr gab. Wohl blieben die beiden Söhne in der Heimat, um die Schule zu beenden, die Tochter war schon zum Studium außer Haus. Die Eltern pendelten. Doch seit 1998 führt Frau Huber das Hotel komplett in eigener Regie. Ja, seit 1998 ist sie eine Uckermärkerin. Und ihr erstes Enkelkind ist es von Geburt an.

»In den ersten Jahren war es schwierig«, sagt Frau Huber. Die Internet-Werbung steckte noch in den Kinderschuhen. Und die Uckermark hatte noch nicht das Image, das sie heute hat: die Toskana der intellektuellen Berliner zu sein, wo Kolumnist Harald Martenstein seine Gedanken ordnet, TV-Moderator Max Moor einen Bio-Bauernhof betreibt und Kanzlerin Angela Merkel ihre heimatlichen Wochenenden verbringt. Doch 2003 habe es einen Sprung gegeben, sagt Gertraud Huber. Und heute vergeht kaum ein Wochenende, an dem der Parkplatz vorm Haus nicht voll ist von Autos, mit denen meist gut situierte und ruhebedürftige Hauptstädter vorgefahren kommen. Sie können ein wenig Bayern haben, ohne nach Bayern fahren zu müssen. Sie betreten ein Stück

Westen im Osten. Keine Frage, der Laden brummt. Aber brummen die Einheimischen auch mit? »Hier im Betrieb hab' ich das Thema Ossi-Wessi nie angesprochen«, sagt die Hotelchefin. »Es ist ganz selten, dass ich mal sag: Bei uns war das so. Ich hab' das Thema immer vermieden, um keine Konflikte heraufzubeschwören. Und meine jungen Leute, die in der Nachwendezeit aufgewachsen sind, die sehen das wahrscheinlich sowieso nicht mehr so.« Sie fügt jedoch hinzu: »Das ist schon ein anderer Menschenschlag hier.« Anfangs habe sie dahinter eher die DDR-Mentalität vermutet, sagt Frau Huber. Heute nicht mehr unbedingt. Je länger Gertraud Huber redet, desto deutlicher wird, dass das Zusammenleben zwischen Niederbayern und Uckermärkern nicht immer einfach gewesen ist.

Zuallererst gab es Probleme mit den Ämtern. Zumindest haben die Hubers das so empfunden. Da wurde mal diese Genehmigung nicht erteilt und mal jene. »Manchmal meint man schon, das ist irgendwie so willkürlich«, sagt Frau Huber. »Vielleicht ist mein Mann aber auch ein Typ, der das herausfordert. Ich weiß es nicht.« Gelegentlich habe sie das Gefühl, es tue den Behörden leid, dass ihr Mann das Grundstück und die Insel habe erwerben können. Der Groll, so scheint es, äußert sich auch auf dem Ordnungsamt von Gramzow in einem gewissen Missmut angesichts der ökonomischen Überlegenheit der Fremden. »Wir haben ja das Geld nicht, wir können das nicht«, habe kürzlich ein Ostdeutscher zu ihr gesagt, so Frau Huber. »Da hat er Recht. Aber ich habe da kein schlechtes Gewissen, muss ich sagen. Denn man hat auch genug zu kämpfen, was einer nicht sieht, der nicht selbständig ist.«

Mit den Dorfbewohnern war es augenscheinlich ein bisschen wie beim Achterbahnfahren. »Am Anfang war Euphorie da, von allen Seiten«, sagt Gertraud Huber. Am Anfang, das war direkt nach der Wende. Diese Euphorie habe auch beim Bau des Hotels noch angehalten, 1993 also. Da seien viele hiesige Firmen beteiligt gewesen. Danach hat es ein bisschen zu grummeln angefangen. »Offene Auseinandersetzungen gab es eher nicht«, sagt Frau Huber. »Aber es gab immer so Faschingsveranstaltungen. Da haben sie

uns durch den Kakao gezogen. Da waren wir halt das Thema.«
Nun gut, das alles ist vorüber. Schließlich hätten die meisten erkannt, dass das Dorf mit dem »Huberhof« Zukunft habe, während
das dörfliche Leben in Nachbargemeinden langsam absterbe, sagt
die Geschäftsfrau. »Das war auch für die ein Prozess.«

Neben den Ämtern und den Dorfbewohnern sind da noch die
Angestellten aus der Umgebung, von denen es in der sommer-
lichen Hochsaison 14 gibt und deren Aufgabe darin besteht, die
25 Zimmer und das Restaurant am Laufen zu halten. Das Haus
ist gut geführt. Die Mitarbeiter sind ebenso zuvorkommend wie
fleißig. In der durchweg kritischen Reportage der Journalistin Judith Borowski mit dem zweifelhaften Titel *Knietief im Osten* heißt
es über den »Huberhof«, dort könne man »gefahrlos essen«[40]. Das
ist anerkennend gemeint. Der lokale *Nordkurier* titelt: »Ein Stück
Bayern in der Uckermark verwurzelt«[41]. »Hier ist es manchmal
karg«, sagt Gertraud Huber ungeachtet dessen und bezieht darin
nicht nur die Landschaft ein. »Neulich war eine Frau aus Westdeutschland hier, die sprach von Mangeldenken. Ich sehe das beim
Essen: Man macht möglichst immer alles so einfach wie möglich.
Wenn ein Gericht acht Zutaten hat, dann verstehen sie es, immer
noch ein bisschen mehr wegzulassen, bis drei Zutaten übrig bleiben.« Sie vermisse manchmal die Ansprüche an sich selbst und
den unbedingten Willen, es anderen schön zu machen. »Das emp-
finde ich als ganz typisch hier.« Das müsse aber nicht zwangsläufig etwas mit der Kluft zwischen Ost- und Westdeutschland zu
tun haben. Denkbar erscheint ebenso, dass die Ursache in einer
kulturellen Kluft zwischen Nord- und Süddeutschland besteht.
So habe sie am Anfang auch nicht verstanden, dass Besucher die
kleine Dorfkirche aus dem 18. Jahrhundert, die vielleicht 200 Meter vom Hotel entfernt liegt und die neben einem verzierten Altar
und einer verzierten Kanzel recht kahl ist, schön gefunden hätten.
»Wo ist denn die Kirche schön?«, fragt Frau Huber. »Die Barock-
und Rokokokirchen, wo keine Wand leer ist, die sind schön.« Ba-
rockkirchen, das ist ihr schon bewusst, die gibt es im westlichen
Schleswig-Holstein allerdings auch nicht. Und was ihre Ange-

stellten angeht, hat sich Gertraud Huber mittlerweile einen gewissen Pragmatismus angeeignet. »Da, wo ich es selber machen kann, mach ich es selber«, sagt sie. »Ansonsten muss ich das so hinnehmen.«

Ob sie in Seehausen Freunde hat? »Ich komme ja aus dem Haus nicht raus«, sagt Gertraud Huber. Im Übrigen sei sie mit den Gästen im Gespräch. Im Bayerischen Wald habe sie »schon irgendwann mal so Freunde gehabt, klar. Aber ich bin da nicht so drauf angewiesen.« Und in die Heimat seien die Verbindungen ohnehin nach und nach abgebrochen. Nein, es ist nicht so, dass sie unzufrieden wäre. Mittlerweile zögen andere Leute zu, sagt Frau Huber. Ein weiterer Bayer habe sich in Seehausen ein Haus gekauft. Und ihr in Berlin lebender Sohn Matthias, dessen Bruder bezeichnenderweise Filme über das Thema Heimat dreht, hat eine ostdeutsche Freundin aus der Nähe von Wittenberg, die erst vier Jahre alt war, als die Mauer fiel. Die kann sich an die DDR gar nicht mehr erinnern. Matthias Huber sagt: »Mama fährt das älteste Auto in Seehausen. Wenn es vollgetankt wird, ist es 60 Euro wert. Das kommt gut an im Dorf.« Die Identifikation der Einheimischen mit den Zugezogenen wachse. Es vermengt und entspannt sich jetzt also alles ein wenig. Seit einiger Zeit wohnt Gertraud Hubers Tochter mit ihrem Freund und einem Kind im Ort, ein zweites sei unterwegs. Die Tochter übernimmt womöglich das Hotel. »Es wächst irgendwo Gras drüber«, glaubt die Mutter. Bloß nach Heimat klingt das alles nicht, noch nicht. »Wir sind ausgewandert«, sagt Gertraud Huber denn auch, 23 Jahre nachdem sie die Uckermark das erste Mal betreten hat. »Das sag' ich auch meinen Kindern. Das ist halt schon ein anderer Kulturkreis.«

Wie es weitergeht? »Es war eine Genugtuung, das dann doch irgendwie zu meistern«, sagt die Inhaberin vom »Huberhof«. »Viele Westdeutsche, die rübergegangen sind, haben aufgegeben. Die haben ganz schnell die Segel gestrichen. Wir haben uns da doch schon durchgebissen.« Und, nach einem Zögern: »Das ist dann mein Lebenswerk. Wenn man so will.« Jetzt lacht sie.

Fruchtbarer Aufbruch

Stephanie Maiwald ging von Frankfurt am Main zum Studium nach Frankfurt an der Oder.

Als wir uns am Ende eines langen Fußmarsches durch das sonnig-winterliche Frankfurt in einem Café mit Oderblick niederlassen, da bricht sich noch mal das Talent des Mitfühlens Bahn, das Stephanie Maiwald eigen ist. »Ich habe Frankfurt an der Oder gegenüber immer eine Dankbarkeit empfunden, weil das ein Ort ist, an dem man mir Chancen gegeben hat«, sagt sie, während die Bedienung Kaffee und Kuchen bringt, und lacht immer mal wieder dabei. Zuvor haben wir im Berliner Ostbahnhof die Regionalbahn ans östliche Ende der Republik genommen und anschließend die Reste der Altstadt ebenso durchstreift wie das Neubauviertel Neuberesinchen, das auf der vorletzten Silbe wie ie betont wird, also wie Bienchen, und dem Viertel damit zumindest vom Namen her etwas Angenehmes gibt. »Auch wenn die Leute hier etwas ruppig sind«, fährt Maiwald fort, nachdem sie sich ihrer Winterjacke mit Kapuze entledigt hat, »ich fand sie immer liebenswert.«

Wenige Augenblicke später beginnt die 35-Jährige ganz von innen heraus zu strahlen. Grund ist die Erinnerung an ihren Vater, der zunächst gar nicht reagiert habe, als er in dem Buch *Dritte Generation Ost*[42] den Text über die Erfahrungen seiner Tochter in Frankfurt an der Oder gelesen hatte, was bei ihr anfangs Verunsicherung auslöste. »Als wir uns dann getroffen haben, hat er mir erzählt, wie gerührt er war«, sagt Maiwald. »Das hat mich echt gefreut.« Der Vater war als Kleinkind von der Mutter aus dem Osten über die grüne Grenze in den Westen verfrachtet worden, während seine Tochter als 20-Jährige freiwillig den entgegengesetzten Weg ging, nach Frankfurt an der Oder eben und animiert durch die deutsch-deutsche Familiengeschichte.

Die Verwandtschaft aus Halle schließlich, die – natürlich in der *SuperIllu* – ebenfalls von dem Text und der dahinter stehenden Initiative Wind bekam, schickte voller Begeisterung eine Großpackung Hallorenkugeln gen Berlin. Letztere wiederum werden gern verspeist, wenn die »Dritte Generation Ost« zu einer ihrer zahlreichen Sitzungen zusammenkommt.

Man sieht: Beim Gespräch im »Gränzkaffee« mit seinem unverkennbar polnischen Personal schließen sich jede Menge Kreise. Stephanie Maiwalds Geschichte zeigt, dass Einheit irgendwie auch gelingen kann, allen Schmerzen zum Trotz. »Ich habe gern hier gelebt, auch wenn es irgendwie schwierig war«, sagt die Mittdreißigerin. Und dass Wechsel einem im Leben hülfen, sich zu diesem Leben zu positionieren.

Als Stephanie Maiwald 1999 aus dem 30 000 Einwohner zählenden Dietzenbach bei Frankfurt am Main kommend im doppelt so großen Frankfurt an der Oder eintraf, ging dort zunächst eines der größten Ost-Gewitter nieder, die das wiedervereinigte Deutschland bis dahin erlebt hatte. Der in Wuppertal beschäftigte Mediziner Werner Mendling hatte einen gut dotierten Posten als Chefarzt der gynäkologischen Abteilung des Frankfurter Klinikums ergattert. 1995 zog er samt Ehefrau Gabriela und dem gemeinsamen Sohn an die deutsche Ostgrenze und in eine Stadt, die als Stasi-Hochburg verschrien war. Gabriela Mendling, von Beruf Krankengymnastin und 36 Jahre alt, begann eines Tages, ihre Erlebnisse aufzuschreiben. Sie mokierte sich darüber, dass sie im Osten angeblich nicht wussten, was ein Kartoffelgratin ist, und dass sie, schlimmer noch, süßen Wein bevorzugten. Mendling stieß sich an Männern in Trainingsanzügen der Nationalen Volksarmee und den Dauerwellen der sie umgebenden Damen. Es war der ästhetisierende Blick einer Zeitgenossin, die sich dem westeuropäischen Kulturraum zugehörig fühlte und die nun auf den osteuropäischen Urwald zu stoßen schien. So zumindest wurde das Buch von den Neubundesbürgern wahrgenommen, als es 1999 unter dem Titel *Neuland*[43] auf den Markt geworfen wurde. Dabei kam Mendlings herablassende Fremdheit keineswegs von ungefähr. Von Wuppertal nach Paris sind es 527 Kilometer. In der französischen Hauptstadt gehört ein trockener Bordeaux zu den Grundnahrungsmitteln. Von Wuppertal nach Frankfurt an der Oder sind es 593 Kilometer. Es war die Fremdheit von Millionen, die sich hier ausdrückte. Das Pseudonym Luise Endlich war rasch enttarnt. Ebenso rasch gerieten die Mendlings in eine unhaltbare Situation. Werner Mendling wurde von Kollegen in der Klinik aufgefordert, sich von seiner Frau zu distanzieren. Dem Sohn wurden die Kaninchen erschlagen. Aber das Buch verkaufte sich mit 62 000 Exemplaren prächtig, davon angeblich die Hälfte in den neuen Bundesländern. Ähnlich verhielt es sich mit dem im Jahr 2000 erscheinenden Folgeband *Ostwind*[44], der ohne viel Federlesens mit 30 000 Exemplaren an den Start ging. Nur: Die kommunikativen Verheerungen waren gigantisch. Die Ostdeutschen fühlten sich erneut als die Doofen vorgeführt. Sie zahlten entsprechend zornig zurück.

Ein Jahr nach Erscheinen des ersten Buches verkündeten die Mendlings ihren Umzug nach Berlin, wobei Gabriela Mendling wissen ließ, dass natürlich bloß West-Berlin als Wohnort in Betracht komme. Sie starb wenig später mit 47 Jahren an einer schweren Krankheit und litt nach Angaben ihres Mannes zuvor an Depressionen. 2008 sagte Werner Mendling der *tageszeitung:* »Meine Frau hat mit ihren Büchern über unsere Erfahrungen als Westler im Osten Geschichte gemacht. Aber geendet ist es in einer Katastrophe.«[45] Er selbst werde dort nicht wieder hingehen.

Stephanie Maiwald sagt eineinhalb Jahrzehnte darauf, sie habe damals von dem Buch gehört. Aber die Erinnerung scheint nicht besonders stark zu sein. Davor schieben sich die eigenen Eindrücke. Zwar gibt es in den Wahrnehmungen der beiden Frauen Parallelen. Die Unterschiede freilich sind viel größer. Vollkommen gegensätzlich ist vor allem das, was Mendling und Maiwald aus der schwierigen Lage gemacht haben. Hier ist ein echter Fortschritt zu besichtigen.

Dies gilt zuallererst für die Bereitschaft, Dinge unvoreingenommen wahrzunehmen oder eben nicht wahrzunehmen. Als wir eine Stunde nach unserer Abfahrt vom Berliner Ostbahnhof in Frankfurt an der Oder eintreffen, sagt Stephanie Maiwald schon nach wenigen Schritten: »Es hat sich echt gemacht. Und es ist immer noch in Veränderung begriffen.« Vor 15 Jahren sei FFO, wie Kenner abkürzen, an vielen Stellen »ein dunkles Loch« gewesen. Ausländische Studenten mussten vor Neonazis geschützt werden. Das ist vorbei. Beeindruckende Altbauten reihen sich an Neubauscheußlichkeiten, die es so leider in jeder deutschen Stadt gibt. Dann wieder findet sich Gelungenes, nicht zuletzt auf dem Gelände der Europa-Universität Viadrina, an der Maiwald einst zu studieren begann. Da ist etwa das Auditorium Maximum oder das Gräfin-Dönhoff-Gebäude, benannt nach der langjährigen Herausgeberin der *Zeit*. Wir gehen in die Marienkirche. Derweil berichtet die einstige Studentin beiläufig anerkennend von einer Bäckerei in Sichtweite und ihrem preiswerten Angebot. Danach müssen wir lachen. Denn plötzlich erinnert sich Maiwald an einen Besuch ihrer Mutter, bei dem sie in ein Restaurant eingekehrt seien, in dem Kartoffelpuffer mit Apfelmus und ein »Überraschungsdessert« feilgeboten wurden. Das Überraschungsdessert entpuppte sich als halber Pfirsich aus dem Glas. Die Begrenztheit der Ostgastronomie – ein Klassiker der Westwahrnehmung.

Gleichwohl fällt Maiwald überwiegend das Positive auf, während Mendlings Scanner allein auf das Absonderliche gerichtet war. Da, wo es kritisch wird, meidet Maiwald Pauschalurteile und verweist auf mögliche Ursachen. Als wir an der Oderbrücke stehen, an der es jetzt keine Kontrollen mehr gibt, wird gar Freude spürbar. Vor dem Kleist-Museum erzählt sie von mexikanischen Gaststudenten, die Kleist-Spezialisten waren und das Gebäude begeistert in Augenschein nahmen. Hinterher besteigen wir den Bus und passieren das Lichtspielhaus der Jugend. »Es war immer unser Traum, das wieder in Betrieb zu nehmen«, sagt die längst erwachsene Frau. Doch daraus wurde nichts, wie man sieht. Die Fassade ist von Graffiti verunziert. Die Scheiben sind eingeschlagen. »Irgendwas, was Seele hat«, habe ihnen vorgeschwebt. Null Seele hat schließlich das Studentenwohnheim, in dem Stephanie

Maiwald die ersten drei Monate ihres Aufenthalts verbrachte. Drei Plattenbauten grün und lila gestrichen am Rande der besagten Plattenbausiedlung Neuberesinchen – im Dreieck zueinander drapiert. Davor die Endhaltestelle der Buslinie. Dahinter nur noch die Autobahn. Und viel, viel Leere. Eine Studentenkneipe müsste einem hier wie eine Fata Morgana erscheinen. Man denkt unwillkürlich an den Satz von Heinrich Zille, der angesichts der Zustände in den Berliner Arme-Leute-Vierteln des vorigen Jahrhunderts bemerkte, man könne einen Menschen mit einer Wohnung genauso gut erschlagen wie mit einer Axt. Eine Studentin aus Regensburg, sagt Maiwald, habe es nicht ausgehalten und sei gegangen. Zurück in die Heimat.

Sie blieb. Auch weil sie es gewohnt war, sich Neuem zu stellen. Als Kind hatte Maiwald ein paar Jahre in der Schweiz gelebt, als Jugendliche ein Schuljahr in den USA verbracht. Die junge Frau zog vom ersten Studentenwohnheim ins zweite im Stadtzentrum und machte dann mit einem Mitstudenten eine WG auf, was in Frankfurt an der Oder einer kleinen Sensation glich. Sie engagierte sich im Studentenclub und in der örtlichen Kulturfabrik. Sie rieb sich an den deutsch-deutschen Blockaden. »Oft hörten Gespräche auf nach der Frage: Woher kommst denn du?«, sagt Maiwald. »Und es gab immer so Spielchen, ob jemand erkennt, woher jemand stammt.« Das wurde langsam anders. Drei Jahre lebte sie in Frankfurt an der Oder, bevor sie, wie es die Studienordnung vorschrieb, ins Ausland ging, in die argentinische Hauptstadt Buenos Aires. Der Schritt aus Dietzenbach bei Frankfurt am Main nach Frankfurt an der Oder sei wohl größer gewesen als der Schritt von Frankfurt an der Oder nach Buenos Aires, sagt sie – weil es der Schritt aus der häuslichen Geborgenheit in die Selbständigkeit war. Wie auch immer: Stephanie Maiwald ist gut durchgekommen. Als sie aus Buenos Aires nach Frankfurt an der Oder heimkehrte, um ihr Studium zu beschließen, da ließ sie sich zum Leben in Berlin nieder. Der Schritt aus der Weltstadt des Tangos zurück in die Provinz wäre einfach zu groß gewesen, sagt Maiwald. Tausende Viadrina-Studenten halten es mit der Wahl des Wohnortes bis heute ähnlich. Sie kommen morgens mit dem Regionalexpress von der Spree an die Oder und fahren abends mit dem Regionalexpress an die Spree zurück. Der Sog der Hauptstadt ist zu stark, die Entfernung zu gering und das Semesterticket zu preiswert. »Das tut mir leid für die Stadt«, sagt Stephanie Maiwald.

An Frankfurt an der Oder hat die Wahl-Berlinerin, die heute an der Schweizer Botschaft als Kulturreferentin arbeitet, jedenfalls manche problematische, aber eben auch manche gute Erinnerung. Das Studium sei so interdisziplinär gewesen. Die Seminare waren klein, die überwiegend westdeutschen Dozenten zugänglich. »Man war nicht irgendeine Nummer.« Maiwald konnte als wissenschaftliche Hilfskraft sogar eigene Seminare veranstalten. Es gab Möglichkeiten, die es in einem etablierten Uni-Betrieb jenseits der alten innerdeutschen Grenze so wahrscheinlich nicht gegeben hätte. Im Übrigen konnte Maiwald nicht an den eigenen Klischees scheitern, weil sie gar keine Klischees hatte. Und weil sie mit 20 noch bereit war, sich prägen zu lassen.

Diese Bereitschaft hat viel mit jener Herkunft zu tun, die Stephanie Maiwald in dem Buch *Dritte Generation Ost* beschreibt und die betitelt ist mit »Zurück in die Zukunft«. Denn anders als Gabriela Mendling, die mit der Bundesrepublik groß geworden war und zur DDR offenbar keinerlei Beziehung hatte, war Maiwalds Vater selbst ein Ostdeutscher. Nie habe er es sich später herausgenommen, herablassend über den Osten zu sprechen, sagt sie. Auch wenn er sich im Westen längst eine eigene Existenz aufgebaut hatte. Dort war es im Allgemeinen so: »Der Osten war ein Ort, an den man nicht ging. Und Ossis waren Leute, über die man gelästert hat.« Bei den Maiwalds war es umgekehrt. »Der Osten war zu Hause immer ein Thema«, sagt sie. Ein Thema der Fürsorge. Und dann war da noch die Nenntante Änne aus Neutz, einem Vorort von Halle. Tante Änne, die immer komische Sachen trug, komische Sachen mitbrachte und in jeder Beziehung besonders war, durfte einmal jährlich aus Neutz nach Dietzenbach reisen. Sie tat das auch und verwöhnte dort Stephanie Maiwald und ihre

Schwester mit viel Zeit und allerlei Süßigkeiten, was diese mit kindlicher Liebe dankten.

Die Wende kam auch bei den Maiwalds 1989. Im Herbst fuhr die Familie nach Neutz. Die Maiwalds zogen alte Klamotten an und wählten das kleinere der beiden Autos, die in Dietzenbach zur Verfügung standen. »Sie wollten da nicht so als die Oberwessis rüberkommen«, sagt Stephanie Maiwald über ihre Eltern und fügt hinzu: »Wir waren megaaufgeregt.« Es sei im Übrigen »alles extrem grau und dreckig« gewesen. »Das hat mich als Kind schon beeindruckt.« Die größte Errungenschaft in Nenntante Ännes Dorfkneipe war die neu eingebaute Toilette. »Das habe ich als Kind schon als sehr ärmlich empfunden.« Ebenso aber in lustiger Erinnerung blieb, wie die Nenntante Maiwalds Mutter zum Besuch eines Friseurs überredete, weil der doch in Neutz billiger sei als in Dietzenbach. Und wie diese mit eigenem Handtuch hingehen musste und mit einer unerwünschten Dauerwelle wiederkehrte. Die Episode ging als Running Gag ins kollektive Familiengedächtnis ein.

Dann das Ende der Reise aus der Kinderperspektive: »An einem Abend wurden wir rausgeschickt zum Spielen. Da wurden wichtige Dinge besprochen. Da wurde auch geweint. Und ich wusste nicht, warum. Ein paar Monate später standen sie dann bei uns im Hausflur.« Die Verwandten aus Neutz. Es war ein Augenblick des Glücks.

Zur Aufnahme des Studiums in Frankfurt an der Oder war es aus dieser emotionalen Gemengelage bloß noch ein begrenztes Wagnis. Anders als es das in 90 Prozent jener Westhaushalte gewesen wäre, die im 40. Jahr der Teilung innerlich längst mit der östlichen Landeshälfte abgeschlossen hatten. Typischer war das, was folgte. Denn erst als Stephanie Maiwald mit der deutschen Einheit persönlich so richtig ernst machte, da begann der deutsch-deutsche Konflikt auch von ihr wirklich Besitz zu ergreifen. Es gab kein Entrinnen.

Daheim bekam sie von Freunden eine Taschenlampe geschenkt. Weil es im Osten doch immer so dunkel ist. Was wie

Ironie erschien, war keine. Manche hatten sich anfangs verhört und gedacht, wenn Stephanie Maiwald zum Studium nach Frankfurt gehe, dann könne ja nur Frankfurt am Main gemeint sein. Sie gehe also in Wahrheit gar nicht weg. Andere teilten ungerührt mit, in Frankfurt an der Oder werde man sie ganz bestimmt nicht besuchen. »Erst an den Reaktionen der anderen habe ich gemerkt, dass ich eine ungewöhnliche Entscheidung getroffen hatte«, sagt Maiwald. Im Osten war andererseits eine gewisse Reserviertheit unübersehbar. Bald hatte Stephanie Maiwald das Gefühl, sich für ihr Sosein rechtfertigen, ja ihr Westdeutschsein verstecken zu müssen und empfand darüber irgendwann eine »Wahnsinnswut«. Sie geriet in jene Zwickmühle, der wenige Westdeutsche im Osten entkommen. Zugleich brachte sie anders als andere Westdeutsche das Vermögen und die Bereitschaft mit, sich in die anderen hineinzudenken. Dabei fiel ihr mehr denn je ins Auge, um wie viel stärker der finanzielle Rückhalt war, den die Westfamilien ihren Studenten in der Regel geben konnten. Und dass viele Oststudenten daheim dafür kämpfen mussten, überhaupt studieren zu dürfen, weil ein Studium im Vergleich zu einer Ausbildung für die Eltern keinen Mehrwert darstellte. Maiwald begriff nicht nur, sondern sie erfuhr am eigenen Leibe, dass es zwischen den Deutschen in West und Ost neben der mentalen eine materielle Schranke gab. Manchmal schämte sie sich ihrer Naivität.

Der letzte Kreis schloss sich 2010. Da traf Stephanie Maiwald in Berlin die Rostockerin Adriana Lettrari. Dass man sich mit diesen Ost-West-Reibereien endlich mal intensiver beschäftigen müsse, sagte sie. Es dauerte nur wenige Wochen bis zu einem Treffen mit gleichgesinnten Akademikern, in dem Stephanie Maiwald (noch) die einzige Westfrau war. »Es entspann sich so eine spannende Diskussion«, sagt sie im »Gränzkaffee« mit der Perspektive auf Polen. »Man merkte: Die Luft ist dichter als sonst.« Die »Dritte Generation Ost« war geboren und alsbald entschlossen, das inneröstliche Schweigen über die DDR-Vergangenheit zu beenden und die vorurteilsbeladene Ost-West-Kommunikation endlich vom Kopf auf die Füße zu stellen. Es gab kleinere Meetings. Und es gab größere Meetings. Es gab eine Bustour durch den Osten. Es gab viel positive Resonanz, auch in den Medien, bis hin zu der vom berühmten halleschen Psychotherapeuten Hans-Joachim Maaz geäußerten Erwartung, das Ganze könne so eine Art ostdeutsche 68er Bewegung sein.[46] Die Krönung war ein Empfang in Schloss Bellevue bei Bundespräsident Joachim Gauck.

Schließlich gab es das Buch, in dem Stephanie Maiwald von Nenntante Änne erzählt und von ihrem Vater, der immer ganz still werde, wenn wieder irgendjemand über die »Jammerossis« schimpfe. Sie geht darin von der Überzeugung aus, dass man individuelle Geschichten sichtbar machen muss, um gemeinsam Geschichte zu schreiben. Das Buch wurde ein Renner, wenn auch auf niedrigerem Niveau als jene Bücher von Gabriela Mendling. Statt Missgunst zu ernten, ernten die Autoren wohlmeinendes Interesse. Hier werden Brücken nicht niedergerissen. Hier werden Brücken geschlagen. Darauf scheint die Republik gewartet zu haben.

Vater Maiwald hat derweil Grund zur Freude. Nicht allein, weil er in dem Buch vorkommt. Sondern mehr noch, weil seine Ostverbundenheit in der Tochter unverhofft Früchte trägt. Beide wissen, wie zufällig Geschichte sein kann und wie durchschlagend ihre Wirkung. Daraus resultiert eine andere, eine demütigere Haltung zum Leben.

Lasst Blumen sprechen in Leipzig

*Ilona und Peter Krakow sind seit 1994 eines
der Ost-West-Paare.*

Wenn Peter Krakow seine Liebste ein bisschen aufziehen will, und
das kommt häufiger vor, dann sagt er: »Na, meine kleine Ostmaus,
wie geht's uns denn heute?« Ilona Krakow, genannt Loni, stichelt
auch manchmal zurück. »Wenn ich mal Dinge nicht kapiere, dann
sage ich: Peter, ich komme nun mal aus der DDR.« Ilona Krakow stellt sich in diesen Momenten ein bisschen dumm, natürlich
ohne es zu sein. Sie kokettiert. Denn sie weiß ja, DDR steht für:
»Der Doofe Rest«. Am Schluss unseres Gesprächs im Leipziger
Café Wendl fragt der Mann seine Frau scheinbar arglos: »Sag mal,
musst du heute nicht noch was arbeiten?« Daraufhin gibt sie be-
lustigt zurück: »Das ist auch so eine Wessi-Art.« Sie meint, den
Partner für ein paar Stunden loszuwerden, ohne es direkt zu sagen.
So geht das zwischen dem 72-jährigen pensionierten Banker und
der 64-jährigen Floristin munter hin und her. Im Sichnecken sind
die beiden ganz groß.

Ilona und Peter Krakow lieben sich seit über 20 Jahren. Dabei ist das nicht nur deshalb eine Rarität, weil sie aus dem Osten
kommt und er aus dem Westen. Es ist auch so, dass der Pensio-
när mal Vorstandschef der Sparkasse Leipzig war mit jetzt rund
1900 Mitarbeitern und einer Bilanzsumme von neun Milliar-
den Euro, während sie ein kleines, aber feines Blumengeschäft mit
sechs Angestellten führt, das sich »Werkstatt für florale Objekte«
nennt. »Sparkassen-Chef heiratet Blumen-Mädel«, titelte die lokale Zeitung, als die beiden sich das Jawort gaben. Und nicht nur
materiell, auch charakterlich wirken sie zumindest auf den ersten Blick sehr gegensätzlich. Peter Krakow ist ein gut aussehen-
der Mann mit einer sehr ruhigen und recht milden Ausstrahlung,

dem es nicht viel ausmacht, längere Zeit auch einfach mal nichts zu sagen – bis er in entscheidenden Momenten die Initiative ergreift und dann durchaus streng werden kann. Er trägt einen schlichten dunkelblauen Pullunder über einem hellblauen Hemd. Auf Krakows sozialen Status weist allenfalls der auf dem Tisch liegende Blackberry hin. Und die Tatsache, dass er Golf spielt. Ilona Krakow hingegen erscheint in vielerlei Hinsicht wie das glatte Gegenteil ihres Partners. Sie trägt eng anliegende schwarze Klamotten und ist mit Armen und Beinen ständig in Bewegung. Die geborene Leipzigerin wirkt quicklebendig und in jedem Fall jünger, als sie ist.

Ost-West-Paare gab es schon vor dem Mauerfall. Allein zwischen 1984 und 1988 wurden »6160 Anträge auf Eheschließung zwischen Bürgern der DDR und Bürgern der BRD abschließend bearbeitet«[47]. So steht es in den Akten des Ministeriums für Staatssicherheit. 4510 Paaren wurde die Hochzeit erlaubt.[48] Der Eiserne Vorhang gab diesen Liebesgeschichten meist etwas Dramatisches. Nach der Wende begrüßten besonders Boulevardblätter Ost-West-Liebespaare freudig als Früchte am prallen Baum der Einheit. 2009 lud der damalige Ostbeauftragte Wolfgang Tiefensee (SPD) 100 von ihnen in die Berliner Akademie der Künste und nannte sie ein »Vorbild für das zusammenwachsende Deutschland«[49]. Tatsächlich wurden bis zuletzt jedoch nur vier Prozent aller Ehen zwischen Ost- und Westdeutschen geschlossen.[50] Wenn im Allgemeinen die alte Devise gilt, gleich und gleich gesellt sich gern, dann treffen sich hier fraglos oft Ungleiche und finden einander kaum.

Experten sagen, da, wo deutsch-deutsche Paare zusammenkommen, bestehen sie zu 90 Prozent aus einem Westmann und einer Ostfrau.[51] Zufall ist das nicht. Denn die zwischen Ost- und Westdeutschen bestehenden Hindernisse bei der Kommunikation fallen unter ihnen weniger ins Gewicht. Im Gegenteil. »Westmänner empfinden Ostfrauen als unkompliziert, weiblich, hingebungsvoll und anspruchslos (was materielle Dinge angeht). Ostfrauen empfinden Westmänner als großzügig und spendabel, erfahren und weltgewandt«[52], schreibt der Psychologe Olaf Georg Klein. Auch fallen Westmänner »den Ostfrauen auf Grund ihrer Selbstrepräsentation mit größerer Wahrscheinlichkeit auf«[53]. Sie haben die Fähigkeit, sich darzustellen und damit die Neugier des anderen zu wecken. Ostmännern geht diese Fähigkeit Fachleuten zufolge eher ab.[54] Sie werden von Westfrauen leicht übersehen. Dass Westmänner und Ostfrauen eher zusammenkommen als Westfrauen und Ostmänner hat zu guter Letzt mit Statistik zu tun. Denn während nach der Wende mehr Männer als Frauen in den Osten gingen, gingen mehr Frauen als Männer in den Westen.

Praktikerinnen wie Regine Bieler gelangen, was die Seltenheit von West-Ost-Liebespaaren betrifft, zu ähnlichen Ergebnissen. Die 50-jährige Sächsin betreibt die Agentur »Partnerglück« mit Niederlassungen in Dresden, Leipzig und Meerane. Ab und zu komme es vor, dass Männer etwa aus München anriefen und sich eine ostdeutsche Frau wünschten, sagt sie. Die glaubten, Ostfrauen seien so, wie sie sich auch Polinnen oder Russinnen vorstellten: gefügig. »Da treffen Welten aufeinander«, stellt Bieler ein bisschen zornig fest. »Denn eine ostdeutsche Frau ist nicht unterwürfig, sondern gleichberechtigt.« Suchen westdeutsche Kunden mit ostdeutschem Wohnsitz ihre Agentur auf, gibt es solche Probleme nicht. Das allerdings geschehe nur in einem Prozent der Fälle, berichtet die Inhaberin. Ohnehin kämen mehr Westfrauen zu ihr. »Denn die sehr selbstbewussten Frauen haben Probleme in der Partnerschaft.« Egal, ob sie aus Ost oder West stammten.

Dass Ilona und Peter Krakow einander kennen- und lieben lernten, ist alles in allem ziemlich außergewöhnlich. Andererseits ist es nach dem Prinzip Westmann liebt Ostfrau auch wieder typisch.

Peter Krakow, der in Freiburg im Breisgau geboren wurde, war stellvertretendes Vorstandsmitglied der Sparkasse Heidelberg, als er nach Sachsen kam. In dieser Funktion betreute er nach dem Mauerfall zunächst die Sparkasse im ostsächsischen Bautzen und bewarb sich später mit Erfolg um den Vorstandsposten in Leipzig. Der Banker war verlobt damals. Und seine Verlobte unterstützte den innerdeutschen Wechsel ausdrücklich. Die gelernte Pharmareferentin kam anders als viele andere Westfrauen sogar mit – allerdings mit weniger Erfolg. Denn westdeutsche Pharmareferenten wurden ihrer Wahrnehmung nach von den Ärzten gegenüber ostdeutschen Pharmareferenten benachteiligt. Sie ging zurück in den Westen, in der vagen Hoffnung, dass er ihr folgen würde. Was er vor allem wegen der interessanten beruflichen Herausforderung nicht tat. Wenn man Peter Krakow fragt, ob die Beziehung »vereinigungsbedingt gescheitert« sei, dann bejaht er das.

Hinzu kommt, dass er die Ostfrauen schätzen gelernt hatte. Die Belegschaft bei der Sparkasse Leipzig habe zu 90 Prozent aus Frauen bestanden, erinnert sich Peter Krakow. Die Arbeit habe morgens um sieben mit einem gemeinsamen Frühstück begonnen. Anschließend hätten die Frauen ihre Schuhe ausgezogen und hinter dem Beratungstresen gegen einfache Schlappen eingetauscht. Krakow sagt: »Mit diesen Frauen konnte man durch dick und dünn gehen: ganz anders, als ich das aus Westdeutschland kannte, wo die Mädels hinterm Schalter mindestens dreimal am Tag auf die Toilette gegangen sind und geguckt haben, ob noch alles sitzt.« Der Banker schließt: »Die Frauen waren viel unkomplizierter als in Westdeutschland. Die hatten nicht so viele Flausen im Kopf.« Es scheint, als habe er sich nicht in eine Ostfrau verliebt, sondern in alle. Und das nicht ohne Erfolg. »Viele haben ihn geliebt«, sagt Ilona Krakow, ohne eine Spur Eifersucht.

Weniger vereinigungsbedingt, aber doch auch aus letztlich politischen Gründen scheiterte Ilona Krakows Beziehung. Sie, die Maschinenbau studiert hatte und noch zu DDR-Zeiten aus Neigung ins floristische Fach wechselte, war verheiratet und hat einen Sohn, der heute 43 Jahre alt ist. 1988 besuchte sie ihren todkranken Onkel in Hannover. Ilona Krakows damaliger Mann hat sie danach »vorwurfsvoll vom Zug abgeholt und gefragt, warum ich denn nicht drüben geblieben bin«. Ein halbes Jahr vor dem Mauerfall durfte er selbst gen Westen reisen und verharrte dort ohne Vorankündigung. »Das war sehr dramatisch«, sagt sie heute. »Damit hatte ich nicht gerechnet. Das war der größte Vertrauensbruch.« Zwei Jahre darauf folgte die Scheidung.

So kam es, dass zwei von ihren Partnern gen Westen verlassene Menschen Anfang der 90er Jahre in Leipzig auf der Suche waren nach einem neuen Partner. Ilona Krakow hatte seinerzeit schon einen Laden in der feinen Mädlerpassage eröffnet, in dem Peter Krakow zu seiner rein privaten Freude Blumen kaufen ging. Sie erinnert sich an einen Mann mit für Ostverhältnisse ungewöhnlich wehendem, fast knöchellangem Mantel, der stets schwungvoll und kess das Geschäft betrat und ihr dadurch auffiel. Er wiederum fand Gefallen an der engagierten und aufgeschlossenen Art, in der sie ihre Arbeit verrichtete. Ein Jahr ging das so. Schließlich fragte sich Peter Krakow, »Menschenskinder, wie kommste an die Frau ran?«, und verfiel auf eine kleine List. Er sagte, er habe einen von Schimmel befallenen Ficus Benjamini zu Hause. Ob sie sich den nicht mal angucken könne. Sie kam einmal zur Diagnose der kranken Grünpflanze. Und sie kam ein zweites Mal zur Therapie. »Da nahmen die Dinge ihren Lauf«, sagt Peter Krakow. Und grinst. 1994 war das. 1995 zogen sie zusammen. 1998 feierten sie in der berühmten Leipziger Thomaskirche ihre viel beachtete Hochzeit. Krakow war ja nicht irgendwer in der Stadt, sondern der mit der Kontrolle über das meiste Geld, darum an vielen Entscheidungen maßgeblich beteiligt und in Ehrenämter eingebunden. Noch immer ist der Lokalpatriot Vorsitzender der Vereinigung von Förderern und Freunden der Universität Leipzig.

Wer nun wissen will, wie sehr das Ost-West-Ding ihre öffentliche Partnerschaft prägt, der erntet zunächst Abwehr. Vor allem Ilona Krakow sagt, das spiele zwar im Großen und Ganzen sehr wohl noch eine Rolle, in ihrem privaten Leben aber eigentlich nicht mehr. Im Laufe des Gesprächs ergibt sich dann ein etwas anderes Bild. Und zwar beginnend mit der Partnerwahl. Peter Krakow wusste: »Ich brauche eine Frau, die selbständig ist, die nicht wartet, dass ich um sieben Uhr zum Abendessen zu Hause bin, die ihre eigene Arbeit und Verantwortung hat. Das musste eine sein aus Leipzig. Keine Westdeutsche.« Ilona Krakow hatte ihrerseits »kein Problem damit, wenn ein Partner mehr Geld verdient und mehr Eigentum hat, da ich mit meinen Händen, meinem Kopf und meinen zwei Beinen auch bei manchmal 15 Stunden Arbeit am Tag eben nicht mehr erreichen kann. Das finde ich aber auch gar nicht schlimm. Das ist nun mal der Lohn in dieser Branche. Und es ist meine Leidenschaft.«

Das Ost-West-Ding machte sich erneut bemerkbar, als Peter Krakow seine neue Partnerin in den Familien- und Freundeskreis einführte. Zuweilen sei sie sich vorgekommen wie ein Lebewesen im Zoo und habe sich angesichts vieler kenntnisloser Fragen Mühe geben müssen, nicht aus der Rolle zu fallen, sagt Ilona Krakow. Das Thema hat sich irgendwann erledigt, weil die Wissbegier der Westdeutschen sich erschöpfte.

Und dann war da noch die Sache mit den geschäftlich bedingten Auslandsreisen. Peter Krakow war als Boss der deutschlandweit fünfzehntgrößten Sparkasse qua Amt Mitglied in allerlei Verbandsgremien. In deren Rahmen fanden immer wieder schöne Studien- und Kongressreisen statt – nach Amerika oder Südafrika, nach Japan oder Thailand. Und zwar nebst Frauen. Sie sei dafür »unheimlich dankbar«, sagt Ilona Krakow. Es war aber so, dass sie mit den meist westdeutschen Gattinnen der meist westdeutschen Vorstandschefs der anderen Ostsparkassen, nun ja, so ihre Schwierigkeiten hatte. Am stärksten haften geblieben ist der Floristin jene Episode am Strand des thailändischen Phuket, als die anderen Vorstandsfrauen von Straßenhändlern feilgebotene Kleider für schätzungsweise zehn D-Mark noch herunterhandeln wollten. Diese »Nichtachtung der Leistung anderer«, die fand Ilona Krakow »befremdlich«. Da merkte sie, dass sie eine Ostfrau ist. Er musste seinerseits für Ausgleich sorgen. Umgekehrt macht sich Peter Krakow heute im Urlaub in Österreich oder der Schweiz gern über Menschen lustig, die beige Schuhe, beige Hosen und beige Handtaschen tragen. »Dann sage ich zu meiner Frau: Guck mal, da vorn laufen Ossis. Und es sind auch welche.« Überdies sagt er manchmal zu ihr: »Das kennt ihr ja nicht anders.« Er meint: Ihr, die Ostdeutschen. »Dann will ich sie ein bisschen herausfordern.« Bei ihr »brennt« es dann »ganz kurz«, auch wenn sie weiß, dass er einen Spaß machen will. Eigentlich.

Selbst wenn er also sagt, unter dem Ost-West-Aspekt sei »bei uns nicht so viel rauszuholen«, kommt doch die eine oder andere Episode zum Vorschein, die reine Ostpaare oder reine Westpaare vielleicht nicht aufzuweisen hätten. Hinzu tritt im Ganzen eine zusätzliche Dimension, die mal schwierig sein kann und mal befruchtend. Wie bei einer binationalen Ehe.

Sie sagt: »Ich fand's ne riesengroße Bereicherung mit 'nem Wessi.« Dazu zählt neben den Reisen unter anderem der längst ost-west-gemischte Freundes- und Bekanntenkreis. Er wiederum nimmt zunehmend auch ostdeutsche Sichtweisen an. So beobachtet er Westdeutsche, die in Leipzig einen Job finden, ohne ihren Lebensmittelpunkt dorthin zu verlagern, oder solche, die nach dem Ende eines langjährigen Jobs wieder verschwinden. »Es sind weniger, die hier bleiben, als solche, die wieder weggehen«, sagt Peter Krakow. Das ärgert ihn. Ähnliches gilt für Freunde aus der alten Heimat, die nicht nach Leipzig fahren, um ihn zu besuchen – obwohl die Stadt nach Berlin unbestritten die Nummer zwei unter den Oststädten ist. »Ich bin derjenige, der die Beziehung aufrechterhält«, sagt Peter Krakow. »Die kommen nicht hierher. Für die ist das eine Weltreise in die falsche Richtung.« Gemeinsam stellen Ilona und Peter Krakow bedauernd fest, dass das »Wir« im Osten schwindet und das »Ich« stetig wächst. Sie vermissen das alte Zusammengehörigkeitsgefühl.

Das Wesentliche dieser Ehe scheint ansonsten von Unabhängigkeit geprägt, von einem verbindenden Interesse an Kunst und Kultur, von Humor und von Liebe. »Er war mir sehr sympathisch«, sagt Ilona Krakow über ihren Mann. »Man konnte atmen. Ich habe selten einen Menschen kennengelernt, der einen so lässt, wie man ist.« Peter Krakow sagt über seine Frau: »Sie ist einfach anders als andere Frauen. Aber das liegt in ihrem Naturell. Das ist ihr gottgegeben. Sie steht morgens auf und ist fröhlich und geht abends ins Bett und ist fröhlich.« Manchmal, pflichtet Ilona Krakow bei, kämen sie in ihrem antiken Ost-West-Bett vor Lachen gar nicht in den Schlaf.

Gott suchen in Mitteldeutschland

*Ilse Junkermann aus Stuttgart wurde Bischöfin in
einer atheistischen Umgebung.*

Ein Vierteljahr nach Amtsantritt wartete auf Ilse Junkermann die
erste große Herausforderung. Verhandelt wurde eine einigermaßen komplizierte Sache, die für die christliche Theologie zentral
ist, mit der indes auch Christen mitunter praktische Probleme haben: die Versöhnung. »Ich hab' gedacht: Ich bin jetzt so kurz da
und kriege meinen Stempel aufgedrückt«, sagt die 57-Jährige bei
Tempo 130 auf der Autobahn zwischen Halle und Magdeburg in
jener silbergrauen Dienstlimousine, in der wir auf der Rückbank
nebeneinandersitzen, während der akkurat gekleidete Chauffeur
schweigend aufs Gaspedal tritt. Und ja, dass sie »Angst« gehabt
habe, »wie sich das in der Kirche auswirkt«, das sagt sie auch noch.
Die Angst erweist sich rückblickend als unbegründet. An dieser
Stelle sei der Zusatz gestattet: Gott sei Dank. Aber einiges spricht
dafür, dass Junkermann spätestens in jenen Herbstwochen des
Jahres 2009 erstmals so richtig bewusst wurde, was man gemeinhin die Bürde des Amtes nennt. Es ging bei der Versöhnung um
die Versöhnung zwischen Tätern und Opfern des SED-Regimes.
Und nicht allen war damals recht, was Junkermann sagte. Dabei
spielte auch eine Rolle, dass sie Westdeutsche ist. Doch dazu später mehr.

Ilse Junkermann ist Bischöfin der Evangelischen Kirche in
Mitteldeutschland (EKM), der alles in allem rund 800 000 Frauen
und Männer, Kinder und Alte angehören und die schier unauf-
haltsam zu schrumpfen scheint: um etwa 20 000 Menschen jährlich. Soeben hat sie in der Stadtkirche von Greiz inmitten des
landschaftlich so satten thüringischen Vogtlandes den Gottes-
dienst zum Landeserntedankfest mitgestaltet. Es ist ein äußerst

stimmungsvolles Ereignis. Die Herbstsonne scheint durch die Fenster von St. Marien mit deren wuchtigen, dreistöckigen Balustraden. Über dem Altar hängt eine große Erntekrone. Feldfrüchte sind zu seinen Füßen drapiert. Dabei war das Jahr hart: Einem nicht enden wollenden Winter folgte das Hochwasser Anfang Juni, dem sich wiederum ein schöner, aber trockener Sommer anschloss. Die Ernte hätte besser ausfallen können. Trotzdem singen die Teilnehmer das berühmte Paul-Gerhardt-Lied »Geh aus, mein Herz, und suche Freud«. Danach ziehen die Honoratioren unter Führung der mit einem Dirndl bekleideten Landtagspräsidentin Birgit Diezel (CDU) über den Festplatz, schauen an Kaffeeständen und Würstchenbuden vorbei, um schließlich im Schloss eine Bauernmahlzeit einzunehmen. Junkermann hat unterdessen ihren Talar abgeworfen, unter dem ein schwarzes Kostüm samt roter Handtasche zum Vorschein kommt. Noch hat sie keine Zeit zu reden. Die Bischöfin muss sehen, dass sie Anschluss hält ans weltliche Leben. Die Sache mit der Landwirtschaft ist ihr im Übrigen nicht fremd. Junkermanns Eltern hatten einen kleinen Bauernhof. Sie kennt das.

Vier Stunden muss Ilse Junkermann im Südthüringischen kirchliche Präsenz zeigen. Dann wirft sie ihre Sachen in den Kofferraum der besagten Limousine, in der der Fahrer auf einem Hinterhof wartet, nimmt auf dem cremefarbenen Rücksitz Platz und tauscht die schwarzen Pumps gegen rote Hausschuhe. Auf geht es zum Bischofssitz nach Magdeburg. 220 Kilometer liegen vor uns. Die Sache mit der Versöhnung zieht sich wie ein roter Faden durch ihr Leben. Und sie ist, wie man sieht, meistens schwierig.

Ilse Junkermann wurde 1957 in Dörzbach/Jagst geboren. Das ist ein Dorf im Norden Baden-Württembergs. Vater und Mutter hatten dort einen landwirtschaftlichen Betrieb. Die Familie war nicht auf Rosen gebettet. Die Eltern verfügten nur über eine bescheidene Schulbildung. Der Hof warf nicht besonders viel ab. Ilse Junkermann musste sich erkämpfen, dass sie aufs Gymnasium darf. »Ich habe in der Schule viel Ablehnung erfahren, weil ich nicht richtig Deutsch sprechen konnte«, sagt sie. Zu wissen, wie es ist, in einer Randposition zu sein, sei eine ganz gute Schule für den Osten gewesen. Die fromme Mutter führte Tochter Ilse zum Glauben, der Vater weniger. Junkermann studierte Theologie in Tübingen und Göttingen und wählte später ergänzend Germanistik. Den Pfarrberuf traute sie sich anfangs noch nicht zu. Das änderte sich, als sie in der evangelischen Studentengemeinde federführend aktiv wurde. Innerhalb von drei Monaten wuchs die Friedensgruppe der Gemeinde auf 140 Frauen und Männer. »Das schult«, sagt Ilse Junkermann. Frau wächst mit ihren Aufgaben. Sie wurde Vikarin in Horb am Neckar, bekam ihre erste Pfarrstelle in Stuttgart-Bad Cannstatt, wurde am Pfarrseminar Stuttgart-Birkach in der Ausbildung tätig und 1997 für zwölf Jahre Personaldezernentin im Oberkirchenrat, verantwortlich für 2500 Pfarrerinnen und Pfarrer. Leiten und managen, das liegt ihr mehr als anderen.

Mit dem Osten hatte Junkermann zunächst nur am Rande zu tun. Die heimische Kirchengemeinde unterhielt eine Partnerschaft mit einer Thüringer Gemeinde. Im Dorf gab es eine Familie, die aus dem sächsischen Plauen nach Württemberg gekommen war. Mit der guckte sich die heranwachsende Ilse 1970 im Fernsehen den Besuch des SPD-Kanzlers Willy Brandt in Erfurt an. Als Jugendliche waren da noch die Reisen nach Ost-Berlin und Prag. »Sehr bedrückend« sei das gewesen, sagt sie. »So viel Grau in Grau.« Und »furchtbar« die Grenzübertritte. Im Ganzen, so scheint es, war Junkermanns Zugang zur DDR weniger persönlich als politisch. Sie las viel, vor allem die Frauen: Christa Wolf und Maxi Wander. Sie nahm Anteil an der Ausbürgerung Wolf Biermanns und den Folgen, registrierte die Verhaftung des jungen Matthias Domaschk aus Jena, der unter mysteriösen Umständen ums Leben kam, nahm das in der ostdeutschen Friedensbewegung zu Ehren kommende biblische Motto »Schwerter zu Pflugscharen« auch als das ihre. Ilse Junkermann pendelte wie so viele ihrer Generation zwischen den Polen. Den Verhältnissen im Westen stand sie kritisch gegenüber und sympathisierte mit der Idee, im Osten etwas anderes zu versuchen, ohne in die Nähe der Gedankenwelt linksorthodoxer Kreise zu geraten. »Wie kann man eine gerechte Welt schaffen?«, das sei die zentrale Frage gewesen, sagt Ilse Junkermann. »Da war uns die pauschale Verunglimpfung des Sozialismus ein Dorn im Auge.« Ende der 80er Jahre fuhr sie mit protestantischen Gefährten ein zweites Mal in die DDR. Dort erlebte sie einen Geistlichen, der seinen Gästen eine Aufnahme von Goethes *Faust* vorspielte, gesprochen von Gustaf Gründgens. Sie begriff, was es bedeutet, wenn Menschen, scheinbar sich selbst befreiend, eine Nische suchen, um »in der Nische eingeschlossen« zu werden. Für viele Kirchgemeinden sei es bis heute schwer, aus dieser Haltung herauszufinden.

Wie auch immer: Die wenigen Begegnungen mit Ostdeutschen und das Interesse für die Geschehnisse hinter der Mauer schlossen Junkermann auf für das, was sich 2008 langsam abzuzeichnen begann. Denn die evangelische Landeskirche Thüringen und die Kirchenprovinz Sachsen hatten beschlossen, zu fusionieren. Und weil diese Fusion mit Empfindlichkeiten und Schmerzen verbunden war, hatten die Beteiligten entschieden, dass der neue Bischof von außen kommen sollte. Von außen habe nicht automatisch bedeutet, aus dem Westen, heißt es. Die Verantwortlichen sprachen auch Ostdeutsche an. Aber die wollten nicht oder konnten nicht. Manche flüchteten sich in Ausreden. Eine Synodale gesteht rückblickend, es habe unter den Ostdeutschen auch ein bisschen am Machtbewusstsein gemangelt. Am Ende blieben nur zwei westdeutsche Bewerber übrig: Junkermann und der hessische Theologe Thomas Zippert. Bei der Synode in der altehrwürdigen Lutherstadt Wittenberg setzte sich die Kandidatin am 21. März 2009 gegen ihren männlichen Konkurrenten durch. Die Wahl gelang, obwohl Junkermann aus dem Westen stammt, von ihrem Mann geschieden war und in Stuttgart einen Sohn hatte, der noch Abitur machen musste. Sie wurde zur damals vierten evangelischen Bischöfin in Deutschland. Dass sie eine Frau ist, ist auf dem neuen Posten ebenso besonders wie die Tatsache, dass sie »von drüben« kommt. Junkermann ist im Kernland der Reformation die erste Frau an der Spitze seit bald 500 Jahren.

Sie sei im Sommer 2008 anonym in Mitteldeutschland unterwegs gewesen, sagt Ilse Junkermann, und habe sich die Frage gestellt: »Könnte ich hier leben?« Die Antwort lautete: Ja. Als ihr Sohn von der Sache Wind bekam, sagte er: »Das ist ja toll. Ich gratuliere dir.« Er bestärkte seine Mutter, die Aufgabe anzunehmen. Sie musste fortan nicht allein zwischen Ost und West versöhnen, sondern auch zwischen den ehemals getrennten Landeskirchen.

Das Ost-West-Ding ist weniger problematisch. Zwar werde sie an den Rändern der Landeskirche manchmal angesprochen, sagt Ilse Junkermann und amüsiert sich. »Sie sind ja gar nicht so!«, sagten die Leute. »Und dann frag' ich: Wie denn? Dann drucksen sie so herum, und ich sage: Wie ein Wessi? Sie antworten: Ja!« Auch sind ihr die unterschiedlichen Kommunikationsweisen wohl bewusst. In der aus 23 Landeskirchen bestehenden Evangelischen Kirche in Deutschland (EKD) sei »die Westkultur dominant«, sagt die Bischöfin. »Man muss sich präsentieren und die Dinge mehrfach sagen, am Ball bleiben, eine Strategie haben, immer wieder auch laut werden. Im Osten sagt man etwas einmal und geht davon aus: wenn er's gehört hat, hat er's gehört. Dadurch kommen ganz viele Erfahrungen aus den östlichen Gliedkirchen gar nicht vor.« Also macht es Ilse Junkermann notgedrungen so wie die anderen Westdeutschen und wird häufiger deutlich. Damit der Osten nicht untergeht. Trotzdem scheint das alles für sie nicht mehr wirklich wichtig zu sein. Schließlich stand, als Junkermann kam, die Mauer schon seit 20 Jahren nicht mehr. Und außerdem hatte man sie ja gewollt, die Westfrau.

Gravierender als die persönlichen sind die allgemeinen kirchlichen Unterschiede zwischen Ost und West sowie zwischen den ehemaligen, ebenfalls zu vereinenden Gliedkirchen. In Württemberg, wo Junkermann herkommt, sind zwei Drittel der Menschen evangelisch. Es herrschen, wie Insider sagen, volkskirchliche Verhältnisse. Im großstädtischen Stuttgart bekamen sie schon einen Schrecken, als sie feststellten, dass der Anteil der Protestanten auf ein Drittel gesunken war. Am Bischofssitz in Magdeburg hingegen sind nur noch neun Prozent der Menschen protestantisch und ein Prozent katholisch. Die übrigen 90 Prozent sind weder islamisch noch sonst irgendetwas, einfach: nichts. Das ist nach Angaben von Wissenschaftlern global gesehen eine absolute Rarität. Zwar gibt es innerhalb der neuen Landeskirche wiederum große Unterschiede. In Thüringen ist die Bevölkerung zu 24 Prozent evangelisch, in Sachsen-Anhalt sind es bloß 14 Prozent. Im Ganzen aber ist es so: Im Westen haben viele Menschen vergessen, dass es Gott gibt. Im Osten leben Menschen, die vergessen haben, dass sie Gott vergessen haben. Die Entkirchlichung ist viel radikaler. Das hat weitere statistische Konsequenzen. Die mitteldeutschen Gemeinden haben zu über 60 Prozent weniger als 300 Gemeindemitglieder, was in der Hauptsache daran liegt, dass es sehr viele kleine Dörfer gibt. Das ist Diaspora pur.

Der dortige Protestantismus hat bei Lichte besehen lediglich zwei Pfunde, mit denen er einigermaßen wuchern kann. Das erste Pfund – und auch eine Last – sind die rund 4200 Kirchengebäude, die einem Anteil von knapp 20 Prozent aller evangelischen Kirchengebäude in Deutschland entsprechen. Die Mauern aus Stein schaffen eine Nähe, die das Geistliche nicht mehr stiften kann. 40 Prozent der Mitglieder in den Kirchbauvereinen sind kirchlich nicht gebunden. Hier könnte mit Gott noch was gehen. Das zweite Pfund ist das immer näher rückende Reformationsjubiläum 2017, das daran erinnert, dass Martin Luther 500 Jahre zuvor jene berühmten 95 Thesen veröffentlichte, die die Kirchenspaltung auslösten. Luthers Geburtsort Eisleben, die Wartburg von Eisenach, Wittenberg mit Luthers Grab – das alles liegt im Gebiet der Evangelischen Kirche in Mitteldeutschland. Die Bischöfin sagt: »Die Menschen sind stolz. Sie sagen: Das ist bei uns. Das finde ich toll.«

Die Verhältnisse in Ost und West, so viel ist gewiss, seien »unvergleichlich«, fährt Ilse Junkermann fort. Die Menschen im Osten hätten zwei Diktaturen erlebt und dabei die Erfahrung gemacht: »Wenn ich mich einem großen Ganzen anschließe, dann ist das hoch gefährlich.« Die Kirche ist geschrumpft und geschrumpft und nun am Ende des strukturellen Rückbaus angekommen.

Kleiner geht nicht. Junkermann muss verhindern, dass der areligiöse Osten noch stärker vom ebenfalls zunehmend laizistischen Westen abdriftet. Das Ansinnen ähnelt dem Kampf des Don Quijote gegen die berühmten Windmühlenflügel. Nebenbei muss die Bischöfin innerhalb der Landeskirche integrierend wirken. Sie tut das überwiegend mit dem Auto, das sie zu jenen Menschen bringt, vor denen sie auftreten soll und mit denen sie sprechen möchte. Längst ist aus dem Auto ein kleiner Arbeitsplatz geworden, mit einem Tablet-Computer, vielen Papieren und kleinen Wasserflaschen. In ihrem fahrenden Büro legt Junkermann pro Jahr bis zu 80 000 Kilometer zurück, pendelt zwischen dem Bischofssitz Magdeburg und dem Landeskirchenamt in Erfurt, wo sie neben ihrer Wohnung in Sachsen-Anhalts Landeshauptstadt noch ein Zimmer im Augustinerkloster hat. Die Palette der Themen ist groß. Zwischen dem Spiegelsaalgespräch zur grünen Gentechnik in Magdeburg und der silbernen Ordination in Kloster Drübeck ist alles dabei. Zwei öffentliche Termine täglich sind die Regel.

Neben der innerkirchlichen Kommunikation geht es um die Drähte ins Leben hinein. Auch hier ist die Situation im Osten paradox. Einerseits trifft Ilse Junkermann in führenden Stellungen immer wieder auf Menschen, die kirchlich gebunden sind. Ja, sie sind in den Eliten seit der 89er Wende überproportional vertreten. Ein erfreulicher Umstand, eigentlich. Reiner Haseloff beispielsweise, der CDU-Regierungschef von Sachsen-Anhalt, gehört dazu. Er ist katholisch, und das mit Haut und Haar. Thüringens Regierungschefin Christine Lieberknecht, ebenfalls CDU, war protestantische Pastorin. Andererseits ist das mit der religiösen Prägung derer da oben durchaus problematisch, weil Christen nun plötzlich pauschal als Eliten wahrgenommen werden, was die Entfremdung der Nichtchristen potenziell vergrößert. »Wenn der Ministerpräsident von Sachsen-Anhalt anfängt zu predigen, dann ist das schwierig, weil er nur für zehn Prozent der Bevölkerung spricht«, stellt die evangelische Mitschwester fest. Sie fügt jedoch umgehend hinzu: »Auch wenn ich ihn sehr schätze.«

Ilse Junkermann bewegt sich so gesehen zwischen vielen Gegensätzen: zwischen Ost und West, zwischen Sachsen-Anhalt und Thüringen, zwischen Christen und Nichtchristen. Notgedrungen agiert sie nicht selten wie eine Politikerin, obwohl sie doch im Grunde etwas ganz anderes sein soll und sein will. Doch die Umstände, sie sind halt so.

Schließlich ist da noch die Sache mit den Tätern und den Opfern, auf die wir ganz am Schluss unserer Fahrt zu sprechen kommen. Denn bald nach Junkermanns Amtsübernahme setzte anlässlich des 20. Jahrestages des Mauerfalls eine kircheninterne Kampagne ein. Sie trug den Titel »Gesegnete Unruhe«. Im Rahmen dieser Kampagne sagte die Bischöfin im November 2009 vor der Synode in Wittenberg: »Die Schritte auf dem Weg zur Versöhnung liegen noch mehr vor als hinter uns.« Sie rief dazu auf, Menschen nicht in Schubladen zu stecken, und verwies auf eine politisch hoch engagierte Frau, die ihr zurief: »Wenn ich an Weihnachten in die Kirche komme und sehe da die alten roten Socken, dann drehe ich mich um und gehe wieder raus.« So gehe es nicht, befand die Rednerin, ohne Forderungen zu erheben. Übrig blieb gleichwohl die aus ihrer Sicht verkürzte Schlagzeile: »Junkermann fordert Versöhnung«, am besten voraussetzungslos. Übrig blieb vor allem eine zuweilen scharfe öffentliche Auseinandersetzung.

Die einen sagten, Opfer könnten nur dann in Versöhnung einwilligen, wenn die Täter ihre Schuld bekennten. Die damalige Stasi-Landesbeauftragte beklagte, die Verantwortlichen von SED und Staatssicherheit duckten sich weg. In Briefen an den Bischofssitz stand: »Sie aus dem Westen können das überhaupt nicht verstehen.« Da war es, das seltene Kainsmal. Von anderen, sagt Junkermann, habe es ermutigende Briefe gegeben, wenn auch nicht so viele.

Die Kirchenfrau stellte sich der Debatte. Zu einer Veranstaltung der Konrad-Adenauer-Stiftung im Magdeburger Hotel Maritim seien 250 Besucher gekommen, sagt sie. Das sei für Magdeburger Verhältnisse eine ganze Menge. Außerdem zog sie ihre Lehren. Denn Ilse Junkermann fühlte sich durch die Reaktionen in der Einsicht bestätigt, einem »wunden Punkt« auf der Spur zu sein. Sie registrierte allerdings auch, »ein falsches Bild gehabt« zu haben. »Ich war davon ausgegangen, dass die Opfer genug Raum hatten zu erzählen«, sagt Junkermann. »Das stimmt aber überhaupt nicht.« Der Spur sei sie weiter nachgegangen, freilich nicht mehr so öffentlich, weil sie gemerkt habe, dass es in der Öffentlichkeit bloß einen oberflächlichen Schlagabtausch gebe. Junkermann beauftragte einen Theologen, sich den Opfern stärker zuzuwenden. Und sie suchte das Gespräch mit dem einstigen Dissidenten und heutigen Bundesbeauftragten für die Stasi-Unterlagen, Roland Jahn. Generell sagt sie: »Dass ich mich nirgends ganz heimisch fühle, das gehört zu meiner Biografie. Das heißt aber nicht, dass ich mich den Menschen nicht verbunden fühle.«

Mag sein, dass die Bischöfin, was Täter und Opfer angeht, von vornherein anders agiert hätte, wenn sie Ostdeutsche wäre oder schon länger im Osten gelebt hätte. Ganz sicher durchlief sie an dem Punkt einen schmerzhaften Lernprozess – einen, der Menschen in Führungspositionen indes nur bedingt zugestanden wird. Weshalb sich deren Profil häufig abschleift. Wenn sie denn je eines hatten. Die Angst, dauerhaft abgestempelt zu sein, habe sich nicht bestätigt, sagt Ilse Junkermann auf dem Rücksitz ihres Dienstwagens, kurz bevor wir aus Greiz kommend in Magdeburg eintreffen. »Aber schön war's nicht.« Nun prasselt Regen auf das Autodach.

Ein linker Abgeordneter findet Anschluss

Jan Korte sitzt für eine Partei im Bundestag, die in seiner niedersächsischen Heimat bedeutungslos ist.

An diesem Tag ist die Politik nicht größer als ein Kaninchen. Sie spielt nicht im Reichstag oder auf einer der vielen anderen grell ausgeleuchteten Bühnen der Berliner Republik. Sie spielt in der Geschäftsstelle der Linken von Bernburg in der Kleinen Wilhelmstraße 2b. Kein Kameramann ist zur Stelle, um die Szene für die Nachrichten festzuhalten. Auch die Lokalzeitung fehlt. Dafür sind Gerhard und Peter Werner gekommen, um einen Scheck entgegenzunehmen. Jan Korte, ihr linker Bundestagsabgeordneter, ist da, um ihn zu überreichen, den Scheck über 100 Euro.

Der 84-jährige Gerhard Werner ist erster Vorsitzender des Kaninchenzüchtervereins von 1895 in jener 35 000 Einwohner zählenden Stadt, die zwischen Halle und Magdeburg liegt und die einst für ihre langen Staus bekannt war. Sohn Peter, 53, ist sein Stellvertreter. Was über das personelle Reservoir, aus dem der Verein schöpfen kann, schon einiges aussagt. Während Kortes Mitarbeiter einen Kaffee ansetzt, erzählen die beiden ein bisschen über den Niedergang ihres Hobbys, in dem große Rammler gelegentlich noch zu großen Ehren kommen können. Dass der Verein nach dem Krieg 120 Mitglieder hatte, vor der Wende 32 und jetzt noch neun. Und dass sie nun Probleme haben mit der Strom- und Wasserversorgung. Die Kaninchenzüchter von 1895 sind zwar die ältesten Kaninchenzüchter weit und breit, aber manches deutet darauf hin, dass ihnen langsam die Kraft ausgeht. Der Scheck wirkt da wie eine echte Überlebenshilfe und die Linke mal wieder wie eine Kümmerer-Partei.

Nachdem das Foto geschossen ist und die zwei Vereinsvorsitzenden wie zwei einsame Cowboys den Heimweg angetreten haben, tritt bei Korte ein Moment der Rührung ein. Er mag die Kaninchenfreunde. Dann gehen wir durch die Bernburger Altstadt, über die längst Dunkelheit hereingebrochen ist, an frisch renovierten Häusern und unverputzten Fassaden vorbei. Korte erinnert sich, wie es war, als 2001 der Bundesgeschäftsführer der PDS anrief, um ihn kennenzulernen. Wie er bald darauf mit jenem Dietmar Bartsch, der längst sein Freund geworden ist, eine Pressekonferenz in der Parteizentrale, dem Karl-Liebknecht-Haus in Berlin, abhielt. Und wie ihm der Parteivorsitzende Lothar Bisky 2005 anbot, in Bitterfeld und der weiteren Umgebung für den Bundestag zu kandidieren. Wie er also hergekommen ist.

Unterwegs zum Schloss, von dem hinunter man einen herrlichen Blick auf die Saale hat, treffen wir einen der vielen alten Genossen, mit denen Korte nunmehr seit Jahren vertraut ist, um endlich in der »Sonderbar« einzukehren. Er bestellt ein Bier und raucht dazu. Wir reden. Und sehr schnell wird klar, dass Korte in seinem »noch relativ jungen Leben« allerlei Widersprüchliches erlebt hat.

Das erste Leben spielte in Georgsmarienhütte, Ortsteil Oesede, bei Osnabrück. »Katholisch ohne Ende« sei es da gewesen, sagt Korte. Und er meint das nicht lobend. Die CDU fuhr Ergebnisse zwischen 50 und 60 Prozent ein. Maria und Rainer Korte fielen mit ihrem Sohn schon damals aus dem Rahmen. Der Vater, ein Soziologe, war Mitglied der SPD. Irgendwann saß deren linker Vordenker Erhard Eppler bei der Familie zu Hause am Mittagstisch. Dort standen die berühmten blauen Bände im Regal: Marx und Engels. Die Mutter war Krankenschwester in einem katholischen Hospital. Die Eltern beschlossen gleichwohl, ihren Sohn erst taufen zu lassen, wenn der alt genug sei und auf die Entscheidung Einfluss nehmen könne. Was dazu führte, dass Jan Korte bis heute nicht getauft ist. Er machte Abitur, leistete Zivildienst in der geriatrischen Station einer diakonischen Klinik und amtierte drei Jahre als Vorsitzender der grünen Fraktion im Stadtrat von Georgsmarienhütte. Die Eltern machten ihr Ding. Der Junge machte sein Ding. Der Apfel fällt nicht weit vom Stamm.

Als 1989 die Mauer fiel, saß der Vater bewegt und sprachlos vor dem Fernseher. »Da habe ich mitbekommen: Da ist irgendwas passiert, was irgendwie tief ist«, rekapituliert der Sohn, ohne dieses »irgendwas« fassen zu können. Er war damals erst zwölf Jahre alt und hatte mit der DDR naturgemäß nichts am Hut. Einmal fuhr die Familie privat nach West-Berlin. In einem alten 190er Mercedes-Benz mit einem »Stoppt Strauß«-Aufkleber hinten und »Atomkraft? Nein danke« vorn. Die linke Familie war unverkennbar. Nur genützt hat es nichts. Die Genossen in ihren Grenzuniformen blieben ungerührt. »Wir standen Ewigkeiten an dieser Grenze, weil sie die Karre auseinandergenommen haben«, sagt Korte. »Das habe ich nicht verstanden.«

Das zweite Leben des Jan Korte begann zehn Jahre später, 1999. Und es begann mit einer räumlichen Annäherung an den Osten, von Osnabrück aus gesehen. Der 22-Jährige hatte sich entschlossen, in Hannover Politikwissenschaft zu studieren. Gleichzeitig verließ er die Grünen und fing an, für die PDS Hochschulpolitik zu machen. Hier erlebte er in seiner ersten Versammlung zunächst, wie Menschen sich anschrien und mit Bierdeckeln bewarfen. Dennoch: »Die Grünen waren mir zu bürgerlich«, sagt Korte noch heute. »Damit konnte ich nichts mehr anfangen.« An der PDS gefiel ihm nicht zuletzt die großzügige Asylpolitik. Vor allem gefielen ihm die Altvorderen Lothar Bisky und Gregor Gysi. Den Ausschlag, die Partei tatsächlich zu wechseln, gab schließlich die Zustimmung des grünen Vizekanzlers Joschka Fischer zum Kosovo-Krieg.

Der frisch bestallte PDS-Genosse scheint dann ziemlich auf sich aufmerksam gemacht zu haben. So kam reichlich PDS-Prominenz nach Hannover, Bundestagsvizepräsidentin Petra Pau aus Berlin beispielsweise und der zeitweilige Fraktionschef Roland Claus aus Halle. Rasch stieg Korte zum Vorsitzenden des Kreisverbandes an der Leine auf, mit rund 260 Mitgliedern der größte PDS-Kreisverband im Westen. Irgendwann klingelte es. Bartsch war in der Leitung und erkundigte sich anerkennend, was denn da in Hannover los sei. Bald darauf fuhr Korte zu besagter Pressekonferenz. Allerspätestens jetzt, so scheint es, hatten die Ostgenossen den eifrigen Westgenossen auf dem Schirm. 2005 folgte Biskys Anfrage, ob dieser Westgenosse nicht im Osten bei der vorgezogenen Bundestagswahl antreten wolle. Der sagte zu. Und begann sein drittes Leben – eins, das mit seinem bisherigen nichts mehr zu tun hatte.

Dessen eine Hälfte spielt sich seit nunmehr neun Jahren in Berlin ab. Korte lebt mit Frau und Kind im Prenzlauer Berg. Von dort schwärmt er meist zu Fuß ins Regierungsviertel aus, um für die Linke die Themen innere Sicherheit und Nationalsozialismus zu bearbeiten. Korte ist stellvertretender Fraktionsvorsitzender. Immer wenn es darum geht, sich in interne Debatten einzumischen, ist er zur Stelle. Dabei sucht er von allen Bundestagsabgeordneten aus Sachsen-Anhalt am entschlossensten den Weg an die Öffentlichkeit. Insoweit entspricht er durchaus dem Bild des forschen Westdeutschen, auch wenn es das ist, was er am allerwenigsten möchte. Die andere Hälfte von Kortes Existenz spielt sich im Wahlkreis ab. Einer Gegend, die sich mittlerweile von Bitterfeld über Köthen und Bernburg bis nach Staßfurt erstreckt. Und es ist sicher nicht falsch zu sagen, dass der Parlamentarier den im übertragenen Sinne weitesten Weg gegangen ist, den man von West nach Ost überhaupt gehen kann. Denn er ist in einer Gegend gelandet, in die Westdeutsche selten geraten. Dresden, Leipzig, Erfurt, Potsdam, Schwerin, die Sächsische Schweiz, die Mecklenburgische Seenplatte, der Spreewald und die Ostseeküste – all diese schönen Orte sind bei den Westdeutschen seit einiger Zeit bekannt und wohl gelitten. Doch Bitterfeld haften die sprichwörtlichen Umweltsünden der DDR bis heute an. Kortes Wahlkreis mit seinen vielfach vergreisenden Dörfern ist aus Westperspektive eine Nichtgegend, ein Unort. Korte spürt das übrigens am eigenen Leibe. »Es kommt keiner«, sagt er. Familie und enge Freunde, die schon. Aber die anderen, die kämen eher selten. Die West-Ost-Wanderung des Jan Korte ist aber auch deshalb ein so großer Schritt, weil er in einer Partei beheimatet ist, deren Vorgängerin SED den ganzen Ost-Schlamassel doch mehr oder weniger auf dem Gewissen hat. Zumindest von der anderen Seite der früheren Mauer aus betrachtet. Aus deren Warte ist Korte zum Klassenfeind gewechselt.

Trotz alledem und kurioserweise bleibt Jan Korte im Zweifel ein »Wessi«, sosehr er auch bestrebt ist, das nicht zu sein. Das doppelte Bemühen, im Osten anerkannt zu werden, als Mensch und als Politiker, verlangt ihm alles ab. Es ist somit kein Zufall, dass Korte darüber 2013 ein Buch veröffentlicht hat mit dem Titel: *Geh doch rüber! Feinste Beobachtungen aus Ost und West.*[55]

Anfangs, das räumt Korte in der Bernburger »Sonderbar« unumwunden ein, habe er im Osten eine »extrem harte Zeit« erlebt. Der frischgebackene Politologe war 28, als er aus der Großstadt Hannover nach Mitteldeutschland einwanderte. »Ich war total aufgeregt und hatte auch ein bisschen Angst«, sagt er. Die Ostdeutschen stellten den relativ jungen Kerl aus dem Westen erst mal auf den Prüfstand. »Und dann habe ich mich ins Getümmel geschmissen.« Er präsentierte sich an Infoständen, sprach bei Jugendweihen, besuchte so viele Feste, wie er konnte, und stellte dabei fest, dass es das Beste ist, wenn sich ein Abgeordneter auch wirklich Zeit nimmt. Kortes Erfahrung lehrt: Wer nach einer halben Stunde wieder geht, der wäre besser gleich weggeblieben. »Akzeptanz herstellen – das war die Hauptaufgabe der ersten eineinhalb Jahre«, erinnert sich der Linke. »Reden, zuhören, hingehen. Lokalzeitung lesen. Gucken: Was passiert hier?« Anfangs seien die Leute nicht unfreundlich gewesen, aber sehr reserviert. »Das wurde dann Stück für Stück besser.«

2005 rutschte Korte über die Landesliste in den Bundestag. 2009, da waren PDS und WASG (Wahlalternative Arbeit und Soziale Gerechtigkeit) schon zur leidlich gesamtdeutschen Linkspartei fusioniert, wurde er mit gut 31 Prozent direkt ins Parlament gewählt. 31 Prozent für einen zugezogenen »Wessi« von 32 Jahren, der die DDR nie kennengelernt hat und von gelernten DDR-Bürgern umgeben ist. Als er für die Bundestagswahl 2013 nominiert wurde, bekam er 100 Prozent der Delegiertenstimmen. Gysi trat als Gastredner auf, auch er mittlerweile ein Freund. Mehr

Akzeptanz geht nicht. Resümierend sagt Korte: »Wenn man sich einbringt, dann wird man auch ins Herz geschlossen. Aber man muss viel dafür tun.« Er fügt hinzu: »Ich habe immer das Gefühl im Nacken, ich muss mehr liefern als jemand, der nicht aus dem Westen kommt. Es schwingt immer die Sorge mit, dass die Leute sagen: Der ist so wie die anderen.«

Was genau Korte tun muss, um diese Gefahr zu bannen, das wiederum offenbart sein Buch. Die Ostsicht, mit der die anderen auf ihn schauten, die nimmt er nun selbst ein. Das Buch ist ein Buch der Integration, deren Schattenseite, so wirkt es zuweilen, die Unfreiheit ist.

Nicht nur, dass Jan Korte Angriffe auf die Linke in der Regel als Akt des Antikommunismus zurückweist und die Auseinandersetzung der Ostgenossen mit der DDR-Vergangenheit positiv würdigt. »Jeder hat das Recht auf eine zweite Chance«, sagt er und konzentriert sich lieber darauf, die Verstrickung von Altnazis in die politischen Eliten des westlichen Nachkriegsdeutschlands zu geißeln. Er hat auch sonst am Osten wenig auszusetzen. So schreibt Korte, dass er seine Wahlkreiszeitung *Jan von nebenan* nennen wollte. Weil aber die Ostdeutschen immer Jahn statt Jan sagten, hätte die Wahlkreiszeitung den Nonsens-Titel tragen müssen *Jahn von nebenahn.*[56] Nun heißt sie: *Korte konkret.*[57] Korte schreibt sodann von der eigenen Anspannung bei der ersten Jugendweihe-Rede und dem Respekt vor diesem »großen generationenübergreifenden Feiertag«.[58] Er berichtet, dass Ostdeutschland für Angler wie ihn »der liberalere Teil Deutschlands«[59] sei, weil sie hier nicht so reglementiert würden, und dass in seinem Umfeld nicht mehr die *Frankfurter Rundschau* gelesen werde, sondern das *Neue Deutschland.*[60] Schließlich wirft Korte die Frage auf, warum es im Osten mehr griechische Restaurants gebe als im Westen. Eine Tatsache, die er fraglos löblich findet, weil er gern griechisch essen geht. Der Osten wird in dem Buch prinzipiell eher positiv konnotiert, der Westen eher negativ, was in dem bloß vordergründig ironischen Hinweis gipfelt, dass auch im Westen »nicht alles schlecht«[61] gewesen sei. Zwischen den Fronten des mental geteilten Landes bewegt sich der »integrationswillige Wessi«[62] Jan Korte, der sich darüber freut, im Osten immer geduzt zu werden.

Es gibt denn auch nur eine ostdeutsche Eigenschaft, mit der Korte anhaltende Schwierigkeiten hat. »Das Fremdeste war mir das Herausfiltern von Kritik«, sagt er beim zweiten Bier. »Das finde ich bis heute schwierig. Im Westen wird sie relativ frontal artikuliert. Das ist im Osten extrem anders. Dafür muss man Sensoren entwickeln. Damit bin ich am wenigsten klargekommen. Jetzt merke ich das sofort.« Ansonsten müsse man damit leben, auch nach längerer Zeit im Osten regelmäßig als »Wessi« auf den Arm genommen zu werden. Manchmal merkten die Scherzenden erst nach einer Weile, dass ein solcher »Wessi« mit am Tisch sitze. Der werde dann mit den Worten beruhigt: »Aber du hast dich ja ganz gut integriert.« Das alles ändere hingegen nichts daran, dass er jetzt auch privat sehr gern im Wahlkreis unterwegs sei, fährt Korte fort. »Wir verbringen freie Tage oft in Bitterfeld. Und ich genieße es total, dort Freunde gefunden zu haben.« Ja, er »liebe es, durch die Dörfer zu tingeln. Das war am Anfang noch nicht so.« Bei all der Integrationswilligkeit versteht es sich fast von allein, dass Korte, wenn in der Linken die Ostpragmatiker mit den Westradikalen im Clinch liegen, nahezu immer auf der Ostseite steht. Es drängt sich nach ein paar Zigaretten in einer zunehmend voller und lauter werdenden Kneipe der Eindruck auf, als bleibe ihm auch gar nichts anderes übrig, um nicht zwischen den Fronten zerrieben zu werden.

Als wir uns in der »Sonderbar« verabschieden, bleibt Jan Korte noch da. Er wolle mit dem Wirt reden, sagt er. Am nächsten Tag bricht er auf, um Sachsen-Anhalts Innenminister Holger Stahlknecht (CDU) gemeinsam mit dem Pfarrer Johannes Lewek 3000 Unterschriften zugunsten einer armenischen Flüchtlingsfamilie zu übergeben, bevor es in der Woche darauf wieder auf die Berliner Bühne geht, auf der sich Genosse Gysi neuer Stasi-Vorwürfe zu erwehren hat. Vorwürfe, gegen die ihn Korte zweifellos verteidigt. Ja, ein Ostabgeordneter ist immer im Dienst. Zumindest dann, wenn er aus dem Westen stammt.

»Er ist besser als mancher Ostdeutsche«

*Der Hesse Gotthard Debelius rettete ein Fachwerkhaus
in Thüringen.*

Gotthard Debelius macht sich nichts aus dem oberflächlichen
Urteil anderer Leute. Das merkt man schnell. In der Wohnkü-
che herrscht solide Unordnung, als der Besucher aus dem fernen
Berlin an einem nebligen Dezemberabend eintritt. Dem Mann,
der da über ihn schreiben will, begegnet der 75-Jährige in grauem
Sweatshirt und grün-blauer Jogginghose. An den Füßen trägt er
ein Paar Schlappen. »Ah, die Presse«, sagt Debelius etwas spöttisch mit seinem weichen hessischen Akzent und lächelt listig.
Statt den Gast zu hofieren, beschäftigt er sich zunächst weiter
mit den jungen und einigermaßen ungeschickten Lehrlingen, die
in seinem Haus wohnen und denen er hilft, einen Hefeteig zuzu-
bereiten. Erst als das erledigt ist, widmet sich Debelius dem Bemühen, den provisorischen Rahmen für das verabredete Gespräch
herzustellen. Weil ich von einer Erkältung geplagt bin und um
einen Tee bitte, stehen bald ein halbes Dutzend Schachteln mit
verschiedenen Sorten auf dem Tisch. Debelius setzt einen kleinen
Topf mit Wasser auf einen altertümlichen Gasherd. Mit einem
Verlängerungskabel sorgt er noch dafür, dass das iPhone aus der
Hauptstadt genügend Strom bekommt, um den sich anschließen-
den Dialog aufzeichnen zu können. Immer mal wieder gibt eine
wuchtige Standuhr jetzt und in den kommenden Stunden mäch-
tige Geräusche von sich. Wir nehmen Platz.

Gotthard Debelius ist kein unhöflicher Mann. Er ist nur ein
einfacher Mann, der sein soziales Verhalten keinerlei Strategie
unterordnet, seine Mitmenschen nicht in wichtig oder unwich-
tig unterteilt und zumindest vordergründig nicht gefallen will.
Vielleicht ist er zum unbedingten Gefallenwollen auch schon zu

alt. In jedem Fall ist er vor allem eines: Mensch unter Menschen. Mit dieser Methode hat es der gebürtige Hesse in Neidhartshausen weit gebracht. Der Westdeutsche aus der 9000-köpfigen Gemeinde Ebsdorfergrund unweit von Marburg ist zum Mittelpunkt des Ortes und zu einer Art Liebling seiner Umgebung geworden. Gotthard Debelius sei »sehr angesehen«, sagt Frieda Göbel, und er habe »viel geschafft«. Die 85-Jährige wohnt ein paar Meter weiter und fährt fort: »Ich kann nichts Schlechtes sagen.« Ihr 2010 gestorbener Mann war mit Debelius in der Freiwilligen Feuerwehr. Roland Koch, 66, lebt in einer Art Bauernhaus um die Ecke, das dem Zugezogenen gehört. Die beiden gehen zuweilen gemeinsam »ins Holz«. Der Rentner in roter Latzhose bemerkt: »Wenn alle so wären, die von drüben kommen …« Er fügt noch hinzu: »Wir sind alle froh, dass er hier ist.«

Malermeister Debelius ist, was er den herrschenden Klischees der 90er Jahre nach gar nicht sein dürfte. Er ist als Westdeutscher das soziale Zentrum des Dorfes. Er ist der »Antiwessi«. Beim ersten Hinsehen ist das erstaunlich. Beim zweiten nicht.

Alles fing damit an, dass Gotthard Debelius 1990 eine Annonce fand. Das war in der *Oberhessischen Presse*, der führenden Regionalzeitung in Marburg und Umgebung. In der Annonce wurde ein Fachwerkhaus in eben jenem Neidhartshausen feilgeboten. Das liegt zwischen Dermbach und Kaltennordheim in der thüringischen Rhön, auf halber Strecke zwischen Erfurt und Frankfurt am Main. Und weil Debelius nach eigener Aussage »an jenem Tag mal ein bisschen faul war«, sah er sich die Annonce genauer an. Dann wählte er die Nummer des Maklers, machte einen Termin und fuhr in die gerade untergehende DDR. Der Makler, so darf man Debelius' Erinnerung entnehmen, konnte gar nicht glauben, dass sich jemand tatsächlich für dieses Haus interessierte. »Die Ruine wollen Sie haben?«, fragte er staunend. Denn eine Ruine war es ohne Frage. Er bot dem Interessenten flugs ein paar andere Objekte an. Doch Debelius beharrte: »Das Haus ist ja wie aus dem Bilderbuch. Das kauf ich.« Der Preis betrug 15 000 D-Mark und entsprach damit allenfalls dem Wert des Grundstücks.

Die nächsten, die sich dann wunderten, waren die Dorfbewohner. Denn an den Wochenenden ging der ihnen bis dahin vollkommen unbekannte Debelius daran, mit der Renovierung des dreistöckigen Gebäudes aus dem Jahre 1640 zu beginnen. 2000 Stunden hat er insgesamt hineingesteckt, verteilt über zwei Jahre, dabei alles selbst installiert bis hin zur Heizungsanlage. Geschätzte Kosten: 100 000 Euro. Der Hausherr rekapituliert: »Die Leute haben einen großen Bogen um mich gemacht.« Sie hätten ihn für regelrecht irre gehalten. Das Haus in der Hauptstraße 14 war ja auch wirklich fix und fertig. Alte Bilder beweisen es. Aus den Fenstern wuchsen die Sträucher. Die Feuerwehr hatte bereits den Auftrag zum Abriss erhalten. Sie war nur noch nicht zur Tat geschritten. Bald merkten die Neidhartshäuser allerdings, wie die Renovierung einem Wunder gleich Fortschritte machte. Neben der Neugierde auf den Fremden wuchs die Hilfsbereitschaft. Plötzlich kamen Nachbarinnen und boten zur Stärkung Kaffee und Kuchen an. Als die Renovierung 1992 abgeschlossen war, da machten sich unter den Neidhartshäusern nicht bloß Respekt und Anerkennung breit. Sie sagten außerdem: »Oh, der hat das ja schön gemacht. Da kann er uns das auch machen.« Es gab im Ort allerlei Gebäude, die eine Renovierung nötig hatten. Debelius verlegte nach seinem Wohnsitz auch seinen kleinen Malerbetrieb nach Neidhartshausen.

Während den Westdeutschen jener Jahre gern zur Last gelegt wurde, dass sie die Klappe weit aufrissen, ohne dass besonders viel dahinter sei, ging Debelius, wie es seinem Naturell entspricht, den umgekehrten Weg. Er sagte wenig, nicht zuletzt auch weil ihm zu Beginn keiner zuhörte, und ließ Taten sprechen. Vermutlich erklärt dieses Vorgehen seinen durchschlagenden Erfolg. Unter allen Umständen kam das alles nicht von ungefähr.

Denn Gotthard Debelius hat das Fachwerkhaus keineswegs zufällig entdeckt. Er war vielmehr seit 1969 Inhaber eines Malerbetriebs, der acht Generationen lang darauf spezialisiert war, Fachwerkhäuser und Kirchen zu restaurieren. Debelius liebt es, diese Häuser instand zu setzen und zu verschönern. Und er liebt es, darin zu leben. Fachwerkhäuser seien »wohnlicher« als andere, findet er. »In den ersten Wochen hab' ich gedacht: Ach, hättest du das doch gelassen!«, sagt er. »Es war wirklich eine Ruine.« Aber mehr noch litt er darunter, dass die Neidhartshäuser ihn schnitten. »Die Leute waren misstrauisch. Das war nicht so schön. Ich hab immer gern mit den Leuten geredet.« Aber dann hat's Debelius zunehmend Spaß gemacht. Als das Haus fertig war, war der Entschluss, es zu bewohnen, längst gefallen. In der alten Heimat schüttelten sie unterdessen den Kopf, dass es Gotthard Debelius in den Osten zog. So wie die einen nicht verstehen konnten, dass er kam, konnten die anderen nicht verstehen, dass er ging.

Nicht wissen konnten die Menschen in seiner neuen Umgebung, dass der, der da gleichsam aus dem Nichts aufgetaucht war, schon immer ein Herz für den Osten gehabt hatte. Das hatte seinerseits wohl mit geschichtlicher Erfahrung zu tun. Debelius wurde am 6. September 1939 als erstes Kind nach Kriegsbeginn in seiner Heimatgemeinde geboren, wuchs also zu einer Zeit auf, als die deutsche Teilung zwar voranschritt, aber noch nicht endgültig vollzogen schien. »Den Mauerbau werde ich nie vergessen«, sagt Debelius. »Das weiß ich noch genau. Das war ein Schock, wirklich.« Ein Schock, der ihn nicht hinderte, stets aufs Neue in die DDR zu fahren, teilweise zweimal im Jahr, und zwar ohne dort irgendwelche Verwandte zu haben. Das war für sich genommen selten genug. Der Reisepass war voller Stempel aus der »Zone«. Meist fuhr der Handwerker zur Messe nach Leipzig und in die sächsische Umgebung, nie jedoch nach Thüringen. Lediglich einmal unternahm er als Protestant einen Ausflug auf die Wartburg bei Eisenach, ohne dafür eine Erlaubnis zu besitzen. Die große Politik hat Debelius nicht interessiert. »Ich mochte die Leute gern«, sagt er schlicht, und dass man an der Mauer »doch nicht auf einen Menschen« habe schießen dürfen. »Es waren doch Deutsche.« So etwas geht Debelius grundsätzlich nicht in den Kopf. Der Mann ist Patriot, ohne sich als solcher zu bezeichnen, und Humanist. Warum die Grenzer denn keine Munition zur Betäubung genommen hätten? Das fragt er sich noch immer.

Geschichte spürt man übrigens auch in Neidhartshausen. Der Ort ist einer der westlichsten Orte in Ostdeutschland und hatte wenig Chancen, sich zu entwickeln. Die einst deutsch-deutsche Grenze liegt schätzungsweise vier Kilometer entfernt. Der 370 Seelen zählende Flecken ist ganz dicht am ehemaligen Sperrgebiet, in das nur dessen Bewohner problemlos fahren konnten. Als die Mauer das Land 1961 teilte, durchschnitt sie hier mehr als anderswo gewachsene soziale Beziehungen. Darum sind die innerdeutschen Kontakte auch heute noch enger und die Vorurteile wahrscheinlich geringer, weil sie sich in Wurfweite mit der Realität abgleichen lassen. Wer in Neidhartshausen arbeitet, der tut dies heute sowieso meist im Westen. Aus Mangel an Alternativen. Außer Opel Eisenach ist in der Gegend nicht viel los. Manche Menschen pendeln in Fahrgemeinschaften täglich zu ihren Jobs am Frankfurter Flughafen und wieder zurück. Das sind 130 Kilometer, ein Weg. Neben Fachwerkhäusern, von denen eine Handvoll leer steht, gibt es in Neidhartshausen allerlei bellende Hunde, den kleinen Fluss Felda und die Gaststätte »Zur Rhön«, die wegen Krankheit seit einiger Zeit geschlossen ist. Das Dorf liegt schön am Hang. Auf der baumbestandenen Landstraße stehen zahlreiche Kreuze in Erinnerung an all jene, die auf der Strecke tödlich verunglückt sind. Ansonsten herrscht hier ländliche Stille.

Das Besondere an Gotthard Debelius ist neben seiner Begeisterung für Fachwerkhäuser und seiner Zuneigung zum Osten sein ausgesprochen soziales Talent. »Ich bin ein Herdentier«, sagt er mit entwaffnender Offenheit. »Ich brauche immer Menschen um mich rum.« Obwohl Debelius einen Betrieb mit zeitweilig bis zu 20 Beschäftigten führte und eine Familie zu versorgen hatte, trat er in der hessischen Heimat nahezu allen Vereinen bei. In Neidhartshausen macht er es ähnlich, getreu dem Motto: »Wenn Sie in ein fremdes Dorf gehen, müssen Sie in die Vereine.«

Zunächst ging Debelius zur Freiwilligen Feuerwehr und wurde dort gleich Vorstandsmitglied. Dann trat er dem Naturschutzbund bei, dem Dorfclub, der Trachtengruppe, die »leider wieder eingegangen« ist, dem Sport- und dem Wanderverein. Gewandert ist er schon immer gern. In den Mittelgebirgen und am liebsten in der Rhön, egal ob in der hessischen, der bayerischen oder der thüringischen. Debelius mag das Überschaubare. Auch in der kleinen evangelischen Kirche, deren Renovierung er zum Teil aus eigener Tasche finanzierte und die in seiner Straße liegt, war er aktiv. Er sang im Kirchenchor. Hinten in seinem Fachwerkhaus hat Debelius ein kleines Museum mit Antiquitäten eingerichtet und eine Sauna, in die kommen kann, wer will. Nebenher gewährt er jungen Leuten Unterschlupf, die in der Nähe eine Ausbildung in der Fortwirtschaft oder im Schnitzhandwerk absolvieren. Wenn die nicht wissen, wie man einen Hefeteig zubereitet, zeigt er ihnen das. Gebraucht zu werden, bedeutet ihm viel.

Ja, und vor ein paar Jahren, da hat sich Gotthard Debelius wohl aus demselben Grund noch eine Drehorgel angeschafft. Mit der tingelt er jetzt voller Begeisterung und auf Bestellung zwei- bis dreimal die Woche durch Kindergärten, Altenheime und Krankenhäuser in der Rhön und im Thüringer Wald, im schwarzen Anzug, versteht sich. »Ihr Musikant für Feiern aller Art«, steht auf der Visitenkarte. Auf der Drehorgel kann er 500 Stücke spielen. »Da ist für jeden was dabei.« Das Benzingeld muss reinkommen, sagt er. »Ums Geld ging mirs nie. Mehr wie essen und trinken kann ich net.« Dass er mit seinem Betrieb in Hessen mehr verdient hat als in Thüringen, ist eine Tatsache, aber nicht der Rede wert.

Der in jeder Beziehung kauzige Debelius lebt nun mittlerweile über 20 Jahre im Osten. Er sagt: »Die Gemeinschaft war früher viel größer als im Westen. Das kann man wirklich sagen.« Doch er selbst kann als Westdeutscher mit den Ostdeutschen in Sachen Gemeinschaft locker mithalten. Er überflügelt sie sogar. Womöglich ist es das, was die Neidhartshäuser zunächst verblüfft und anschließend begeistert hat.

Bei all dem macht Gotthard Debelius aus dunklen Erinnerungen kein Hehl. Der Vater war lange im Krieg. Das hat der Sohn nicht vergessen. Gleiches gilt für jene Tage, in denen die jüdischen Mitschüler plötzlich und ohne Erklärung aus der Schule verschwanden. 1954, im Alter von 15 Jahren, begann Debelius mit der Lehre. Acht Schuljahre mussten reichen. Damals war Deutschland noch vollends damit beschäftigt, die Kriegsfolgen zu beseitigen. Erst in den 60er und 70er Jahren ging es steil aufwärts. Ungefähr zu jener Zeit, als er die Fachwerkruine in Neidhartshausen entdeckte, ging Debelius die Ehe kaputt. Seine Frau, die das später bitter bereute, hatte ein Verhältnis mit einem anderen. Debelius merkte es zuallerletzt und hat es seither nie wieder ernsthaft mit einer anderen Frau versucht, obwohl er die Ostfrauen schätzt. Zu den dunklen Erinnerungen zählt auch, dass ein Schwiegersohn früh an Krebs gestorben ist. Debelius hat drei Töchter und sechs Enkelkinder. Er selbst erlitt eine Hirnblutung und einen Schlaganfall und konnte zeitweilig nicht mehr sprechen.

Zwar hatte Debelius zeitlebens viele Menschen an seiner Seite. Freilich kann, das ahnt er wohl, der Hang zur Geselligkeit auch ein Problem sein. Denn er macht abhängig von denen, die zum Geselligsein nun mal nötig sind. Sein Mieter und Freund Roland Koch sagt über Gotthard Debelius denn auch aus ehrlicher Sorge: »Er macht manchmal zu viel. Er ist manchmal zu hilfsbereit.« Sich von anderen abzugrenzen, das fällt Debelius schwer. Er kann nicht, was Westdeutsche angeblich am allerbesten können: hart und egoistisch sein. Was nicht heißt, dass er sich im Ernstfall nicht zu wehren weiß. So wollten ihn die Denkmalschützer einst zwingen, aus jenem neuen Heim in Neidhartshausen die Kunststofffenster wieder zu entfernen, die sein Neffe irrtümlicherweise bestellt hatte. Debelius setzte sich juristisch durch.

Die wunden Punkte ändern wiederum nichts daran, dass sie ihn lieben in Neidhartshausen. Und sehr wahrscheinlich lieben sie ihn nicht trotz, sondern wegen seiner Schwächen. Denn auch wenn es in der Freiwilligen Feuerwehr vor einiger Zeit mal Streit gab und es mit der Dorfgemeinschaft nicht mehr so weit her ist wie ehedem, an Gotthard Debelius hat es gewiss nicht gelegen. »Er ist besser als mancher Ostdeutsche«, sagt Roland Koch ungefragt. Ein größeres Kompliment kann man ihm hier wohl kaum machen.

Vorhof zur Hölle

*Uwe Gerig wurde am ostdeutschen Harzrand
geboren, übersiedelte in den Westen und zurück.*

In regelmäßigen Abständen fahren die Gerigs gen Westen und
schnappen nach Luft. »Alle sechs Wochen sind wir hier für zehn
Tage verschwunden«, sagt Uwe Gerig. Mit seiner Frau Ruth besucht er dann Freunde. In München. Oder in Frankfurt. In Frankfurt am Main natürlich. Die Deutschen, von denen niemand mehr
so richtig sagen kann, ob sie Ost- oder Westdeutsche sind, entfliehen dem Mief der Kleinstadt. Wie zwei Fische, die aus einem
Aquarium hüpfen, in dem der Sauerstoff knapp geworden ist.
Eine lebenserhaltende Maßnahme, gewissermaßen.

Als Uwe Gerig sich für unser Gespräch niedersetzt und aus der
silbernen Kanne in aller Seelenruhe Kaffee eingießt, ist er denn
auch schnell bei der Sache. Es sei ein Fehler gewesen, in den Osten zurückzukehren, sagt er unumwunden. Seine Frau empfin-
de das noch viel stärker als er selbst. Nach zwei Stunden ist das
Bandgerät ausgeschaltet und das Gespräch beendet. Schließlich
kommt Ruth Gerig die Treppe des Fachwerkhauses hinunter in
die hübsche, glasüberdachte Veranda. Zunächst bellt der keineswegs böswillige, aber sichtlich aufgeregte Hund, der ihr voran-
geht, den Fremden an.

Danach benötigt Frau Gerig nur wenige Sätze, um ihren Ge-
mütszustand recht unmissverständlich zu umschreiben. »Da war
ich zu Haus, und hier bin ich fremd«, sagt sie. »Ich wäre lieber
da geblieben.« »Da«, das ist Königstein, Taunus, Hessen. »Hier«,
das ist Quedlinburg, Harzrand, Sachsen-Anhalt. Wenn man ihr
Haus in eine Tasche packen und mitnehmen könnte, dann wären
sie wohl ganz schnell wieder weg, sagen Ruth und Uwe Gerig
übereinstimmend.

Wüsste man nichts über die beiden, wäre der Missmut vollkommen unverständlich. Denn die Gerigs leben am Ende der kopfsteingepflasterten Goldstraße in zwei liebevoll sanierten Fachwerkhäusern aus dem Jahr 1661, die ihnen selbst gehören. Draußen schmücken Blumen die dezent gestrichene Fassade. Die Häuser, bei der Sanierung funktional zu einem Haus vereint, stehen im Schatten des mittelalterlichen Schreckensturms von 1336, der ehedem mal als Folterkammer diente. Man übertreibt nicht, wenn man sagt: Die Gerigs leben im reinsten Idyll. Der Eindruck setzt sich im Inneren ihrer Heimstatt fort. Sie ist geschmackvoll eingerichtet. Auf dem Weg in die Veranda kommt man an großen Bücherregalen vorbei, die die Bewohner als Bildungsbürger ausweisen. Alte Uhren geben Auskunft über die vergehende Zeit. Sorgsam ausgesuchte Bilder schmücken die Wände. Den Tisch, auf den Uwe Gerig die kleine silberne Kanne stellt, ziert eine einzelne rote Blume. Zwischendurch kommt eine Haushaltshilfe und macht das ohnehin saubere Doppelhaus noch etwas sauberer. Zieht man zusätzlich ins Kalkül, dass Uwe Gerig, Jahrgang 1940, und Ruth Gerig, Jahrgang 1941, trotz ihres fortgeschrittenen Alters offenbar gesund sind, munter die Welt bereisen können und dies auch tun, und die einzige Tochter mit dem aufgeweckten Enkelsohn am Ort wohnt, muss man fragen: Was wollen die zwei eigentlich noch mehr vom Leben?

In ihrer Beschreibung ist die Geschichte allerdings nicht die eines Idylls. Es ist vielmehr die Geschichte von zwei Ostdeutschen, die 1983 in den Westen flohen und 14 Jahre später als mehr oder weniger gefühlte Westdeutsche zurückkehrten, unglücklich zurückkehrten. Mit den Gerigs werden die Konturen dessen, was Ost und West ist, einerseits schärfer. Andererseits lösen sie sich im Nichts auf. Das macht ihre Geschichte ein bisschen verwirrend. Und besonders interessant.

Die Gerigs – so viel steht fest – stammen von dort, wo sie jetzt eigentlich nicht mehr leben wollen: aus dem Harz. Uwe Gerig wurde in Nordhausen geboren und zog 1943 nach Harzgerode. Gerade noch rechtzeitig. Denn 1945 wurde Nordhausen ausgebombt. 8000 Menschen starben. Gerigs Vater war Pfarrer in der Ausbildung. Er wurde bei der verzweifelten Ardennen-Offensive der deutschen Wehrmacht gegen die Westalliierten in der Spätphase des Zweiten Weltkriegs getötet. Ruth Gerig ihrerseits war mit Mutter, Schwester und Oma aus Schlesien vertrieben worden und landete direkt in Quedlinburg. Die Quedlinburger jedoch reagierten augenscheinlich ablehnend auf die Umsiedler. Diese Ablehnung färbt Ruth Gerigs Verhältnis zur Stadt bis heute. Die Nachkriegszeit, sagt Uwe Gerig, war »Kampf ums Überleben«.

Als das Schlimmste überwunden war, begann der Jugendliche journalistisch zu arbeiten, und zwar bei der SED-Bezirkszeitung *Freiheit*, die nun den Namen *Mitteldeutsche Zeitung* führt, studierte in Leipzig am »Roten Kloster« Journalismus und trat irgendwann der SED bei. 1961 heirateten die Gerigs. 1962 kam Tochter Gaby zur Welt. Ruth Gerig verdingte sich mal als Bibliothekarin, mal als Sekretärin. Nach dem Studium wurde Uwe Gerig nach Erfurt versetzt. Er ging als Bildreporter zur SED-Bezirkszeitung *Das Volk*, die heute *Thüringer Allgemeine* heißt. In der Redaktion äußerte er sich anlässlich des Todes von Gerhard Eisler, Bruder des berühmten Komponisten Hanns Eisler und Vorsitzender des staatlichen Rundfunkkomitees der DDR, abfällig über den Funktionär. Eisler sei »rumgesprungen wie ein Rumpelstilzchen«, moserte Gerig. Eine Kollegin denunzierte ihn. Gerig flog aus dem Journalisten-Verband und hatte fünf Jahre Berufsverbot.

Das Ereignis könnte den Eindruck erwecken, als sei Gerig ein Widerständler gewesen. Doch dem war nicht so. Das sagt er selbst, deutlicher als er es tun müsste. »Ich war kein Dissident und gar nüscht. Ich war eigentlich ein braver Mitläufer.« Der Journalist bekam eine strenge Rüge der SED. 1973 bot man ihm die Stelle eines freiberuflichen Korrespondenten bei der *Neuen Berliner Illustrierten* an. Die erschien einmal wöchentlich und hatte eine Auflage von knapp 800 000 Exemplaren. »Die schöne DDR« habe er zeigen sollen, sagt Gerig. Und er tat, wie ihm geheißen. »Ich schmückte das Blatt mit Volksfesten, Hochseilartisten und Kleingärtnern. Ich musste manchmal krampfen mit Bildern.«

Ansonsten aber hatte der Mittdreißiger »nichts auszustehen«. Er hatte nach eigenem Bekunden »einen Traumjob«, in Erfurt eine »tolle Wohnung« und verdiente »ein Schweinegeld«.

Gerig flog einmal die Woche in die Redaktion, war ansonsten indes allen politischen Drangsalierungen enthoben, konnte sogar ins teils weit entfernte sozialistische Ausland reisen: Kuba, Vietnam, Jugoslawien – mit der Möglichkeit zur Flucht, weil er in nichtsozialistischen Staaten wie Kanada oder Pakistan zwischenlandete. Zehn Jahre ging das so. Und es hätte so weitergehen können. Doch folgt man Uwe Gerig, dann hat er an dem wachsenden Widerspruch zwischen der offiziellen Propaganda und dem tristen Alltag in der DDR ebenso gelitten wie Tausende andere auch. »Ich war der große Schönfärber. Und ich wusste genau, dass es ganz anders ist.«

Ruth und Uwe Gerig setzten sich bei einer sorgsam geplanten Auslandsreise 1983 gen Westen ab. Der zurück gebliebenen 21-jährigen Tochter bläuten sie ein, sich dumm zu stellen. Gaby, so der Vater, gelang das bestens. Ja, sie schimpfte gegenüber der Staatssicherheit sogar über die treulosen Eltern. Ein Theaterstück der besonderen Sorte. Trotzdem wurde Gaby Gerig fortan beschattet. Sie nutzte das zur Begründung für einen Ausreiseantrag. 90 Tage nach der Flucht der Eltern war auch die Tochter im Westen. Uwe Gerig sagt rückblickend, er habe von Anfang an darauf gesetzt, dass die DDR-Oberen sich den kompletten und für sie heiklen Fall vom Hals schaffen wollten. Genau so sei es auch gekommen. Das Gelingen des Unternehmens sei insofern einmalig. Allerdings habe die Stasi aus Rache behauptet, Gerig sei in Wahrheit einer der Ihren. Was natürlich nicht stimme.

Uwe Gerig begann in Frankfurt am Main sogleich wieder mit der journalistischen Arbeit. Er wurde Reporter bei der *Abendpost Nachtausgabe,* reiste erneut umher und hatte erneut mit allerlei Prominenten zu tun. Nur eben jetzt auf der anderen Seite der Mauer. Bald fing Gerig an, ausgiebig diese Mauer zu fotografieren. Aus den Bildern entstand 1986 die offizielle Fotoausstellung der Bundesregierung zum 25. Jahrestag des Mauerbaus in Bonn.

Zeitgleich erschien sein Buch *Unterwegs im anderen Deutschland. Reisen zwischen Fichtelberg und Kap Arkona*.[63] Gerig hatte mit dem Westen im Prinzip kein Problem. Eines störte ihn aber: das kaum 20 Jahre nach dem Mauerbau verbreitete Desinteresse in der Bundesrepublik an der DDR. Die hüben habe »überhaupt nicht interessiert, was drüben passiert«. Da wollte er abhelfen, fleißig wie immer. 1988 wurde die *Abendpost Nachtausgabe* wegen gesunkener Auflage eingestellt. Gerig hielt sich abermals freiberuflich über Wasser, fotografierte teils in staatlichem Auftrag in Entwicklungsländern. 1989 fiel die Mauer.

Zunächst gründeten die Gerigs mit viel Erfolg einen Verlag. Ziel war es, für den Osten mit heimischen Autoren regionale Reiseführer zu produzieren, in denen sich diese Regionen ideologiefrei neu spiegeln konnten und die auch für West-Leser attraktiv schienen. Das Konzept ging in jeder Beziehung auf. Schon 1991 waren 17 Titel auf dem Markt. Überdies waren die Gerigs zunächst fest entschlossen, in ihrer neuen Heimat Königstein im Taunus zu bleiben. Doch dann gehorchten sie der Verlockung, in Quedlinburg für 30 000 D-Mark zwei Fachwerkruinen zu kaufen und zu sanieren. Der Investitionsbedarf wurde auf 600 000 bis 700 000 D-Mark taxiert. Tochter Gaby sollte laut Plan in der Stadt eine Dependance des Regionalverlages gründen. Als die Tochter mit dem Umzug zögerte und die Sanierung 1997 abgeschlossen war, taten die Gerigs, was zumindest Ruth Gerig nie hatte tun wollen: Sie zogen um in die alte Heimat. Nach Quedlinburg. Ins Fiasko.

Sitzt man Uwe Gerig gegenüber, dann erblickt man einen in Ehren gealterten Herrn mit leicht buschigen silbergrauen Augenbrauen. Leger, aber gepflegt gekleidet, distinguiert, in allen Äußerungen und im Tonfall gemäßigt. Er betont: »Das Haus ist toll. Es ist schöner als unser Haus in Königstein.« Wo sie die Anonymität sehr schätzten. Dann aber fügt er hinzu: »Mit Quedlinburg haben wir nichts zu tun.« Anfänglich hätten sie es noch im Guten versucht. Doch immer wieder sei ihnen »dieser latente Westhass« entgegengeschlagen. Nach den Terroranschlägen von New York und Washington 2001 zum Beispiel habe ein bis dahin guter Bekannter gesagt, die Amerikaner bräuchten sich nach dem Vietnamkrieg doch nicht zu wundern, dass es sie jetzt mal erwische. »Es war uns so zuwider, das immer wieder zu hören«, sagt Uwe Gerig. »Da haben wir gedacht: Das lassen wir.« Mit jungen Leuten könne man reden. Aber mit Gleichaltrigen oder etwas Jüngeren sei »nichts zu machen. Ich kann mich da nicht verbiegen. Aber ich habe auch keine Lust, die Leute zu überzeugen. Das bringt nichts.« 2012 hat Uwe Gerig schließlich eine Bilanz in Buchform präsentiert. Der Titel lautet: *Quedlinburg. Ein Umzug in Deutschland.*[64] Das 249-seitige Werk, im Stile eines Boulevardreporters meist pointiert formuliert, ist in jeder Beziehung deutlich. Es liest sich streckenweise wie eine Abrechnung. Mit der Stadt. Mit ihren Bewohnern. Mit den Ostdeutschen schlechthin.

Quedlinburg kommt als »ödes Provinznest«[65] daher, der zweite deutsche Staat als »piefige DDR«[66]. Unterdessen hätten »sich die lokalen Machtstrukturen in Quedlinburg gegenüber dem alten System kaum verändert«[67], erpicht darauf, jede private Initiative möglichst im Keim zu ersticken: »Die Ablehner stammen alle aus dem nahen OSTEN. Die Abgelehnten kommen alle – Sie ahnen es sicher – aus dem deutschen WESTEN.«[68] Allen voran die Gerigs selbst. Sie ecken stets aufs Neue an, wenn sie die Fassade ihrer Häuser anders streichen wollen als die örtlichen Denkmalpfleger oder wenn sie einen Schuppen zu einem Café umbauen möchten. Die Konflikte eskalieren. Nach dem »falschen« Anstrich verlieren die Häuser der Gerigs den Denkmalstatus und die Eigentümer den Anspruch auf Steuerermäßigungen.

Schon 1998, ein Jahr nach der Heimkehr, hängt Uwe Gerig öffentlich ein großes Transparent aus, auf dem die von Verwaltung und Denkmalpflege als »die Bremser« tituliert werden. Die örtliche Presse ist ihm selten scharf genug. Aus der riesle doch nur der Kalk. Uwe Gerig schildert einen »Kampf zwischen Zugezogenen aus dem deutschen WESTEN und Mitläufern der untergegangenen Diktatur im deutschen OSTEN«.[69] Dabei vergisst er nicht zu erwähnen, dass das Mitläufertum in Quedlinburg Tradition habe.

Bis 1945 sei die Stadt voller Nazis gewesen. Von 1936 gebe es »Bilder mit großen Hakenkreuzfahnen an jedem Haus«.[70] Zehn Jahre später seien die »Fahnen nur noch rot«[71] gewesen. Man huldigte nun nicht mehr Heinrich Himmler, dem Reichsführer SS, sondern Wilhelm Pieck, dem späteren Staatsoberhaupt der DDR. Dabei legt Gerig den Quedlinburgern keineswegs zur Last, dass sie keine Widerständler waren. Widerstand sei ihm selbst zu DDR-Zeiten zwecklos erschienen, sagt er. Der einzig mögliche Akt des Aufbegehrens sei letztlich die Flucht gewesen. Er legt ihnen zur Last, dass sie nach 1989 den Eindruck erweckt hätten, Widerständler gewesen zu sein.

Zwar lädt Uwe Gerig die Fremden am Ende des Buches eindringlich ein, trotz allem in die Stadt zu kommen. Doch schon vor Erscheinen des Buches ist das Tischtuch zwischen ihm und Quedlinburg gründlich zerschnitten. Ja, es ist so zerschnitten, dass das Buch gar keine zusätzliche Wirkung mehr entfaltet, weil die Quedlinburger sowieso nichts anderes erwartet haben. In der Stadtverwaltung ist von einer »schwierigen Persönlichkeit« die Rede. Andere beklagen, Uwe Gerig habe nie den Versuch unternommen, sich mit intellektuell Gleichgesinnten zusammenzutun. Was dieser bestreitet.

Das Selbstbild der Gerigs ist ein ganz anderes. Demnach war Uwe Gerig schon mit Beginn seiner Zeit als freier Journalist bei der *Neuen Berliner Illustrierten* eine Art Unternehmer, der mit der Flucht endgültig »den Schalter umgelegt« hat, wie er sagt, und begriff, dass es im Westen mehr denn je auf Eigeninitiative ankommt. In Deutschland West hat er das westliche Wertesystem vollständig verinnerlicht. In Deutschland Ost sah er dann, dass seine Wertmaßstäbe versagten, weil sie auf ein real sozialistisches Wertesystem trafen.

Macht man sich Uwe Gerigs Schilderung seines Lebens zu eigen, dann wirkt er wie einer, der immer schon sehr genau wusste, was er tat und wie er sich seinen beruflichen und materiellen Erfolg sichert. Auch drüben. Zunächst bezogen die Gerigs eine Wohnung in Kronberg. Das Städtchen im Taunus wurde von der *Frankfurter Allgemeinen Zeitung* zum zehnten Jahrestag des Mauerfalls als »Wandlitz im Westen«[72] tituliert. In Kronberg lag die Kaufkraft im Jahr 2007 ziemlich genau 79 Prozentpunkte über dem Bundesdurchschnitt. Dort leben die Chefs der Deutschen Bank wie einst Josef Ackermann und andere. Nur in Königstein lag die Kaufkraft seinerzeit noch höher. In Königstein erwarben die Gerigs vor dem Umzug aus Kronberg ein eigenes Haus. Zum Vergleich mag die Beschreibung der ökonomischen Stärke Quedlinburgs durch den Oberbürgermeister dienen. Der Sozialdemokrat Eberhard Brecht wurde am 11. April 2002 von der Wochenzeitung *Die Zeit* mit den Worten zitiert: »Ich sag's brutal: Manchmal fühlt man sich umgeben von Behinderten, Rentnern, Asozialen und Alkoholikern.«[73]

Die Gerigs sind also mit dem Umzug aus einem der prosperierenden Teile Westdeutschlands in einer der schwierigen Zonen Ostdeutschlands gelandet. Sie seien »mit zwei Türken-Taschen« im Westen angekommen, sagt Uwe Gerig, und besäßen heute als Familie im Osten acht Immobilien. Das habe Konsequenzen gehabt: »Niemand wusste so genau: Was sind denn das für Leute? Die machen hier zwei Häuser in Windeseile und haben einen Verlag. Die müssen stinkreich sein. Denen wollen wir mal zeigen, wo der Hammer hängt. Das haben wir nicht gleich begriffen.«

Weil das Verhältnis zwischen Zugezogenen und Einheimischen so schwierig ist, ist es auch die Antwort auf die Frage, ob denn die Gerigs Ost- oder Westdeutsche sind. Nimmt man die Lebenszeit zum Maßstab, dann sind sie eindeutig Ostdeutsche. Nimmt man Vermögen und Werteordnung zum Maßstab, sind sie eher Westdeutsche. »Ich bin kein Westdeutscher geworden«, kontert Uwe Gerig. »Aber wir sind auch keine Ostdeutschen.« Vielleicht ist seine Antwort so richtig wie einfach: »Ich bin Deutscher.«

Sein Enkelsohn im frühen Teenageralter, sagt Gerig, sei schon weiter und »so ein richtiger Weltbürger«. Er sei als Kind viel im Ausland gewesen und jetzt Klassensprecher. »Die verbreitete Weltsicht wirkt sich in allen Bereichen positiv aus«, findet der

Opa. Ein bisschen hat der Enkel das wohl auch von der Mutter. Tochter Gaby hat in Frankfurt am Main Slawistik studiert und war mit einem ehemaligen Sowjetbürger griechischer Abstammung verheiratet, der tragischerweise früh gestorben ist. Heute leitet sie in Quedlinburg ihr eigenes Hotel. Es trägt den Namen »Vorhof zur Hölle«.

Glücklich in Görlitz

Westrentner haben sich zu Hunderten in der östlichsten Stadt
Deutschlands niedergelassen.

Als Rainer Michel im Herbst 2013 Richtfest feiert, sind auch ein paar andere Westdeutsche gekommen. Claus Böhm ist da, der frühere Richter aus Wiesbaden, der durch einen Fernsehfilm auf Görlitz aufmerksam wurde, sich in die Stadt verliebte und mit seiner Frau herzog. Böhm schreibt jetzt Gedichte. Oder Reinhold Meier, ein stämmiger Kerl mit unverkennbar bajuwarischem Akzent, der in Görlitz eine Druckerei betreibt und gerade begeistert von einem Ausflug nach Chemnitz berichtet. Schließlich haben sich Ursula und Klaus-Peter Strittmatter anlocken lassen. Sie war mal Sekretärin und er im unteren Management bei Siemens beschäftigt. Görlitz-Liebhaber auch diese beiden. Auf der Baustelle im Erdgeschoss des Gebäudes gibt es Tee, Glühwein und Bier, dazu ein rustikales Büffet und mittelalterliche Musik. Rainer Michel, ein früherer Religionslehrer aus dem Rheinland, erzählt mit rudernden Armen, was er so vorhat. Doch er erzählt nicht nur. Er schwärmt.

Wir stehen auch nicht in irgendeinem Gebäude, sondern in der ehemaligen Synagoge der bald 1000 Jahre alten Stadt mit 4000 denkmalgeschützten Häusern, in der Michel ein Literaturhaus errichten will, das mit den Literaturhäusern von Dresden, Leipzig, Rostock und Berlin vernetzt werden soll. Touristen sollen kommen, Schulklassen und Literaturliebhaber natürlich. Selbstverständlich ist das nicht. Denn Michel ist 71 Jahre alt und hatte Mühe, für das aufwändige Projekt überhaupt noch einen Kredit zu kriegen – wohl nicht zuletzt wegen seines Alters. In der Stadtverwaltung gestehen sie deshalb, Michels Mut und seine Kraft seien »bewundernswert«. Repräsentativ ist das Vorhaben in gewisser Weise aber schon. Denn die östlichste Stadt Deutschlands ist im Laufe des letzten Jahrzehnts zu einem Eldorado für Westrentner geworden, bloß dass die Sonne nicht so scheint wie an der Costa del Sol. Diese Westrentner wiederum wollen sich hier nicht wirklich zur Ruhe setzen. Im Gegenteil, viele vibrieren vor Vitalität, als gäbe es kein Morgen. So wie Michel. Ja, Görlitz ist gesamtdeutscher Beleg dafür, dass der letzte Lebensabschnitt keine Einöde sein muss, sondern dass man die inneren und äußeren Landschaften in diesen Jahren noch mal richtig zum Blühen bringen kann. Die 55 000-Einwohner-Stadt demonstriert zudem, dass der Osten an seinen besseren Orten fähig ist zu sein, was zu sein man ihm regelmäßig abspricht: ein Magnet.

In den 90er Jahren waren die Görlitzer noch vielfach unter sich. Schließlich ist die Stadt in der Oberlausitz zumal von Westen aus betrachtet sehr weit weg. Der Krieg hatte das Zentrum mit seinen vielen imposanten Altbauten aus verschiedenen Epochen zwar unzerstört gelassen. Doch die Sanierung, wenngleich mit Schwung in Angriff genommen, brauchte Zeit. Erst nach der Jahrtausendwende wurde Görlitz für westdeutsche Ruheständler richtig attraktiv – wie 100 Jahre zuvor für pensionierte Staatsdiener aus dem Kaiserreich. Darüber hinaus machte der große unbekannte Spender, der seit 1995 jedes Jahr pünktlich zunächst eine Million D-Mark und dann eine halbe Million Euro an die Verantwortlichen im Rathaus überweist, überregional von sich reden. Sicher, die Bewerbung um den Titel Kulturhauptstadt Europas scheiterte, bedauerlicherweise. Essen im Ruhrgebiet machte das Rennen. Unter Marketinggesichtspunkten hat die Bewerbung ihr Ziel freilich allemal erreicht. Als sich die ersten Westrentner dann am Orte niederließen, waren rasch allerlei Medien zur Stelle, um das Phänomen ausgiebig zu beschreiben. So kamen die aus dem Hessischen zugezogenen Inge und Siegfried Eisenlohr ins Fernsehen – und hatten flugs andere Westrentner an der Strippe, die ihr Vorbild verlockend fanden. Mittlerweile geht die Zahl der an die polnische Grenze migrierten Pensionäre aus den alten Ländern in die Hunderte, manche sagen sogar, sie gehe in die Tausende.

So richtig hat offenbar niemand nachgezählt. Sie kommen aus allen Richtungen in die Halbstadt, deren polnische Hälfte Zgorzelec heißt und die unverkennbar noch eine Wohlstandsgrenze markiert. Sie schätzen das schöne, bequeme, gesellige und bei all dem doch preiswerte Leben. Gäbe es eine die Bequemlichkeit von Görlitz am besten kennzeichnende Vokabel, so wäre es wahrscheinlich die Vokabel »fußläufig«. Gemeint ist: fußläufig erreichbar. Und das alles gepaart mit Aufbruchstimmung. Ja, es gibt hier so etwas wie fußläufige Aufbruchstimmung.

Diese ganz besondere Zuwanderung hat nicht nur Vorteile, obgleich zeitweilig gezielt um die Zuwanderer geworben wurde. Das merkt man, wenn man mit Hartmut Wilke spricht, dem Leiter des Stadtplanungsamtes, in dessen Büro ein Fahrrad steht und an dessen Wänden viele Pläne hängen. Der 48-Jährige ist in Görlitz geboren und ein das gesellschaftliche Leben genau reflektierender Ostdeutscher. Er spricht im Allgemeinen von der unterschiedlichen Betroffenheit, die die deutsche Einheit in Ost und West mit sich gebracht habe, und sagt im Besonderen: »Das Bild, auf die Älteren fokussiert zu sein, schränkt die Stadt Görlitz ein auf einen Punkt, der so nicht gegeben ist. Das ist überhaupt nicht unser Interesse.« Das wie fast alle anderen Ostkommunen ohnehin zu sehr alternde Görlitz fürchtet nämlich, dass sich dieser Prozess in der Stadt durch das öffentliche Image noch weiter verstärken und deren Zukunftsfähigkeit beschädigen könnte. Wilke verweist überdies auf die geografische Randständigkeit, die Görlitz bei aller Schönheit in der DDR hatte und auch heute noch habe und die sich nachteilig auswirke. Unternehmen siedelten sich lieber in Dresden, Leipzig oder Bautzen an statt hier an der Neiße, sagt er. Die Arbeitslosenquote sei mit rund 13 Prozent etwa zwei Prozentpunkte höher als im ostdeutschen Durchschnitt. Das wiederum bedeute: »Die Agilen gehen weg.« Es kommen Menschen, für die die wirtschaftliche Situation keine große Rolle spielt und die ebenso gut und weitaus zahlreicher an die südspanische Mittelmeerküste ziehen könnten und dies auch tun: Rentner. Wilke macht zu guter Letzt auf die mentalen Unterschiede aufmerksam.

Die Integration der West-Rentner gelinge, wenn sie bereit seien, »sich in die Situation, in die sie kommen, einzufügen«, sagt er. Sie gelinge nicht so gut, wenn sie sagten: »Wir waren schon immer auf der richtigen Seite. Wir wissen, wie man's macht. Wir haben mehr Erfahrungen.«

Manche empfinden die älteren Herrschaften aus dem Westen als ein bisschen »von oben herab«, sagen das aber nicht laut. Im Übrigen sei in der Stadt ja »genügend Platz«, heißt es, Platz, sich unter Umständen auch mal aus dem Weg zu gehen.

In jedem Fall findet auch in Görlitz so etwas wie Segregation statt, also die räumliche Trennung unterschiedlicher sozialer Gruppen, die man vor allem aus Großstädten kennt. So leben die älteren Görlitzer lieber in den Neubauten am Rande des Zentrums, weil sie deren Komfort in Vorwendezeiten schätzen gelernt haben und es einfach so gewohnt sind. Die historischen Viertel hingegen werden von Jüngeren und eben jenen Westrentnern bevölkert. In der rund 20000 Einwohner zählenden Altstadt liegt der Altersdurchschnitt bei 39 Jahren. Insgesamt schrumpft das Kleinod. Aber nicht, weil zu viele Leute wegziehen, sondern weil zu viele Leute sterben.

Je länger der Leiter des Stadtplanungsamtes über die Zuwanderung der westdeutschen Generation 60 plus spricht, desto mehr weiß er allerdings deren Vorteile zu benennen. »Für die gesamte Stadt ist das eine unheimliche Wohltat, weil sie sehr viel Belebung mitbringen«, sagt Wilke über die einstigen Gäste, die jetzt Einheimische sind, und fährt fort: »Menschen, die sich im Ruhestand noch mal für einen neuen Lebensort entscheiden, tun das ja sehr bewusst. Das spüren wir. Das sind in ihrem Alter dynamische Leute.« Sie redeten in der Stadtentwicklung mit, initiierten eigene Veranstaltungen, schlössen sich politischen und kulturellen Gruppen an, nähmen ehrenamtlich Führungsrollen ein und diskutierten in Kirchengemeinden an vorderster Front. Nicht zu vergessen der ökonomische Aspekt. Die Neuankömmlinge haben in der Regel ein sehr auskömmliches Ruhegehalt und stärken mit ihrer Nachfrage die heimische Wirtschaft. Als letzten Vorzug der Westrentner erwähnt Wilke noch einen intellektuellen. »Sie öffnen für die Stadt Görlitz in ihrer relativ abgeschiedenen Lage den Blick für das, was in der Welt passiert«, sagt er. »Das ist ein sehr positiver Prozess.« Und: »Sie sind mitunter auch sehr streitbar.« Anders ausgedrückt: Es gibt dann und wann mal Reibungen. Und Reibungen, in Maßen genossen, sollen bekanntlich produktiv sein.

Es herrscht so oder so kein Zweifel: Die Westrentner kommen gezielt in die Stadt. Sie tun es keineswegs zufällig. Und in gewisser Weise ähneln sie einander.

Das bereits erwähnte Ehepaar Eisenlohr zum Beispiel zog an der Jahreswende 2003/2004 nach Görlitz. Siegfried Eisenlohr wurde 1944 hier geboren und hat neun Jahre seiner Kindheit in der Stadt verbracht. Sein Großvater war Rechtsanwalt, wurde in den Nachkriegsjahren aber aus politischen Gründen drangsaliert. Das war für die Familie das Signal zum Aufbruch gen Westen. Siegfried Eisenlohr wurde Lehrer und lernte im Rhein-Main-Gebiet seine Frau Inge kennen, eine Kinderkrankenschwester aus Bremen, die mal Au-pair-Mädchen in Frankreich war. Sie bekamen drei Kinder und zogen sie groß. Als die Kinder aus dem Haus waren, wollten die Eisenlohrs noch einmal von vorn anfangen. Denn im Hessischen haben sie sich nie wirklich wohl gefühlt. Es war im sozialen Sinne zu eng und bot zu wenig Natur. Anfangs stand Südfrankreich zur Debatte. Dort hatten sie sogar schon ein Haus gekauft. Doch rasch stellten sich Probleme mit Behörden und Handwerkern ein. Auch drängte die Frage in den Mittelpunkt: »Wer besucht uns da?« 1000 Kilometer von der alten Heimat entfernt. So rückte Görlitz ins Blickfeld. Inge und Siegfried Eisenlohr bauten in der Nikolaivorstadt ein neues Haus und richteten sich ihr Leben auch sonst im Wortsinne neu ein. Was noch ungewöhnlicher ist: Ihre Tochter zog mit Ehemann und zwei Kindern in ein Dorf in der Nähe. Der Schwiegersohn, ein Softwareentwickler, arbeitet von daheim und werkelt in der Freizeit an ihrem alten Bauernhof. »Ich hatte die Kindheitserinnerungen im Kopf«, sagt Siegfried Eisenlohr bei Kaffee, Plätzchen und Kerzenschein im ockerfarbenen Wohnzimmer. »Für mich war das immer noch meine Heimatstadt. Ich hab an dieser Stadt unheimlich gehangen. Ich hab noch was von einem Ossi in mir.« Offenkundig ist: Die Eisenlohrs, er 70, sie 73, sind so aktiv wie 30-Jährige.

Beide haben gemeinsam einen Tanzclub gegründet. Sie ist kirchlich engagiert, er macht Musik, hat ein Kleinflugzeug, dazu ein Motorrad und lernt seit sechs Jahren jeden Tag Polnisch. Immer mal wieder sind sie auch mit dem Wohnmobil im Nachbarland unterwegs. Hin und wieder besucht er mit seinem Flugzeug sogar einen polnischen Freund, um mit ihm eine Tasse Kaffee zu trinken. Als Landeplatz fungiert die Wiese hinter dessen Haus. Manches wirkt geradezu paradiesisch. Unterdessen rückt Westdeutschland zunehmend weiter in die Ferne. »Es zieht uns nicht mehr dahin«, sagt Inge Eisenlohr. Wenn die Eisenlohrs einen ihrer beiden Söhne im österreichischen Linz besuchen wollen, dann fahren sie nicht mehr durch Thüringen und Bayern, sondern gleich durch die Tschechische Republik. Aus rein pragmatischen Gründen. Die Strecke ist nicht so komfortabel, dafür aber kürzer.

Inge Eisenlohr war von der Idee, nach Görlitz zu ziehen, anfangs nicht so begeistert wie ihr Mann, obwohl ihre Mutter bei Bautzen geboren wurde und der Großvater aus Poznań (Posen) stammt. Sie hatte die Besuche zu DDR-Zeiten in unguter Erinnerung, die amtliche Propaganda, die schlechte Stimmung, all das. Jetzt kommt Inge Eisenlohr aus dem Schwärmen gar nicht mehr heraus. »Kein Haus gleicht dem anderen«, sagt sie. »Das ist hier Klein-Paris für mich. Die Schönheit hat's mir angetan.« Neben all den Gründerzeit- und Renaissancebauten die Kirchen! Das viele Grün! Das Theater! Die Oper! Die Kinos! Die Restaurants! Und das alles, wie gesagt, fußläufig erreichbar. Die Eisenlohrs sind auch zehn Jahre nach dem Umzug Fans der eigenen Stadt. Womöglich sind sie es mehr denn je. Dabei wissen sie um ihre recht privilegierte Stellung. »Wir sind immer beschäftigt«, sagt Siegfried Eisenlohr. »Von mir aus könnte der Tag 48 Stunden haben. Es wird einem nie langweilig.« Und: »Wir wollen die Jahre noch gut nutzen. Jedes Jahr zählt jetzt doppelt.«

Bei Ursula, 67, und Klaus-Peter Strittmatter, 72, ist es ähnlich. Ihr Vater kam aus Buttstädt bei Weimar und sollte in der Frühphase der DDR für den Staatssicherheitsdienst arbeiten. Daraufhin ist er 1953 geflohen. Die Familie zog 1954 hinterher. Der Großvater stammte aus dem polnischen Bogatynia, ehedem Reichenau (Niederschlesien). Biografische Wurzeln auch an der Stelle. Ursula Strittmatter verbrachte mit ihrem früheren Partner 14 Jahre in Saudi-Arabien und drei Jahre in Südafrika und ist es gewohnt, sich Unbekanntem auszusetzen. Vor neun Jahren heiratete sie ihren heutigen Mann, den sie aus Jugendtagen im heimischen Hechingen in Baden-Württemberg kannte und der 30 Jahre lang für Siemens in Berlin gearbeitet und zwischenzeitlich auch mal in Niedersachsen gelebt hatte. Die Strittmatters sind noch mehr rumgekommen in der Welt als die Eisenlohrs. Es geht ihnen materiell gut. Kulturell interessiert sind sie ebenfalls.

Den Lebensabend hatten die Strittmatters ursprünglich im Württembergischen verbringen wollen. Doch dort fühlten sie sich genauso eingeschnürt wie die Eisenlohrs in Hessen. Ein ehemaliger Arbeitskollege machte Ursula Strittmatter dann auf Görlitz aufmerksam. Das Paar besuchte die Stadt. Im November 2008 war das. Und nach 24 Stunden sagte Ursula zu Klaus-Peter: »Ich will nach Görlitz!« Die Umzugsentscheidung fiel innerhalb eines halben Jahres. Nun bewohnen sie 160 Quadratmeter in einem Haus aus dem Jahre 1896, dessen Stufen im Treppenhaus aus Granit bestehen. Jede Mietpartei verfügt über eine Etage. Unterm Dach wohnt ein Münsterländer mit einer Polin, die in Wrocław (Breslau) einen Job hat. Andere Hausbewohner kommen aus Rheinland-Pfalz und Bayern. Und einer aus der Lausitz. Alles ist wunderbar saniert. Die Miete beträgt exakt 4,29 Euro pro Quadratmeter. Und der Fahrstuhl hält nicht im Treppenhaus, sondern direkt in der Wohnung. Komfortabler geht es nicht. Zu allem Überfluss liegt am unteren Ende der Blumenstraße ein Park und am oberen Ende ein Polizeirevier, das Schutz verheißt, wenn es mal nötig sein sollte. »Jeder hat uns für verrückt erklärt«, erinnern sich die Strittmatters an die Reaktionen auf ihre Umzugspläne.

»In dem Alter! Seid ihr wahnsinnig! Ihr kennt da niemanden!« Doch mittlerweile haben sie so viele Freunde gefunden wie vielleicht noch nie in ihrem Leben. »Das findet man nirgendwo so intensiv«, sagt Ursula Strittmatter.

Die Eisenlohrs und die Strittmatters wissen schon auch negative Seiten der neuen Heimat zu benennen. Sie tun es jedoch zögerlich. Wenn die Rede auf den Schießbefehl an der Mauer komme, schöben einige wenige alteingesessene Görlitzer die Schuld noch auf die damals aus der DDR Fliehenden, sagt Siegfried Eisenlohr. Das halte er nicht so gut aus. Klaus-Peter Strittmatter hat diese Erfahrung nicht gemacht, kann dafür aber von unguten Gesprächen über Ausländer berichten. Der gerade mal dreiprozentige Ausländeranteil sei manchen immer noch zu hoch, sagt er. Ursula Strittmatter pflichtet bei: »Multikulti, das fehlt hier so ein bisschen.« Beide Paare beklagen neben der in der Region infolge der Grenzöffnung gestiegenen Kriminalität die fehlenden wirtschaftlichen Chancen für die Jungen. Außer Bombardier, die in Görlitz Züge, und Siemens, die Turbinen bauen, fehlen wie nahezu überall im Osten potente Unternehmen. Zugleich liegen die Löhne zuweilen nicht über 3,50 Euro pro Stunde. »Das ist unfassbar«, sagt Ursula Strittmatter. Sie alle wissen schließlich, was Klaus-Peter Strittmatter so auf den Punkt bringt und wozu sie alle selbstredend beitragen: »Die Stadt ist zu alt. Eindeutig. Da brauchen wir überhaupt nicht zu diskutieren.« Nur: Das Positive überwiegt aus der Perspektive der Westrentner bei Weitem.

Da sind die Schönheit der Stadt, die zu rühmen sie nicht müde werden, und die inspirierende Nähe zu Polen. Da ist die große Ruhe, die von ihr ausgeht und die doch keine Friedhofsruhe ist. In gewisser Weise wirkt der Ort in seiner wohl geordneten und durchaus musealen Übersichtlichkeit wie aus der Zeit gefallen. Das Tempo ist mit den 50er Jahren des 20. Jahrhunderts vergleichbar. Womöglich ist es das, was in den 50er Jahren groß gewordene Menschen in Görlitz so zu Hause sein lässt. Nicht zu vergessen die für Senioren wichtige medizinische Versorgung. Und das lebendige soziale Leben. Die Zugezogenen beteuern unisono, dass sich Ost und West in Görlitz gut durchmische. Es gebe keine westdeutsche Parallelgesellschaft. Ja, sie sagen »Wessis«, wenn sie Westdeutsche meinen. Tatsache ist indes, dass Westrentner in Görlitz wenig Mühe haben, wenn sie auf Gleichgesinnte stoßen wollen. Das macht die Sache sicher leichter. »Es ist fast wie bei einem Schneeballsystem«, sagt Klaus-Peter Strittmatter über das gesellige Beisammensein. Ursula Strittmatter ergänzt: »Es ist absolut toll. Ich genieße das.«

Die Stadt ist ein Idyll und aus diesem Grunde eher eine ostdeutsche Ausnahmeerscheinung. »Ich fühle mich hier so wohl wie nirgendwo vorher in meinem Leben«, sagt Inge Eisenlohr. Und Ursula Strittmatter sagt: »Wir haben schon beschlossen, wenn einer von uns übrig bleibt, was ja der Fall sein wird: Wir werden beide nicht mehr weggehen.«

Wer ins östliche Görlitz fährt, der trifft glückliche alte West-Menschen. Vielleicht sind sie so glücklich wie an keinem anderen Platz der Republik.

Ein Preis fürs Bleiben

Birgit und Horst Lohmeyer zogen von Hamburg in die Idylle Mecklenburgs – und damit zu den ostdeutschen Nazis.

Wenn sich Birgit und Horst Lohmeyer in ihrem wilden Garten an die Anfangszeit erinnern, dann lässt sich das eher idyllisch an. Sie haben Kaffee gemacht. Es gibt Russischbrot. Katzen streunen umher, auch fremde sind darunter. Vögel zwitschern. Der Holztisch mit den Stühlen und einer Bank auf dem großen Grundstück ist hinter Bäumen und Sträuchern verborgen, die ein bisschen wie eine Schutzmauer wirken. Ein paar Meter weiter steht das Haus mit dem norddeutsch roten Klinker und den schon verwitterten Fensterrahmen, die wie alles hier eine gewisse Lässigkeit ausstrahlen und das unausgesprochene Motto verbreiten: Leben und leben lassen.

Auf einer Bühne im entlegenen Teil des Gartens spielen im Spätsommer die Bands für Demokratie und Toleranz – auf einem Festival, das die Lohmeyers mittlerweile jährlich veranstalten: *Jamel rockt den Förster*. Doch jetzt ist alles ruhig, sehr ruhig. Es gibt nur die kleine Zufahrtsstraße, die in das Dorf mit dem Namen Jamel führt und auf der sich ausschließlich Menschen bewegen, die auch wirklich hierher oder von hier weg wollen. Dazu müssen sie von der Bundesstraße abbiegen, die das nahe ostdeutsche Wismar parallel zur Ostseeküste mit dem weiter entfernt liegenden westdeutschen Lübeck verbindet.

Horst Lohmeyer zieht während des Gesprächs fleißig an seinen selbstgedrehten Zigaretten. Er lispelt und überlegt länger, bevor er antwortet. Birgit Lohmeyer redet schneller und ist entschiedener im Urteil. Unter dem Strich, so scheint es, sind sich die Zugezogenen sehr einig. Ein harmonisches Paar. In einer feindseligen Umgebung.

Abgesehen davon, dass Horst Lohmeyer die Stille genießt, freut er sich im Übrigen. Und er freut sich trotz feindseliger Umgebung, als sei es gestern gewesen. »Der wertvollste Preis ist für uns immer noch der Preis des Zentralrats der Juden in Deutschland«, sagt er. Immerhin gehörten sie beide ja zu den Enkeln der Täter. Horst Lohmeyers Großvater höchstpersönlich hat während des Nationalsozialismus in Lübeck ein Gefangenenlager geleitet. Und nun sagt Zentralratspräsident Dieter Graumann, ein Enkel der Opfer, doch tatsächlich, Horst Lohmeyer und seine Frau seien »Helden des Lebens«.[74] Der Preis ist aber nicht nur Anerkennung für Verdienste, die in der Vergangenheit liegen. Er ist auch eine Versicherung für die Gegenwart. »Wenn uns hier etwas passieren sollte«, sagt Birgit Lohmeyer, »dann wird die halbe Welt auf Jamel schauen.« Man wird dann genau wissen, warum den Lohmeyers etwas passiert ist und durch wen. Sollte der Preis eine negative Seite haben, dann ist es allein die, dass er die Lohmeyers in der Zukunft zum Bleiben zwingt. Denn fürs Bleiben haben sie den Preis bekommen. Nicht fürs Weggehen. Er ist eine Verpflichtung. Eine ziemlich große sogar.

Birgit und Horst Lohmeyer wurden am 12. Mai 2011 mit dem Paul-Spiegel-Preis geehrt, weil sie in eben jenem Dorf Jamel leben und dort, am westlichen Ende Mecklenburg-Vorpommerns, fast ausschließlich von Neonazis umgeben sind. Drei Viertel der rund 40 Einwohner Jamels gelten als Rechtsextremisten. Die Nazis tyrannisieren die Lohmeyers. Sie legen ihnen tote Ratten in den Briefkasten, beschädigen den Gartenzaun, bremsen sie bei Autofahrten aus und sagen: »Verkaufen Sie das Haus, solange Sie noch können.« Offener kann man kaum drohen. »Von den Rechtsextremisten werden wir gemobbt«, sagt Birgit Lohmeyer. »Und von den anderen werden wir gemieden.« Das wiederum aus Angst vor den Rechtsextremisten. Erst 15 Kilometer von Jamel entfernt ende die Bannmeile. Dort würden sie wieder wie normale Menschen behandelt. »Wir leben in Jamel wie in einer Großstadt.« Die Lohmeyers halten das alles nicht nur aus. Sie wehren sich auch dagegen, hauptsächlich durch das Festival *Jamel rockt den Förster.*

Und weil diese Leistung ziemlich beeindruckend ist, bekamen sie 2011 neben dem Paul-Spiegel-Preis auch noch die Auszeichnung »Helden des Nordens« vom Norddeutschen Rundfunk und vier norddeutschen Regionalzeitungen sowie 2012 den Bürgerpreis des Bundesverbandes Deutscher Zeitungsverleger. Leider schafft das den Nährboden für weitere Ressentiments. Neider sagen, die Lohmeyers seien damals nur nach Jamel gekommen, um Preisgeld abzukassieren; der Paul-Spiegel-Preis ist mit 5000 Euro dotiert. All die Preise, die verliehen wurden, damit sich andere an den Lohmeyers ein Beispiel nehmen, zementieren ihren Sonderstatus.

Die Geschichte der Lohmeyers ist somit eine ganz besondere Geschichte. Sie sind von West nach Ost gegangen, von Hamburg nach Jamel. Sie sind von der zweitgrößten deutschen Stadt in eines der wohl kleinsten Dörfer gezogen, die es in Deutschland gibt. Und schließlich sind sie aus einem linksalternativen Milieu in einer rechtsextremistischen Umgebung gelandet. Radikaler kann man nicht umziehen. Der Umzug teilt das Leben in ein Vorher und ein Danach.

Mit Ostdeutschland hatten die Lohmeyers vor 1989 wenig zu tun. Birgit Lohmeyer, Jahrgang 1958 und in Hamburg geboren, war mal bei einer dieser obligatorischen Klassenfahrten nach West-Berlin, bei denen auch der Ausflug nach Ost-Berlin obligatorisch war. »Das fand ich ganz spannend«, sagt sie. Im Übrigen sei die DDR für sie ein fremder Staat gewesen, »eine Diktatur unter vielen«. Birgit Lohmeyer studierte in ihrer Heimatstadt Erziehungswissenschaften und arbeitete dann lange in der Suchtberatung. Als sie ihren ersten Roman veröffentlichte – Birgit Lohmeyer schreibt Krimis – hat sie damit aufgehört. Seither konzentriert sie sich auf die Schriftstellerei und jobbt nebenher, damit genug Geld in die Haushaltskasse kommt. Gegenwärtig pendelt die Autorin dreimal wöchentlich nach Hamburg. Und schätzt es, abends wieder heimzukehren. Die Großstadt, das ist nichts mehr für sie.

Bei Horst Lohmeyer war es ein bisschen anders. Er kam 1956 ebenfalls in Hamburg zur Welt und hatte Verwandte in Magdeburg. Zweimal ist er dort gewesen. Das erste Mal mit seinen

Eltern. Lohmeyer erinnert sich: »Der Wagen wurde bis oben hin vollgemacht mit Aldi-Krempel. Der halbe Laden wurde leergekauft. Unzählige Geschenke. Meine Mutter brezelte sich auf. Es mussten neue Klamotten her. Das fand ich schon ziemlich überzogen. Das Auto wurde innen und außen auf Hochglanz gebracht. Und dann wurden wir am Grenzübergang stundenlang auseinandergenommen. Wir haben Blut und Wasser geschwitzt.« Zwei Jahre später war Lohmeyer noch mal allein in Magdeburg. Er hatte nur einen Rucksack mit ein paar persönlichen Sachen dabei. Und ruck, zuck war er drüben. Lohmeyer hat an diesem Streich bis heute seinen Spaß. In ihm werden die bierernsten und meist beinharten Ostgrenzer zum Komplizen des flippigen Westjugendlichen gegen die bürgerlichen Westeltern. Ansonsten sei es in Magdeburg »reichlich zurückgeblieben« gewesen, sagt Horst Lohmeyer. »Nicht so wie hier.« Woraufhin Birgit Lohmeyer erwidert: »Es ist lustig, dass du jetzt hier sagst. Hier in Mecklenburg war es vermutlich ähnlich.«

Der Kontakt zur Verwandtschaft ist unterdessen längst abgerissen. Horst Lohmeyer fand diese Verwandtschaft, nun ja, etwas spießig. Und spießig wollte er es auch sonst nicht im Leben. Den Beruf des Gas- und Wasserinstallateurs hängte er an den Nagel und widmete sich ganz seiner großen Leidenschaft, der Musik. Lohmeyer spielt als Gitarrist in verschiedenen Bands Tanzmusik und Rock. Das Materielle ist den Lohmeyers ohnehin nicht wichtig. Das drückt sich auch in ihrem damaligen Kiez aus. Die zwei wohnten unweit der Hafenstraße in St. Pauli, in der es ein besetztes Haus und in den 8oer Jahren immer wieder schwere Randale gab, die es regelmäßig bis in die *Tagesschau* schafften. Sie hatten es nach eigenem Bekunden mit »einer sozial schwierigen Nachbarschaft« und ab und zu mit ein paar Hooligans des Hamburger Sportvereins zu tun. Das bestärkte die Lohmeyers in ihrem Glauben, es auch mit ein paar Rechtsextremisten aufnehmen zu können. Die Wende in ihrem Leben ergab sich aus dem Willen, die Großstadt zu verlassen und aufs Land zu ziehen. Diesem Willen verdanken die Lohmeyers, dass sie jetzt sind, wo sie sind.

Anfangs haben sie sich im Hamburger Umland umgesehen, im südlich gelegenen Niedersachsen und im nördlich gelegenen Schleswig-Holstein. Sie wollten dort ein Haus kaufen. Bis sie merkten, dass sie sich Häuser in diesen Gegenden nicht leisten konnten und dass es in Mecklenburg-Vorpommern noch allerlei »Schätzchen« gab, wie Birgit Lohmeyer sagt. Dass die Lohmeyers im Osten landeten, war also auch ein bisschen Zufall. Ja, es ist nicht falsch zu sagen, es habe sie dorthin verschlagen. Mit der Gegend waren die Lohmeyers durch diverse Kanutouren durchaus vertraut. Sie haben sich auf die Offenherzigkeit der Leute gefreut und zugleich die Ausländerfeindlichkeit, die bei den Ausschreitungen 1991 in Hoyerswerda und 1992 in Rostock-Lichtenhagen deutlich zutage getreten war, gefürchtet. 2004 stießen sie auf das alte Forsthaus in Jamel, dem Dorf, das ein Enddorf ist, eine Sackgasse. Seither ist nichts mehr, wie es war.

Zu Beginn sei da nur dieser Sven Krüger gewesen, sagt Birgit Lohmeyer, ein in der Region bekannter Abbruchunternehmer, dessen Vater schon ein bekannter Nazi gewesen sein soll und der selbst bereits in Strafhaft gesessen hat. Krüger lebte mit Mutter und Schwester zusammen. Und die Lohmeyers hofften, er werde vielleicht eine Partnerin finden und irgendwann wegziehen. In dem Forsthaus lebten außerdem eine junge Frau mit Kind und auf dem Grundstück ein Freak in einem Bauwagen. Die Lohmeyers zogen mit Birgit Lohmeyers altem Vater in den Ort und dachten, es werde schon werden. Dann aber wurde Krüger für die NPD in den Kreistag gewählt, kaufte Haus um Haus und holte gezielt weitere Neonazis nach Jamel. Auf seinem Firmenlogo war ein Mensch zu sehen, der mit einem Vorschlaghammer den Davidstern zertrümmert. Im Dorf stand eine Hinweistafel, die anzeigte, wie weit Braunau am Inn entfernt liegt. In Braunau wurde Adolf Hitler geboren. Die Kilometerangabe war falsch. Doch die Botschaft war unmissverständlich.

Plötzlich waren die Lohmeyers von Rechtsextremisten umzingelt. Mehrmals im Jahr treffen sich mehrere hundert von ihnen in Jamel. 2010 fand Krügers Hochzeit statt. Die Festgesellschaft grölte rechtsextreme Parolen. Die Lohmeyers lagen in ihrem Bett und hatten Angst, dass eine Hochzeitsabordnung ihnen die Bude abfackelt. Einmal waren sie dann selbst in einem Nachbarort zu einer Hochzeit eingeladen. Doch einer, der die Nazis kannte oder mit ihnen sympathisierte, war ebenfalls unter den Gästen und sagte seinen rechten Kumpels Bescheid, wovon die Lohmeyers ihrerseits Wind bekamen. Daraufhin sind sie schnell nach Hause gefahren. Mittlerweile lassen die Lohmeyers ihr Heim nicht mehr unbeaufsichtigt. Wenn sie weg sind, kommen entweder Freunde vorbei, oder die Polizei hält Wache. Die Rechtsextremisten machen Fotos von den Besuchern, die das Rockfestival der Lohmeyers besuchen. Es ist nicht übertrieben zu sagen, dass das Paar in einem Ausnahmezustand lebt.

Nur gehen die Lohmeyers bemerkenswert abgeklärt mit diesem Ausnahmezustand um. Sie setzen ihm so viel Normalität wie möglich entgegen. Und da, wo es ihnen nötig erscheint, auch Widerstand. Sie beteiligten sich an Aktionen wie *Kunst offen* oder *Offene Gärten*. 2007 begannen sie mit dem zweitägigen Rockfestival, dem zuletzt 200 Besucher pro Tag beiwohnten. Die Lohmeyers wollen »den Nazis zeigen, dass ihnen demokratischer Gegenwind entgegenbläst«. So steht es auf ihrer Homepage. Westfreunde loben allenthalben: »Ihr seid aber mutig!« Der aus Westdeutschland stammende Ministerpräsident Erwin Sellering (SPD) war zu Beginn Schirmherr der Veranstaltung, hat sich allerdings nie blicken lassen. Anders als der damalige Bundestagsvizepräsident Wolfgang Thierse, der ebenfalls der SPD angehört, aber bekanntlich Ostdeutscher ist. Weil sich das mit den Lohmeyers und ihren besonderen Lebensumständen zunehmend herumgesprochen und vielen Leuten imponiert hat, haben sie die vielen Preise bekommen und noch mehr öffentliche Aufmerksamkeit. Allein 2012 waren 90 Journalisten in Jamel, davon schätzungsweise 70 Prozent aus dem Ausland. Die Überschriften ähnelten sich: »Allein unter Rechtsradikalen«. Oder: »Ein ganzes Dorf in rechter Hand«. Ein russisches Fernsehteam staunte, dass die Lohmeyers noch nie körperlich attackiert worden waren. Als sei alles andere nicht der

Rede wert. Im Januar 2011 waren sie beim Neujahrsempfang des Bundespräsidenten. Bilder zeigen Birgit Lohmeyer links neben Bettina und Horst Lohmeyer rechts neben Christian Wulff.

Unter dem Ost-West-Gesichtspunkt hätten sie die ganze Sache noch nie betrachtet, sagen die Lohmeyers übereinstimmend. Mit dem Ost-West-Ding seien sie ohnehin erst nach dem Umzug konfrontiert worden. Da sei ihnen klargeworden, wie gravierend die Unterschiede im menschlichen Zusammenleben sind. Es gibt auch ein paar Sachen, die sie am Osten stören, am mecklenburgischen Osten. Langsam seien sie hier und maulfaul, findet Birgit Lohmeyer. Es herrsche eine verbreitete Ausländerfeindlichkeit. Horst Lohmeyer berichtet: »Mir sagte mal einer, dem ich von unserem Engagement erzählte: Ist ja alles schön und gut. Aber was sollen die ganzen Neger hier?« Die Affinität für rechtsextremes Gedankengut sei aufgrund der langjährigen Diktaturerfahrung höher, glaubt das Ehepaar, und die Bereitschaft zu zivilgesellschaftlichem Engagement geringer. Birgit Lohmeyer wird an der Stelle sehr deutlich: »Das ist etwas, was ich selbst sehr schwer ertrage, dieses Duckmäuserhafte, dieses Kopf-in-den-Sand-Stecken vor gesellschaftlichen Problemen.« Und sie fügt hinzu: »Da pass' ich nicht hierher mit meiner Mentalität.« Sogar in Vereinen gehe es überwiegend autoritär zu. »Man ist in einem Land, das sich fast wie Ausland anfühlen kann.« Die Polizei sei erst ansprechbar gewesen, als in Wismar ein neuer Polizeichef anfing. Und das Angebot, mit dem Preisgeld Lehrern Fortbildungen zum Thema Rechtsextremismus zu finanzieren, nahm kein Pädagoge in Anspruch. Manches entspricht mithin dem Klischee von den demokratisch sattelfesten Westdeutschen, die den Ostdeutschen gewissermaßen das staatsbürgerliche Laufen beibringen. Zuweilen habe er gedacht »die haben noch Welpenschutz«, sagt Horst Lohmeyer. Die Lohmeyers wären auch nicht die ersten Westdeutschen, die fremdenfeindliche Tendenzen in der Ostgesellschaft beklagen. Vor ein paar Jahren verließ der Theologe Reiner Andreas Neuschäfer das thüringische Rudolstadt, weil er sich und seine Familie diskriminiert sah.[75] Neuschäfers Frau stammt aus Indien.

Freilich ist den Lohmeyers wohl bewusst, dass es Uniformitätsdruck auch in westdeutschen Provinzen gibt. Ihm gefällt außerdem die »gelebte Solidarität«, die im Osten weiterhin existiere. »Wenn ich jemanden frage, ob er mir helfen kann, dann steht er auch da. Das sind eindeutig positive Züge, die ich immer wieder genieße.« Sie berichtet von den »sehr, sehr netten Menschen«, mit denen ich »sehr, sehr viel anfangen kann«. Und überhaupt: »Es wäre ja fürchterlich, wenn wir uns als Fremde unter Fremden fühlen würden.« Das sei nicht der Fall. Jenseits dieser Bannmeile der besagten 15 Kilometer um Jamel herum gebe es einen Freundeskreis, der zu 60 Prozent aus Ostdeutschen bestehe und zu 40 Prozent aus Westdeutschen. Beiden ist darüber hinaus wichtig zu betonen, wie schwer der Osten nach 1989 zu kämpfen hatte. Birgit Lohmeyer sagt: »Durch die Treuhand wurden Wunden geschlagen. Und sie sind noch nicht verheilt. Es gibt viele Menschen, die nach wie vor sehr wütend und unglücklich sind darüber, wie die sogenannte Wiedervereinigung gelaufen ist. Das war hier eine Okkupation von Westdeutschland. Das ist ganz eindeutig.«

Es ist nicht so, dass die Lohmeyers sich nicht integrieren wollten. Ganz und gar nicht. Bloß in ihrem Dorf sind sie weiterhin auf sich gestellt. Eine der zwei neutralen Familien ist weggezogen, offenbar nach Thüringen – dorthin, wo sie herkam. Die direkten Nachbarn hatten zunächst intensiv den Kontakt gesucht. Als die Lohmeyers dann ihr erstes Rockfestival veranstalteten, brachen dieselben Nachbarn den Kontakt schlagartig ab. »Das war ihnen wohl zu viel«, sagt Birgit Lohmeyer. Kein Gruß. Kein Wort. Gar nichts mehr. Der für Jamel zuständige Bürgermeister der Nachbargemeinde Gägelow sagt, er könne da auch nichts machen. Immerhin: Wenn Grundstücke auf den Markt kommen, macht die Gemeinde jetzt von ihrem Vorkaufsrecht Gebrauch. Die Lohmeyers leben mit Feinden und mit Gleichgültigen zusammen. Und es gibt nichts, was dafür spricht, dass sich das bald ändern könnte. Trotzdem ist Aufgeben kein Thema. »Das ist unser Paradiesgarten und unser Lebenstraum. Es kommt überhaupt nicht infrage, sich das streitig machen zu lassen von so politischen Idioten«, sagt

Birgit Lohmeyer. »Und natürlich haben wir uns jetzt auch so weit aus dem Fenster gehängt, dass wir nicht einfach wieder zurückrudern können. Das wäre das völlig falsche Signal.« Lieber laden sie andere Westdeutsche ein, »ein bisschen Herz und Hirn einzubringen in das Land«. Statt ihre Umgebung zu verlassen, möchten die Lohmeyers, dass sich diese Umgebung in ihrem Sinne verändert. Und sie wissen: So ein erschwingliches Idyll findet sich so rasch nicht wieder – Neonazis hin, Neonazis her.

Ja, der Paul-Spiegel-Preis hat dem Leben der Lohmeyers eine Prägung gegeben. Sie sind aus dem Westen in einen höchst speziellen Osten übergesiedelt und halten aus. Dem Zentralrat der Juden war dieser in jeder Beziehung ambivalente Umstand eine Auszeichnung wert. Und nicht nur ihm allein.

Lust auf das Unbekannte

Die rheinische Ökonomin Jutta Günther analysiert in Halle den Übergang Ostdeutschlands von der Plan- zur Marktwirtschaft.

Als die ostdeutsche Wirtschaft Anfang der 90er Jahre zu kollabieren begann, war Jutta Günther für ein paar Monate in Kolumbien, und zwar im Rahmen eines Entwicklungsprojekts der Carl-Duisberg-Gesellschaft. Und wenn man sie heute in ihrem aufgeräumten Büro mit der großen blauen Bücherwand fragt, ob es Parallelen zwischen den neuen deutschen Ländern und jenem Entwicklungsland in Lateinamerika gebe, dann antwortet sie bei einer Tasse Kaffee, wenn auch zögerlich: »Ja, es gibt Parallelen.« In Ostdeutschland kämen nahezu alle strukturbestimmenden Unternehmen aus dem Ausland oder aus Westdeutschland. In der Dritten Welt sei es oft ähnlich. Eine weitere Parallele sei die der Transferleistungen. »Ostdeutschland ist eine Transferökonomik«, sagt Günther. Und was innerdeutsch Transferleistungen heißt, das heißt international Entwicklungshilfe. Hier wie dort gebe es übrigens auch Debatten über deren adäquaten Einsatz und die anschließende Wirkung, spinnt die Wirtschaftswissenschaftlerin den Faden weiter.

Zugespitzt könnte man also formulieren: Weder die ehemalige DDR noch Kolumbien können ohne Unterstützung von außen leben. Das allerdings ist erstens eine politisch nicht gewollte Aussage. Offiziell gilt die Vereinigung ökonomisch weithin als gelungen. Und zweitens rückt es die Realität in ein schiefes Licht. Denn die neuen Länder sind Teil eines der wohlhabendsten Staaten auf dieser Erde, während in Kolumbien die Hälfte der Menschen als arm gilt. Die Arbeitslosenquote beträgt im Osten nicht mehr wie Mitte der 90er Jahre nominal 25 und real etwa 50 Prozent, sondern nur noch gut zehn. So gesehen, trägt die Parallele nicht sehr weit, sondern dient lediglich der ersten Orientierung. Trotz alledem kommt der Vergleich nicht ganz von ungefähr. Denn Jutta Günther, 1967 im rheinischen Hückeswagen geboren, arbeitet am Institut für Wirtschaftsforschung in Halle (IWH). Und dieses Institut mit Sitz in der Kleinen Märkerstraße Nummer 8 unweit des Markplatzes, in dem sich früher eine Chemiefabrik befand, hat seit 1992 den Auftrag, den Übergang Ostdeutschlands und der mittelosteuropäischen Staaten von der sozialistischen Planwirtschaft zur – je nach Sichtweise, freien oder sozialen – Marktwirtschaft zu analysieren und wirtschaftspolitische Ratschläge zur Gestaltung dieses Prozesses zu geben. Günther, eine ebenso freundliche wie überlegte Frau, leitete bis vor kurzem eine der vier Abteilungen des Hauses, jene für Strukturökonomik, und hatte kommissarisch auch mal eine Weile die Leitung des gesamten Instituts inne. Das Institut wiederum, in dem heute nicht mehr mit Chemikalien, sondern mit Statistiken, Fachartikeln und Gutachten hantiert wird, sagt über den Zustand der inneren Einheit einiges aus. Gut die Hälfte der rund 40 Wissenschaftler kommt nämlich aus dem Westen. Eine Reihe von ihnen lebt nicht in der Stadt, sondern fährt von Berlin, Cottbus oder Leipzig in sie hinein und aus ihr wieder heraus. Darunter sind nach Deutschland eingewanderte Forscher aus Bulgarien oder Weißrussland. Schließlich herrscht auch andernorts Transformation. Eine spanische Wissenschaftlerin verschlug es über Karlsruhe und Zittau an die Saale. Das alles hat nicht zuletzt mit dem Charakter wissenschaftlicher Laufbahnen zu tun, ist in gewisser Weise also Zufall. Es gebe im Wissenschaftsbetrieb nur wenige Jobs, sagt Günther. Sie böten sich den Suchenden oft erst dann und zuweilen auch bloß befristet an, wenn sich an anderer Stelle bereits ein persönlicher Lebensmittelpunkt herausgebildet habe. So kommt das Pendeln zustande. Zum Bahnhof sind es bei straffem Fußmarsch nicht mehr als zehn Minuten.

Die Präsidenten des IWH stammten in den über 20 Jahren seiner Existenz nicht zur Hälfte, sondern fast ausschließlich aus dem Westen. Die Ausnahme war der frühere Leiter der Abteilung Makroökonomik, Udo Ludwig. Er ist der einzige Ostdeutsche überhaupt, der an einem der sechs führenden Wirtschaftsforschungsinstitute in Deutschland nach der Wende aushilfsweise den Chefsessel erklimmen durfte. Die Besetzung der Spitzenposition ist weniger Zufall, sondern Ausweis westlicher Dominanz und Deutungshoheit. Zugleich hat es derselbe Westen nicht vermocht, die Ostökonomie vollständig auf eigene Beine zu stellen. »Der Angleichungsprozess geht weiter«, sagt Jutta Günther in ihrer nachdenklichen Art. »Er hat sich aber erheblich verlangsamt. Es klafft immer noch eine 20-Prozent-Lücke bei der Produktivität.« Produktivität, Einkommen, Steuereinnahmen – bei allen maßgeblichen Kennzahlen hängt der Osten zwischen einem Fünftel und einem Drittel gegenüber dem Durchschnittswesten zurück, sanierten Häusern und breiten Umgehungsstraßen zum Trotz. Sieht man von Vorzeigeregionen wie Dresden, Jena oder Leipzig einmal ab, ist auch nicht erkennbar, dass sich das in absehbarer Zeit ändern wird. Günther bestreitet das nicht. Sie kann ja nichts dafür.

Wer in der Gegend um Halle unterwegs ist, der stößt auf die einst blutenden Wunden des Transformationsprozesses. In Wolfen bei Bitterfeld ging in den 90er Jahren der Filmhersteller Orwo kaputt, auf den sich die DDR einiges zugute hielt. Nunmehr leidet die Solarindustrie, auf die zuletzt so viele ihre Hoffnungen gesetzt hatten. In Halle-Ammendorf wurde jahrelang um die Zukunft des dortigen Waggonbauwerkes gerungen – vergeblich. Der französische Konzern Elf Aquitaine stieg unter großem Tamtam in Leuna ein. Das aber mit nur einem Bruchteil der vorherigen Arbeitsplätze und im Geruch der Korruption, der Gegenstand eines Bundestagsuntersuchungsausschusses wurde. In Wittenberg schrumpften die Chemischen Werke in Piesteritz auf weniger als ein Zehntel der alten Mitarbeiterschaft zusammen. Eigentümer ist jetzt der tschechische Polit-Unternehmer Andrej Babis. In der Landeshauptstadt Magdeburg schließlich kollabierte das Schwermaschinenkombinat SKET. Das meiste geschah aus ökonomischer Notwendigkeit, anderes aus Gründen der Marktbereinigung. Stets begleitet von der 1994 offiziell geschlossenen Treuhandanstalt, die längst Geschichte geworden ist. Vordergründig ging es um patriotische Hilfe für die Brüder und Schwestern jenseits des früheren Eisernen Vorhangs. Hinter den Kulissen lief freilich allerlei, was Günther heute auf Nachfragen »marktrational« nennt und Zeitzeugen eher als marktbrutal wahrnahmen. Statt den Osten aufzubauen, schlachteten manche neuen Eigentümer aus dem Westen mitleidlos die Filetstücke der Ostindustrie aus und nahmen lästige Konkurrenz vom Markt. Die neuen Länder wurden überwiegend zur verlängerten Werkbank. Das Ergebnis ist nun zu besichtigen und scheint teilweise irreversibel. »Manche Geschichten möchte man gar nicht so gerne hören«, sagt Jutta Günther rückblickend. Die schnelle Einführung der D-Mark und die Angleichung der Löhne seien genau so Fehler gewesen wie die allzu beschleunigte Privatisierung. 95 Prozent der Großkonzerne haben ihren Sitz drüben und zahlen dort ihre Steuern. Das kann der Staat durch Umverteilung nicht ausgleichen. Mit der Deindustrialisierung ist außerdem technologisches Know-how verloren gegangen. Der Mangel an industrienaher Forschung ist eines der zentralen Defizite im Osten. Jutta Günther muss es wissen. Sie ist auf Innovationsökonomik spezialisiert. Der Strukturwandel in Ostdeutschland war Thema ihrer Habilitation an der Universität Jena.

In der akademischen Abgeschiedenheit des Instituts für Wirtschaftsforschung mit seinen geräumigen, doch keineswegs luxuriösen Büros und den schallschluckenden Teppichböden ist von den Kämpfen der 90er Jahre und ihren Folgen jedoch nichts mehr zu spüren. Allein die Namen der vier Abteilungen – Finanzmärkte, Makroökonomik, Strukturökonomik, Stadtökonomik – sind Resultate wissenschaftlicher Abstraktion. Angst, Wut und Ohnmacht jener Millionen Ostdeutschen, die nach 1989 ihre Jobs verloren und sich mühsam umorientieren mussten, kommen darin nicht einmal als Spurenelemente vor. Dafür sind notgedrungen Soziologen oder Psychologen zuständig. Es geht in der Volkswirtschaftslehre nicht um Schicksale, sondern um Datenreihen, an denen Schicksale hängen. »Der Respekt vor der Lebensleistung der Ostdeutschen ist bis heute noch nicht weit genug verbreitet«, sagt Günther mit Blick auf den Wandel. »So einen kompletten Bruch in allen Lebensbereichen hat in Westdeutschland niemand erfahren.« Auch sie selbst nicht.

Zwar wechselte die Rheinländerin Anfang der 90er Jahre als pharmazeutisch-technische Assistentin an die Freie Universität Berlin und wohnte seinerzeit ein paar Monate bei Bekannten im brandenburgischen Königs Wusterhausen, das sie kurz KW nennt. Der Osten sei bis dahin »kein großes Thema«, die neue Erfahrung aber »hoch interessant« gewesen, sagt Jutta Günther, die die DDR nie mit eigenen Augen gesehen hat und dort auch niemanden kannte. Als die Mauer fiel, war sie auf einer Erstsemesterparty in Wuppertal und hörte beim Heimkommen, wie die Eltern sagten: »Du hast was verpasst.« Nach dem über Umwege erlangten Abitur absolvierte sie ihr Ökonomiestudium indes in Oldenburg und Osnabrück, also wieder weit westlich der ehemaligen Mauer. Erst 2002 mit immerhin schon 35 Jahren und nach erfolgreicher Promotion fand Günther in Halle den Quereinstieg ins wissenschaftliche Fach. Die dem Leben gegenüber aufgeschlossene Akademikerin empfand den Wechsel als nicht weltbewegend. Die Außenstehenden dafür umso mehr. Sie erinnert sich noch sehr gut an die im Vorstellungsgespräch skeptisch gestellte Frage: »Ja, würden Sie denn auch nach Halle ziehen?« Oder Sprüche wie: »In Halle, da werden die Dummen nicht alle.« Gegen das proletarische Image, das den Hallensern anhaftet, hat all das Schöne der Kommune selten eine Chance: die ansehnliche Altstadt, die Moritzburg, das Saaleufer, die Franckeschen Stiftungen. Auch ihr Mann, ein beamteter Lehrer aus Wolfsburg, war anfangs zurückhaltend. »Ob wir hier Fuß fassen werden?«, fragte er ungläubig. Sie erinnert sich an die besondere Sprache der Einheimischen und die im Jahre 2002 immer noch vielerorts zu sehenden Bauruinen. Tatsächlich erschien der Sprung weit weniger dramatisch, als es die Reaktionen vermuten lassen. Schon nach einem halben Jahr haben die Günthers ihren Lebensmittelpunkt nach Halle verlegt.

Er pendelt jetzt an seine Schule und hat in Wolfsburg eine kleine Zweitwohnung. »Das haben wir wirklich hinter uns gelassen, dass Kollegen sagen, in Halle ist es so erbärmlich, da möchte ich nicht leben«, sagt Günther. Überdies gebe es da nette Nachbarn und aufschlussreiche Gespräche nach Feierabend bei einem Glas Rotwein. »Man lebt in seinem Mikrokosmos.«

Die Ost-West-Kämpfe der 90er Jahre waren auch am Institut für Wirtschaftsforschung weitgehend ausgekämpft. »Die ganz schlimmen Geschichten lagen schon hinter uns«, sagt Jutta Günther. Konfliktträchtig war unter anderem das wissenschaftliche Publizieren. Die Ostkollegen, im DDR-Wissenschaftsbetrieb sozialisiert, mussten dies nun auch in Englisch tun und ihr methodisches Handwerkszeug ausbauen. Unbestreitbar ist: So wie der Westen in der Umgestaltung der ostdeutschen Wirtschaft den Takt vorgab, so tat er es auch bei deren Analyse. Günther versucht, möglichem Missmut mit einer »Haltung der Offenheit, des Zuhörens und der Wertschätzung« zu begegnen. »Ich möchte nicht abgelehnt werden, weil ich Westdeutsche bin«, sagt sie. »Und ich lehne nicht ab, weil jemand in Ostdeutschland aufgewachsen ist.« Das Wort »Aufbauhelfer« sei ihr sowieso »völlig fremd und eigentlich auch gar nicht akzeptabel«. Der Aufbau Ost sei doch von beiden Seiten gestaltet worden. Fragen nach der Vergangenheit verschwänden immer mehr.

Dass die geachtete Wirtschaftsexpertin es relativ leicht hatte, ist wohl auch dem Umstand geschuldet, dass Westdeutsche und ausländische Wissenschaftler im Institut dominieren. Günther fragt sich durchaus manchmal, wie es kommt, dass ihresgleichen nicht nur die Mehrheit bildet, sondern auch beinahe ausschließlich die führenden Stellungen besetzt. Gegenstand von Auseinandersetzungen ist das 25 Jahre nach dem Mauerfall aber nicht. Das westliche Übergewicht ist den Westdeutschen so selbstverständlich geworden, dass sie darüber kaum mehr nachdenken. Und den Ostdeutschen ebenso.

In Halle beschäftigt man sich deshalb heute weniger mit derlei Innereien als mit dem großen Ganzen.

Die eine große Frage gilt der Zukunft des Ostens und seiner Wirtschaft. Die Frage richtet sich zuweilen auch an Jutta Günther persönlich, etwa wenn sie im Westen bei der Familie oder bei Freunden zu Besuch ist. »Bei Debatten über Ost-West-Transfers frage ich als Erstes: Warst du schon mal in Ostdeutschland?«, sagt sie. »Dann kommt sehr häufig die Antwort: Nein.« Die Wirtschaftswissenschaftlerin findet ohnehin, das Pro und Contra über Sinn und Unsinn der Finanzströme in die eine oder die andere Richtung »führt uns nirgendwohin«, denn »wir können das große Projekt der Wiedervereinigung doch nicht reduzieren auf die Saldierung von Transfermitteln«, das Geld, das seit 1989 von West nach Ost floss. Ja, man müsse auch die Sorgen derer im darbenden Ruhrgebiet ernst nehmen, fährt sie fort, beharrt aber darauf: »Die Transfers sind weiter notwendig.« Das müsse man akzeptieren. Am besten wäre es, nach 2019, also nach Auslaufen des Solidarpakts II, über eine gesamtdeutsche Reform des Finanzausgleichs nachzudenken. Mit dieser Ansicht steht Günther nicht allein.

Die andere große Frage betrifft das Institut, das rund sechs Millionen Euro jährlich kostet und vom Bund und vom Land Sachsen-Anhalt finanziert wird. Es hat von der Leibniz-Gemeinschaft, in der das IWH Mitglied ist, mehrmals schlechte Beurteilungen bekommen. Anders als die durchweg größeren westdeutschen Institute wurde das IWH in Halle zuletzt auch nicht alle sieben, sondern alle drei Jahre evaluiert. Das setzte die Forscher unter zusätzlichen Druck. Zu klären ist, ob die Einrichtung überhaupt noch eine Existenzberechtigung hat in einer Zeit, in der der Transformationsprozess weitgehend abgeschlossen ist. Jutta Günther findet, die aktuellen transformationsbedingten Probleme und das Erbe des Sozialismus würfen bis heute viele ökonomische Fragen auf, die ein großes Forschungsprogramm durchaus begründen könnten.

Ob das die Verantwortlichen genauso sehen, bleibt fraglich. Bei der nächsten Evaluierung, sagt die Forscherin, gehe es um alles. Da müsse das Institut zeigen, dass es kreativ und leistungsstark sei. Oder es geht wie so viele Ostbetriebe seit 1989 unter.

»Der Wessi-Doktor wird sich nicht lange halten«

Dirk Grotkopp wechselte als Landarzt nach Mecklenburg.

Wera Festner mag den Doktor. Sie hat Dirk Grotkopp heute sogar etwas mitgebracht, einen glänzenden roten Apfel. Vielleicht hat Frau Festner dabei an das Motto gedacht: »An apple a day keeps the doctor away.« Wer jeden Tag einen Apfel isst, der wird nicht krank. Der kostbare Mann soll ja möglichst fit bleiben. Wera wird übrigens mit W geschrieben. Darauf legt sie Wert. »Wir sind alle sehr froh, dass wir einen Nachfolger gefunden haben für unsere Arztpraxis«, sagt die 74-Jährige mit ihrer blonden Dauerwelle und der grünen Steppjacke draußen vor der Tür des roten Backsteinhauses, wobei auf die besitzanzeigenden Fürwörter »wir« und »unsere« zu achten ist. »Natürlich ist es erst mal gewöhnungsbedürftig. Aber ich bin jetzt zum dritten Mal hier gewesen und muss sagen, dass ich ganz zufrieden bin. Er hat mein Vertrauen gekriegt.« Wie es denn sei, plötzlich von einem Westdeutschen behandelt zu werden, will ich wissen. »Das sollte einen eigentlich nicht stören«, lautet die Antwort. Ja, sie sagt: »sollte eigentlich«. Zwar habe sich im Osten manches zum Unguten verändert. Früher seien es alle gewohnt gewesen, auf einer Ebene zu stehen. »Das Miteinander und Füreinander war einfach besser. Jetzt ist jeder sich selbst der Nächste.« Doch man gewöhne sich daran. »Jeder muss das Beste draus machen.« West-Arzt hin, West-Arzt her.

Danach berichtet Wera Festner vom Niedergang der landwirtschaftlichen Produktionsgenossenschaften nach der Wende. Sie rühmt den guten Erfahrungsaustausch der Landfrauen hüben wie drüben seither, bedauert allerdings, dass »uns die Jugend davongeht«, weil es in Mecklenburg keine Jobs gebe. Ob es denn dann nicht umso bemerkenswerter sei, dass der Doktor aus dem Westen kommen müsse. »Ja«, sagt Festner und überlegt kurz: »Aber gucken Sie unseren Ministerpräsidenten an. Der kommt auch aus dem Westen.« Gemeint ist Erwin Sellering von der SPD. Und warum? »An der Intelligenz liegt es nicht«, erwidert die Rentnerin ebenso freundlich wie bestimmt, und man hört eine Spur Trotz heraus. Dann beendet sie den Dialog mit den Worten: »So, nun hab ich Ihnen genug erzählt«, und fährt in ihrem dunklen Audi davon. Zurück nach Klein Krams, einer an einer Hauptstraße gelegenen Siedlung mit 20 Häusern und sonst nichts.

Bald darauf tritt Detlef Borck aus Neu Göhren aus dem Gebäude mit der hölzernen Eingangstür an der Bundesstraße 191 und ist ebenfalls zufrieden. Es ist kurz vor acht Uhr abends Winterzeit und längst dunkel. Der 58-Jährige erinnert nach dem Ende seines Arzttermins daran, dass die heimischen Vorgänger des Mediziners ja schon über 70 gewesen seien. »Das wurde dann Zeit«, sagt er und meint, Zeit aufzuhören. Ihm sei ohnehin egal, woher der Arzt stamme, solange er seine Arbeit gut mache, betont Borck. Und Grotkopp mache seine Arbeit gut. Dann biegt der Mecklenburger lächelnd um die Ecke auf den Praxisparkplatz, seinem Auto entgegen.

Drinnen herrscht derweil noch viel Betrieb. Die Sprechstunde hat um 17 Uhr begonnen. Vorher hat Grotkopp Hausbesuche gemacht und in einer anderen Praxis eine weitere Sprechstunde abgehalten. 24 Patienten waren in den letzten zweieinhalb Stunden da. Und noch immer sitzen welche im Wartezimmer, in dem das Radio dudelt. Ein junger Mann mit Mütze und Piercing in der Lippe klagt, dass ihm neuerdings immer ganz schlecht werde, wenn er Milch getrunken habe. Die Diagnose liefert er der Sprechstundenhilfe gleich mit: Lactoseunverträglichkeit. Eine Tochter macht sich Sorgen um ihre kranke Mutter. Und eine Frau mittleren Alters in roter Jacke wird vom Arzt zwischen Tür und Angel väterlich ermahnt, beim Rauchen doch bitte schön kürzer zu treten. »Da haben wir noch einen Weg vor uns«, sagt Dirk Grotkopp, der stets nur für Augenblicke auftaucht, um einen Schützling zu verabschieden oder der Arzthelferin scherzhaft zu-

zurufen, dass dieser oder jener Patient wiederkommen solle, wenn die Tulpen oder die Krokusse blühten. Irgendwann im Frühjahr also. Um 20.27 Uhr bittet mich Grotkopp in sein schmuckloses Behandlungszimmer mit der gelben Raufasertapete, den Kunststoffblumen auf der Fensterbank und dem Spülbecken neben dem Schreibtisch. 27 Minuten nach dem regulären Ende der Sprechstunde ist der letzte Kranke gegangen.

Dirk Grotkopp ist 52 Jahre alt, trägt einen offenen weißen Kittel über dem roten Wollpullover und ein blaues Stethoskop um den Hals, dazu Dreitagebart und Nickelbrille. Er las lange die *Frankfurter Rundschau*, hat auch sonst eine erkennbar linke Gesinnung und ist ein fraglos engagierter Mediziner. In jedem Fall ist er hier in Eldena, einem 1200-Seelen-Dorf, ungefähr 20 Kilometer östlich der einst innerdeutschen Grenze, der neue Doktor aus dem Westen, der vor einem Jahr kam und an den sie sich nun gewöhnen müssen. Wie Ausland komme es ihm nicht vor, sagt Grotkopp nach einer Weile. Irgendwie anders aber schon.

Das Besondere an dem kräftigen Mann ist, dass er der DDR »kritische Sympathie« entgegenbrachte, sie indes bloß einmal besucht hat und das auch eher zufällig mit Freunden. Grotkopp wuchs in Hamburg auf, studierte dort und hatte im Stadtzentrum zwölf Jahre lang seine erste Praxis. Er ist rumgekommen in der Welt, hat in den USA, England und Spanien gelebt und teilweise auch praktiziert, bis er aufs Land wollte.

Gewiss ist: Der politisch interessierte Arzt hielt den real existierenden Sozialismus für ein keineswegs abwegiges Modell. »Es gab keine Existenzängste«, lobt er nicht zuletzt aus professioneller Perspektive. »Und es ist doch ein Riesenluxus, dass ich weiß, ich muss keine Existenzangst haben. Existenzangst ist eine fundamentale Angst. Das ist keine kleine Angst.« Zudem ist Grotkopp der Meinung, dass es die DDR angesichts der Rahmenbedingungen weit gebracht habe, und nennt das Bildungssystem oder die medizinische Versorgung als Beispiele. Nur: Sein tatsächliches Leben richtete er strikt nach Westen aus. Bis er eines Tages darauf gestoßen wurde, dass im Landkreis Lüchow-Dannenberg auf dem platten Mecklenburger Land händeringend Ärzte gesucht wurden, weil es für die Ostlandärzte oft keine Nachfolger gibt. Die Ärztekammer in Schwerin hat sich dann sehr um Grotkopp bemüht und ihm für den Wechsel wie anderen auch sogar 50 000 Euro gezahlt. Als »kleines Schmankerl«, sagt er. »Wenn man so um mich wirbt und mich noch belohnt – warum denn eigentlich nicht?«

Der Vater von zwei Kindern machte 2010 rüber nach »Dunkeldeutschland«, wie Bekannte raunten, übernahm zunächst eine verwaiste Praxis in Spornitz unweit von Parchim, gab diese nach allerlei Ärger wieder auf, wurde Teil einer Praxisgemeinschaft in Zarrentin und eröffnete im zweiten Versuch eine zusätzliche Praxis, diesmal in eben jenem Eldena, eine Autostunde weiter. Einem Ort, in dem es bis auf eine Kirche und einen Penny-Markt nicht viel gibt außer endloser Arbeitstage. Zuweilen geht der letzte Patient nach 23 Uhr. Zwar wohnt er weiterhin bei Dannenberg im Westen. Grotkopp hat dort einen kleinen Bauernhof, den aufzugeben er bei einer Entfernung von nur 30 Kilometern keinen Anlass sieht. Dennoch ist der Doktor froh über den beruflichen Wechsel. Und das, obwohl es Hindernisse zu überwinden und offene Ablehnung auszuhalten gab. Denen, die ihm mit »Dunkeldeutschland« kommen, sagt er: »Ihr wisst nicht, wovon ihr sprecht.«

Dirk Grotkopp hat sein altes Urteil bestätigt gefunden. Denn so wie ihm das DDR-System abgesehen von den repressiven Elementen humaner erschien, so kommen ihm jetzt auch die Ostdeutschen humaner vor. »Ganz prinzipiell finde ich sie natürlicher, unverdorbener und damit letztlich auch menschlicher«, sagt er. Die Mecklenburger seien im Zweifelsfall »sehr hilfsbereit« und noch dazu vollkommen unprätentiös. Da kämen echte Persönlichkeiten in die Praxis und sagten: »Ich habe mein Leben lang im Kuhstall gearbeitet.« Die Leute schämten sich nicht dafür, ein im Zweifel rangniederes Mitglied der Gesellschaft zu sein. Sie pumpten sich nicht auf mit ihrem Status. Das schätze er. Irgendwann fuhr Grotkopp dann mal nach Thüringen und stellte fest, dass sie dort »ja noch netter« seien. Und diese Kulturlandschaften:

Johann Wolfgang von Goethe, Friedrich Schiller, Richard Wagner, Johann Sebastian Bach. »Das sind alles Ossis«, sagt Grotkopp. Trotzdem sind seine Erfahrungen nicht nur positiv. Denn Grotkopp musste registrieren, dass alsbald nach seinem ersten Wechsel nach Spornitz Gerüchte und Verleumdungen aufkamen. Es hieß, er suche seine Patienten nicht zu Hause auf und verschreibe ihnen nicht die von ihnen gewünschten Arzneien. »Ach, der Wessi-Doktor, der wird sich nicht lange halten«, zischten alteingesessene Ostärzte und mit ihnen befreundete Patienten angeblich hinterrücks. Gesagt hat es ihm keiner.

An möglichen Angriffsflächen fehlt es bis heute nicht. Denn Grotkopp behandelt seine Kranken wie Menschen, die ihr Schicksal durchaus auch selbst in der Hand haben. Im Eingang der Praxis hängt ein Spiegel, auf dem steht: »Lieber Patient, hier sehen Sie den wichtigsten Partner Ihres Arztes.« Und weiter unten: »Auf Ihre Mitarbeit kommt es an.« Grotkopp rät den Leuten, ihre Lebensgewohnheiten zu ändern, das Rauchen einzustellen, das Trinken zu reduzieren und den Genuss von Süßigkeiten ebenfalls. Patienten, die ihm aus alter Gewohnheit mit Medikamentenlisten und dem Verlangen nach einschlägigen Rezepten kommen, klärt Grotkopp unverblümt auf: »Einkaufen müssen Sie beim Lidl. Ich verstehe mich als Arzt.« Zehn Minuten lässt ihm die Krankenkasse für Gespräche über lebensverändernde Maßnahmen. Er nimmt sich auch mehr. Ob Dirk Grotkopp aufgrund dieser Andersartigkeit mit den Ostkollegen anfangs so große Schwierigkeiten hatte?

Um nicht komplett auf das eigene Urteil zurückgeworfen zu sein, nahm er seine Frau eines Tages zu einem traditionellen Entenessen der regionalen Ärzteschaft mit, die in halber Hundertschaft erschienen war. Auch sie sagte anschließend: »Wir sind kontinuierlich beobachtet worden, von allen. Wie Aussätzige.« Grotkopps Frau kam zu dem Schluss: »Die haben einfach Angst. Da kommt eine unberechenbare Größe hin, ein Wessi, den sie nicht so einschätzen können und der eine gewisse Ausstrahlung hat und nicht verschüchtert in der Ecke sitzt.« Grotkopp selbst sagt: »Es gibt so einen Ost-West-Konflikt unter den Kollegen, leider ja.« Die erste Praxis in Spornitz hat er deshalb wieder geräumt. »Da oben ist es mir nicht gelungen, das umzuwerfen. Das hat mich irgendwann so genervt, dass ich gesagt habe, das muss ich mir nicht antun.« Und auch hier in Eldena war aller Anfang schwer. Die Vorgänger, ein gemeinsam praktizierendes Ehepaar, hatten das 70. Lebensjahr überschritten. Es war daher absehbar: Entweder kommt jetzt Grotkopp, oder es kommt keiner mehr, und Eldena steht wie so viele andere Dörfer der Gegend ohne Arzt da. Dennoch hätten sich die Vorgänger »nicht sehr konstruktiv verhalten«, sagt er. »Ich hatte fast das Gefühl, sie wollten gar keinen Nachfolger.« So suchte er sich neue Praxisräume ein paar Meter weiter die Straße hinunter. Grotkopp betont, Neid, Missgunst und Konkurrenzdenken gebe es auch unter Ärzten im Westen zur Genüge. Zuweilen herrsche noch dazu Korruption. Die Stromlinienförmigen würden integriert. Die anderen prallten an geschlossenen Gesellschaften ab. Doch er glaubt, in Mecklenburg wirke der Ost-West-Konflikt noch einmal verschärfend.

Diese Erfahrung wiederum hat nicht zu dauerhaftem Verdruss geführt. In der neuen Praxis in Eldena sei das Verhältnis zu den Kollegen in der Umgebung nicht konfliktfrei, aber weniger verhärtet, sagt Dirk Grotkopp. Vor allem aber sei die Beziehung zu den Patienten prima. Sie arbeiteten aktiv an ihrer Genesung mit. Zu Beginn seien die Mecklenburger skeptisch, das schon, dann jedoch überwiegend sehr treu. Aus manchen Patienten werden sogar irgendwann Fans, die dem Mann in Weiß Schnaps, Wein, Schokolade oder Obst mitbringen. So wie Wera Festner den Apfel. Darin drückt sich sicher auch eine gewisse Dankbarkeit dafür aus, dass er überhaupt da ist und sie nicht stundenlang zu einem weiter entfernt praktizierenden Arzt unterwegs sein müssen. Nein, einen Ost-West-Konflikt nimmt Grotkopp in Eldena nicht wahr. Stattdessen diagnostiziert er in seinem Kerngeschäft einen Ost-West-Gegensatz ganz anderer Art, sprich: mehr Diabetes, mehr Herzkrankheiten, mehr Nierenprobleme, ja überhaupt viel mehr chronische Krankheiten im Osten als im Westen. Und zugleich weniger psychische Probleme. Im Umkreis seiner Praxis von zirka

20 Kilometern sei jeder Zweite zuckerkrank oder davon bedroht, berichtet der Mediziner erstaunt. Bundesweit sei es jeder Achte. Herzinfarkte seien so gewöhnlich wie Schnupfen. Eine richtige Erklärung hat Grotkopp dafür nicht. Umgekehrt leide in Hamburg mittlerweile jeder Zweite an Ängsten oder Depressionen. In Mecklenburg sei es vielleicht jeder Zehnte. Diesmal liege die Erklärung auf der Hand. Erst langsam hielten mit der Wettbewerbsgesellschaft auch psychische Leiden Einzug.

Nicht bestätigen kann der Landarzt gängige Klischees über den darbenden Osten und den prosperierenden Westen. Die Alterung der Gesellschaft sei in West-Mecklenburg nicht weiter vorangeschritten als in Ost-Niedersachsen, sagt Dirk Grotkopp. »Dannenberg war das Ende der westlichen Welt. Jetzt ist es die Mitte vom Ende.« Und die Immobilienpreise seien in Ludwigslust (Ost) sogar höher als in Uelzen (West).

Bleibt das Rätsel, warum Mecklenburg mehr Arbeitslose als freie Stellen hat, die frei werdenden Arztpraxen aber noch immer nicht mit eigenen Leuten besetzen kann. »Ich würde mich auch fragen, warum der Doktor aus dem Westen kommt, viel mehr, als die sich das hier fragen«, sagt Grotkopp, bevor er mich in die Nacht geleitet und danach von innen die Praxistür schließt. Freilich schränkt der Mann im weißen Kittel ein, dass es solche Phänomene auch in anderen Ländern gebe. In England zum Beispiel, wo viele Ärzte nicht einmal die Landessprache richtig beherrschten.

Wenn er morgens zur Arbeit von seinem westdeutschen Hof mit Schafen, Pfauen, Hühnern und Papageien in sein ostdeutsches Dorf mit der Praxis fährt, begegnet Dirk Grotkopp immer mal wieder dessen Bürgermeister. Der Ostdeutsche kreuzt die Elbe in umgekehrter Richtung, um in den Westen zu gelangen. Auch er arbeitet auf der anderen, der »falschen« Seite. Für beide ist der kleine Grenzverkehr längst Normalität.

In Greifswald weint man zweimal

Ein Drittel der 12 000 Studenten stammt aus dem Westen.

Als sich der Regionalexpress nach Berlin gegen 14.30 Uhr dem Bahnhof von Greifswald nähert, ist der Bahnsteig voller junger Leute. Man sieht prall gefüllte Rucksäcke, Rollkoffer und Laptop-Taschen. Manche derer, die meist um die zwanzig sind, stehen allein. Doch die meisten stehen in kleineren Gruppen und plaudern munter. Denn hier oben an der Ostsee niemanden zu kennen, ist eigentlich unmöglich. Und je mehr Kommilitonen einer kennt, desto höher ist die Wahrscheinlichkeit, dass er jetzt einen trifft. An Gleis eins des Greifswalder Bahnhofs, fünf Tage vor Heiligabend und zu Beginn der Weihnachtsferien. Als sich der Zug dann in Bewegung setzt, hört man Gesprächsfetzen. Wie gern sie wieder ins Rheinland möchte, sagt eine junge Frau zu einer anderen. Wie toll Berlin sei, aber wie schön doch auch Greifswald. Ihre Nachbarin pflichtet bei. Schön finden sie es in Greifswald alle. Viele würden nach dem Studium bleiben, wenn es denn Jobs gäbe.

Dass in der überschaubaren Stadt in der Nordostecke des Landes so viele Teens und Twens leben, ist für Mecklenburg-Vorpommern absolut außergewöhnlich und der Ernst-Moritz-Arndt-Universität geschuldet. Sie wurde 1456 gegründet und ist die viertälteste durchgängig existierende Universität in Deutschland. Der Maler Caspar David Friedrich kam in Greifswald zur Welt. Und der in der Nähe geborene Industrielle und Mäzen Berthold Beitz hat hier das Alfried-Krupp-Wissenschaftskolleg etabliert. Rund ein Drittel der Erstsemester in seinem Fachbereich kämen aus dem Westen der Republik, sagt Germanistikprofessor Eckhard Schumacher. Aufs Ganze gesehen seien es an der Hochschule 30 Prozent. Das macht grob gerechnet 3600 Weststudenten insgesamt. Die Tendenz sei also steigend. Entsprechend nehme der Anteil der ostdeutschen Studenten ab. »Das ist eine interessante Entwicklung«, findet der 48-Jährige, der aus der Nähe von Bielefeld stammt und dort auch studiert hat.

Lange galten die Ostunis als im Westen nicht vermittelbar. Ostdeutsche Universitätsstädte hatten noch vor ein paar Jahren das Image, das der gesamte Osten hatte – »grau, hässlich, langweilig, arbeitslos«[76]. Einer Umfrage der »Hochschulinitiative Neue Bundesländer« zufolge wollten 2012 genau 16 Prozent der jungen Deutschen im Ausland studieren und lediglich elf Prozent in der ehemaligen DDR.[77] Das galt schon als Erfolg. Drei Jahre zuvor lag die Quote der Ostfans bei erniedrigenden fünf Prozent.[78] Dabei hatten sich an der Umfrage wohlgemerkt auch Ostdeutsche beteiligt. Mittlerweile werden Greifswald, Jena oder Leipzig immer beliebter. In Teilen stellen Westdeutsche hier sogar die Mehrheit. Das allerdings ist weniger ein gleichsam patriotischer Akt und Zeichen bewusster Annäherung. Es ist ein Zeichen deutsch-deutscher Normalität.

Ein Treffen im Café Marell unweit des Marktplatzes belegt das. Vier Studenten sind morgens um zehn an diesen Ort gekommen, der einem Starbucks ähnelt und in einer Straße liegt, die auf ein Hafenbecken zuläuft: Lisa-Samira Henke, Till Lüers, Johanna Ehlers und eine weitere Studentin aus der Nähe von Wolfsburg, die lieber anonym bleiben möchte. Allesamt in Erwartung der nahenden Fahrt in die Heimat. Lüers wurde in dem Jahr geboren, in dem die Mauer fiel, 1989. Henke und Ehlers sind Jahrgang 1990, also nur ein Jahr jünger. Alle vier haben gemeinsam, dass sie die deutsche Teilung bloß noch vom Hörensagen kennen und im Westteil des wiedervereinigten Deutschland groß wurden. Damit ähneln sich ihre Erfahrungen. Und zwar sowohl die Erfahrungen vor Greifswald als auch die Erfahrungen in Greifswald.

Die Wolfsburgerin hatte in der Schule mal einen Aufsatz über die Frage schreiben sollen, ob die Vokabeln »Ossi« oder »Wessi« ihrer Ansicht nach beleidigend seien oder nicht. Für die junge Frau war das eine ziemliche Herausforderung. »Ich wusste lange nicht, dass es so etwas wie Ost- und Westdeutschland überhaupt gibt«, sagt sie. »Die Begriffe Ossis und Wessis hab ich erst in der Schule gelernt. Sie waren mir vorher nicht geläufig.« Till Lüers berichtet Ähnliches. Mit Mecklenburg-Vorpommern konnte er genauso wenig verbinden wie mit Brandenburg. Das hatte auch mit Defiziten im Unterricht zu tun. Das Thema Nationalsozialismus sei intensiv behandelt worden, die DDR aber gar nicht, sagen die Studenten immer wieder. Die Spuren im Bewusstsein sind unübersehbar. Aus dem Nationalsozialismus könne er historisch etwas lernen, aus der Deutschen Demokratischen Republik kaum, sagt Lüers. Johanna Ehlers stimmt zu. Die deutsche Teilung sei für sie »ganz weit weg«, gefühlt wie 300 Jahre. Dabei engagieren sich Henke, Lüers und Ehlers im Allgemeinen Studierendenausschuss, der vom Studierendenparlament gewählten studentischen Selbstverwaltung, kurz: AStA. Ehlers ist sogar dessen Vorsitzende. Von Politikferne mithin keine Spur.

Parallelen gibt es auch in den Reaktionen zu Hause. Als Lisa-Samira Henke aus dem westfälischen Witten zuerst recht unverhofft nach Magdeburg ging, um dort den Bachelor zu machen, und später nach Greifswald weiterzog, um den Master dranzuhängen, da hieß es unter Freunden halb scherzhaft: »Aha, du studierst jetzt in Dunkeldeutschland.« Dabei sei sie in Magdeburg auch mit Vorurteilen der anderen Seite konfrontiert gewesen, betont Henke. Dort habe man ihr immer unterstellt, aus materiell gutem Hause zu kommen, einfach weil sie Westdeutsche sei. Ganz so, als seien soziale Probleme in der alten Bundesrepublik vollkommen unbekannt.

Dass Henke, Lüers und Ehlers in Greifswald gelandet sind, hat jedenfalls unterschiedliche Gründe. Ein Grund lautet, dass der Zugang zum Jurastudium nicht an einen Numerus clausus gebunden ist, ein anderer, dass Greifswald an der Ostsee liegt. »Wir studieren da, wo andere Urlaub machen«, sagen sie in Greifswald gern. Ein dritter Grund ist, dass es sich hier noch preiswerter leben lässt als etwa in Berlin, obwohl Wohnraum eher Mangelware und auch nicht so billig ist, wie man denken könnte. Zu guter

Letzt spielt Mundpropaganda eine Rolle und dass die vier, anders als immer mehr Studenten in Ost oder West, die auf Heimatnähe gesteigerten Wert legen, etwas Neues kennenlernen wollten. Dass Greifswald zu Ostdeutschland gehört, war also weder ein Grund für die Wahl noch war es ein Hindernis. Es gibt an der Uni auch keine ost- oder westdeutsch dominierten Cliquen. Johanna Ehlers, die das Treffen im Café Marell organisiert hat, musste vielmehr überlegen, wer ihrer Kommilitonen tatsächlich westdeutsch ist und wen sie ansprechen kann.

Das alles wiederum bedeutet nicht, dass die Greifswalder Weststudenten den ostdeutschen Besonderheiten entgehen könnten. Ganz und gar nicht. Ihnen fällt vor allem am Stadtrand das unverändert existierende Wohlstandsgefälle zwischen den Landesteilen auf. Während in ihrer Wolfsburger Heimat viele Leute bei VW arbeiteten und ein gutes Auskommen hätten, sei sie im Plattenbauviertel Schönwalde auf marode Wohnungen und »Gestalten mit Glatze und Boxer« gestoßen. »Das fand ich schon erschreckend«, sagt die anonyme Hochschülerin. »Das ist anders, als ich es kenne.« Auch andere Studenten, die nach Schönwalde kommen, denken: »Oh, krass!«, behalten diese Wertung aber für sich. Die Greifswalder Innenstadt mit ihrem bunten Gemisch erscheint als Insel der Seligen, während es an der Peripherie bröckelt und in überalterten Nachbarstädten wie Anklam und Wolgast erst recht. Ein Thema sind auch die niedrigen Löhne. Die junge Frau aus der Nähe von Wolfsburg hat mal für fünf Euro Fischbrötchen geschmiert, um sich das Studium zu finanzieren. »Das hat sich überhaupt nicht rentiert«, sagt sie. Fünf Euro Stundenlohn oder 5,50 Euro, das ist der Normalfall. Anders als im Westen empfanden die vier neben zuweilen rechtsradikalen Tendenzen in Gestalt von Glatzen mit Boxern auch die Stärke der Linkspartei, die im Studierendenparlament fast die Mehrheit bildet, als anfangs befremdlich. Da, wo sie groß geworden ist, in Lüneburg, bekomme die Linke meistens nur etwa drei Prozent, sagt Johanna Ehlers, die AStA-Vorsitzende. Die Linke ist jene Partei mit DDR-Vergangenheit, die im Westen schwer landen kann.

Als letzte und nicht geringste Ost-West-Differenz kriegen die Studenten aus dem Westen schließlich mit, dass die deutsche Teilung und deren Folgen für ihre ostdeutschen Mitmenschen ein größeres Thema ist als für sie selbst. Dies gilt umso mehr, wenn sie nicht mit Studenten, sondern mit älteren Greifswaldern in Kontakt treten. »Meine Mutter spricht überhaupt nicht über die DDR«, sagt Lisa-Samira Henke. »Aber für die Eltern von Freunden, die aus Ostdeutschland kommen, ist das definitiv ein Thema.« Till Lüers bilanziert: »Ich habe wenig gegen den Westen gehört, aber viel für den Osten.« Die Oststudenten stellten Verbundenheit über ihr Bekenntnis zu Ostprodukten oder regionalen Fußballvereinen wie Hansa Rostock her. Und Leute in vorgerücktem Alter erzählten ihm, »wie es damals in der DDR war und wie schlimm sie es heute finden«. Da hätten Juristen ihren Job verloren und seien plötzlich Busfahrer. »Das ist frustrierend für die«, sagt Lüers. »Ich höre dann immer zu. Aber das ist nicht meine Welt. Ich kann damit nichts anfangen.« Manchmal entstehen auch noch kleinere Scharmützel über die Frage, ob die Uhrzeit in der ostdeutschen Variante angesagt wird (also »viertel elf« für 10.15 Uhr) oder in der westdeutschen (»viertel nach zehn«). Ehlers hat beobachtet, dass die Einheimischen selten bereit sind, die westdeutsche Variante zu übernehmen. Es handelt sich um deutsch-deutsche Nachhutgefechte.

Nach dem Gespräch mit Lisa-Samira Henke, Till Lüers, Johanna Ehlers und ihrer scheuen Mitstudentin ist eines gewiss: Die DDR, die Mauer, der schwierige Prozess der Wiedervereinigung, das ist für diese jungen Weststudenten überwiegend die kalte Asche einer Geschichte, die sie selbst nicht mehr erlebt haben und die auch ihre Familien teilweise nur aus dem Fernsehen oder aus Büchern kennen.

Dass alle vier Greifswald interessant finden und mögen, hat deshalb andere Ursachen. Die Altstadt im Schatten von drei großen Kirchen ist vollständig saniert. Sie sind in 20 Minuten am Meer. Die Uni mit ihren vielen alten Gebäuden aus der Gründerzeit hat jede Menge Charme und ist noch dazu übersichtlich.

Überhaupt sind knapp 12 000 der 55 000 Einwohner Studenten. Dazu kommen nahezu 6000 Angestellte. Das bedeutet: Fast ein Drittel der Greifswalder ist direkt mit der Universität verbunden. Wer einmal die zentrale Lange Straße, um die sich alles Wichtige gruppiert, auf und ab gelaufen ist, der merkt bald: Greifswald ist für ostdeutsche Verhältnisse eine sensationell lebendige Kommune, in der Studenten schon binnen weniger Wochen wohlige Gefühle entwickeln. Das hat mit der Stadt und ihrem intimen Charakter alles und mit dem Osten fast nichts zu tun.

Wohlige Gefühle entwickelt auch Eckhard Schumacher, der Professor für Neuere Deutsche Literatur, der ein Büro im Dachgeschoss eines Gebäudes aus dem Jahre 1880 hat, und zwar mitten auf dem historischen Campus, auf dem man locker einen historischen Film drehen könnte. Man müsste nur die modernen Autos wegfahren. Schumacher serviert Espresso, das Getränk der Großstadtintellektuellen. An der Tür hängt ein blaues Plakat, das auf den Roman »Johann Holtrop« des sogenannten Popliteraten Rainald Goetz verweist, den man in Berlin-Prenzlauer Berg häufiger auf der Straße sehen kann. Schumacher ist modern, befasst sich mit moderner Literatur und blickt eher nach vorn als zurück. Auch für ihn ist das Ost-West-Thema gewissermaßen ein Thema auf der zweiten Ebene, virulent unterhalb der Oberfläche.

Der Mann mit dem jungen Gesicht und den schon ergrauten Haaren ging nach dem Studium in Bielefeld nach Köln und habilitierte sich in München. Seit fünf Jahren ist er hier. 2012 zog auch die Familie nach. Das Angebot, als ordentlicher Professor an die altehrwürdige Universität Tübingen im wohlhabenden Baden-Württemberg zu wechseln, schlug Schumacher zwischenzeitlich aus. München erscheine ihm auf die Dauer zu saturiert, sagt er. Und in Tübingen hätte er nur fortführen und erweitern können, was es dort im Grunde schon gab. In Greifswald schätzt Schumacher die Nähe. »Die Verbindung zwischen Studenten und Professoren ist relativ eng und unkompliziert«, sagt er. Der Großteil der Uni sei direkt in die Innenstadt gebaut. Lediglich die naturwissenschaftlich-medizinischen Fakultäten lägen außerhalb.

»Man läuft sich permanent über den Weg. Das ist etwas, worüber man sich eher freut und nicht genervt ist. Ich gehe auf die Straße und grüße permanent.« Überdies ist Schumacher neben einer Juniorprofessorin der einzige Professor, der in Greifswald Neuere Deutsche Literatur lehrt. Er hat viel zu tun, dafür aber auch viele Freiräume. »Vieles ist nicht da«, sagt er. »Das könnte man als Mangel beschreiben. Ich nehme das aber eher wahr als eine Situation, in der man hier etwas neu starten kann. Das fand ich reizvoller.« Reizvoller als Tübingen. Noch einmal scheint es, als sei in den neuen Ländern mehr Aufbruch als in den alten.

Generell stellt Schumacher »immer wieder fest: Man ist im Osten.« Dennoch sei das etwas »Sekundäres oder Tertiäres«. Manchmal spüre er in Gesprächen mit Kollegen, dass bestimmte Dinge vor dem Hintergrund der DDR-Sozialisation anders wahrgenommen würden, sagt der Professor. Das sei aber selbstverständlich und kein Anlass für Streit. Auch kann er ebenso wenig wie diese Kollegen noch unterscheiden, welche Studenten aus dem Westen und welche aus dem Osten kommen.

Im ersten Nachwendejahrzehnt war das anders. Nur in manchen literaturwissenschaftlichen Texten der Oststudenten, deren Eltern Lehrer seien, sei auffällig, dass darin Kenntnisse zum Beispiel über den sozialistischen Realismus einflössen, die offensichtlich aus der Vergangenheit stammten. »Die Wahrnehmung ist nicht, ich komme hier an eine ostdeutsche Uni«, sagt Schumacher. »Die Wahrnehmung ist, dass alles sehr gemischt ist. Das ist der wichtigere Eindruck.«

Wenn überhaupt, dann gibt es nur ein Thema, bei dem ein halb verdeckter Ost-West-Konflikt aufflammt. Alle Jahre wieder findet in Greifswald nämlich eine Debatte darüber statt, ob der 1769 auf dem benachbarten Rügen zur Welt gekommene Schriftsteller Ernst Moritz Arndt eigentlich noch der richtige Namensgeber für die Universität sei. Den einen gilt er als Antisemit und Frankreich-Hasser, den anderen als Freiheitskämpfer. Doch unabhängig davon, wer nun recht habe, sagt Schumacher, sei in den Leserbriefspalten der *Ostsee-Zeitung* eine Haltung zu beobachten, die man zugespitzt so zusammen fassen könne: »Wir lassen uns nicht von West-Studenten, die für zwei, drei oder vier Jahre hierher kommen, unseren Ernst Moritz Arndt wegnehmen. So was gibt's an und an mal. Da gibt es ein Behaupten von dem, was hier gewachsen ist.« Dieses Behaupten sei jedoch verständlich und lasse sich wahlweise als »Stolz auf die Stadt« oder als Ausweis einer »ostdeutschen Identität« begreifen. Auch dass man in Kindertagesstätten mit Erzieherinnen konfrontiert sein könne, die aus DDR-Zeiten erkennbar ein anderes Verständnis von Ordnung und Disziplin mitbrächten und dies auch artikulierten, könne man zur Kenntnis nehmen, ohne dass sich daraus noch ein Konflikt ableiten müsse. In den 90er Jahren war der ostdeutsche Umgang mit Erziehungsfragen für Westdeutsche vermintes Gelände. Es war ein Schlachtfeld, auf dem gegensätzliche Biografien und Wertvorstellungen hart aufeinanderprallten. An der Wirklichkeit hat sich womöglich nicht so viel geändert. Am Umgang damit schon. Er ist entspannter geworden.

Sollte es etwas geben, was Eckhard Schumacher außer dem mangelnden Respekt der Landespolitik gegenüber den Universitäten auf den Geist geht, dann ist es die Tatsache, dass es so lange dauert, bis man von Greifswald irgendwo hinkommt. Es gibt keinen nennenswerten Flughafen in der Nähe. Der Regionalexpress braucht allein bis Berlin drei Stunden. Manchmal muss der Professor Einladungen zu Vorlesungen oder Kolloquien an anderen Unis ablehnen, weil die Reise zu viel Zeit schluckt. Den Studenten geht es natürlich genauso. Sie brauchen oft zehn Stunden und mehr, um nach Hause zu kommen. Warschau liegt näher als Freiburg im Breisgau. »Es ist fast alles von hier sehr weit weg, diese Randlage nervt«, sagt Schumacher, schränkt aber rasch ein: »Was unglaublich ist: Man kann um vier Uhr nachmittags entscheiden, noch zwei Stunden ans Meer zu fahren. Dann sagt man sich: Wer hat denn so was?« Darum, und beileibe nicht nur darum, will er in Greifswald weitermachen.

Ja, die westdeutschen Studenten und ihre westdeutschen Professoren schätzen Greifswald. Das ist gar keine Frage. »Das Herkommen ist selten eine bewusste Entscheidung«, sagt Johanna Ehlers, die Jura-Studentin und AStA-Chefin. »Aber es gibt so einen Spruch: In Greifswald weint man zweimal. Einmal, wenn man kommt. Und einmal, wenn man geht.« Den Spruch können sie alle unterschreiben.

»Wo mein Zuhause ist, bestimme ich«

*Der Unternehmer Thomas Kemmerich kam
aus Aachen nach Erfurt, als die Mauer fiel.*

Wenn man Unbeteiligten von Thomas Kemmerich und seiner
Profession erzählt, dann kommt die eine Frage der politisch Gebildeten meist wie aus der Pistole geschossen. Sie lautet: Zahlt
er denn auch den Mindestlohn? Ein Wunder ist das nicht. Denn
immer wenn in Deutschland über das Thema Mindestlohn disku-
tiert wird, dann verweisen Eingeweihte sofort auf den Stundenlohn, auf den sich die Tarifvertragsparteien für Friseure in Thüringen zwischenzeitlich geeinigt hatten. Und dieser Lohn lag bei
3,82 Euro. Brutto. Weniger gab es nicht in Deutschland. Nicht auf
dem Papier.

Thomas Kemmerich, der sich auf seiner höchst eleganten
Homepage wie auch sonst vorzugsweise Thomas L. Kemmerich
nennt, ist Gründer und Vorstandsvorsitzender der Friseur Mas-
son AG, einer Kette von Friseursalons, die ihren Sitz in Thüringen hat. Zugleich ist er ein Westdeutscher mit neu gebautem Eigenheim, während seine Beschäftigten überwiegend Ostdeutsche
sind. Wobei auf der Hand liegt, dass man sich von 3,82 Euro Stundenlohn kein Eigenheim leisten kann. Es sei denn, man hat es
vorher schon besessen. Es reichen also ein paar Grunddaten, und
schon fällt der 49-Jährige in das Wahrnehmungsraster: Westkapi-
talist beutet »Ossis« aus. Hat er das verdient?

Kemmerich zögert nicht lange mit einem Gesprächstermin, als
er hört, worum es geht. Als ich mich wegen der üblichen Kala-
mitäten bei der Bahn verspäte, verlegt er das Treffen kurzerhand
vom Thüringer Landtag ins nahe gelegene Willy B., ein Lokal gegenüber dem Erfurter Hauptbahnhof. Einfach, damit mehr Zeit
bleibt. Als wir uns verabschieden, sagt Kemmerich: »Herr Decker,

wenn noch was ist: Einfach melden!« Hier spricht ein freundlicher Mann. Dann geht der Kahlgeschorene geraden Schrittes und ohne Mantel über den Bahnhofsvorplatz auf seinen 3er BMW zu, um davonzufahren, bei einer Außentemperatur um die null Grad. Alles wirkt sehr kräftig. John Wayne, so scheint es, hätte das nicht besser hingekriegt. Am Obergeschoss des Gebäudes prangt der weiße Schriftzug »Willy Brandt ans Fenster« und verweist auf den sozialdemokratischen Kanzler, der mit seiner Entspannungspolitik in die Annalen einging und 1970 in Erfurt war. Kein Zweifel: Kemmerich ist keiner, der sich versteckt. Das gefällt nicht jedem. Für manche kommt verschärfend hinzu, dass er der FDP angehört. Und wiewohl Kemmerich ein ums andere Mal beteuert, dass seine Heimat jetzt hier sei, im Herzen Thüringens, wird ihm diese Heimat doch immer mal wieder auch gern bestritten. Vorzugsweise von der Linkspartei, wie er sagt.

Subjektiv gehört Kemmerich zu denen, die ihr Engagement meist als Unterstützung des anderen Landesteils definieren, aus dem sie nun nicht mehr wegzudenken sind. Wenn er beschreiben will, was er in der Anfangszeit gemacht hat, dann greift er gern auf das Pronomen »wir« und das Verb »helfen« zurück. Er ist einer von denen, die Ordnung schufen in der Wildnis. Für Menschen, die ihn nicht mögen, gehört er dennoch oder gerade deshalb zur Kategorie der Verdächtigen.

Eigentlich hatte Thomas Kemmerich, der in Aachen geboren wurde, schon in seiner rheinischen Heimatregion Geschäfte machen wollen. Das steckte so drin. Es ist aus seiner Sicht auch nichts Schlimmes. Der Vater war in der Immobilienbranche tätig. Kemmerich selbst hat das Jurastudium mit dem ersten Staatsexamen abgeschlossen und dazwischen noch in die Betriebswirtschaftslehre hineingeschnuppert. Die CDU fand Kemmerich im Übrigen ganz okay, allerdings »etwas zu verstaubt«. An den überwiegend linksgerichteten Westuniversitäten der 70er und 80er Jahre hatten es solche Zeitgenossen nicht immer leicht, zumindest nicht bei den meist sehr linken Sozialwissenschaftlern. Sie galten als Karrieristen. So wie heute oft auch im Osten.

Kemmerich gehört in die Kategorie derer, denen solche Urteile herzlich egal sind. »Ich bin durchaus sprachgewandt und kontaktfreudig«, sagt er zur Erläuterung seiner Vita. »Da war die erste Idee: Ich mache mich selbständig im Beratungswesen dieser sich entwickelnden Europäischen Gemeinschaft.« Von Aachen aus wollte er seine Fühler in Richtung Maastricht und Brüssel ausstrecken. Dann sei er mal in Budapest gewesen, fährt Kemmerich fort, und habe sich gedacht, das, was er wolle, könne man mit dem Wandel in Osteuropa ja »wunderbar kombinieren«. Der Rechtswissenschaftler war Mitte zwanzig. Und er war fraglos hungrig. Hungrig aufs Machen – und auf Erfolg.

Dann tauchte in Aachen der Verwandte seines Freundes Frank Löffler auf. Der kam aus Erfurt. Er lud Kemmerich nach Thüringen ein. Da Kemmerich zuvor nur einmal auf einer Klassenfahrt in Ost-Berlin gewesen und entsprechend interessiert war, fackelte er nicht lang und sah sich im Juni 1989 aus Neugierde erstmals intensiver in der DDR um, und zwar »mit sehr vielen Vorurteilen«, wie er sagt. »Wir sind ja tatsächlich Kinder des Kalten Krieges gewesen.« Doch es gefiel ihm. Es gefiel ihm so gut, dass er wiederkommen wollte. In Erfurt hieß es dann, am 11. November sei doch Studentenfasching. Das sei eine gute Gelegenheit für einen zweiten Besuch. So kam es, dass Thomas Kemmerich den Fall der Mauer noch daheim vor dem Fernseher erlebte, um sich anschließend im Besitz eines gültigen Visums ins Auto zu setzen. Während am frühen Morgen des 10. November Zehntausende Ostdeutsche ihre Nase erstmals in den Westwind hielten, stand der junge Weststudent am Übergang Herleshausen nahe Eisenach, um in Erfurt wie verabredet Studentenfasching zu feiern. Im Wahnsinn jener Tage war das ein Wahnsinn der ganz eigenen Art.

Danach ging alles rasend schnell. In Erfurt seien rasch Leute auf ihn zugekommen, die gesagt hätten: »Du hast doch Jura studiert. Kannste mir nicht helfen?« Kemmerich merkte: »Hier sind Chancen, die man als 24-Jähriger mit Examen in Westdeutschland so schnell nicht haben würde. Im Westen wartest du 15 Jahre. Und mit 40 kannst du dann mal anfangen.« Er kam Silvester erneut in die bald neue thüringische Landeshauptstadt, wurde beim Demokratischen Aufbruch gefragt, ob er nicht einen Vortrag halten wolle über die soziale Marktwirtschaft. Kemmerich willigte ein und glänzte am 8. Januar 1990 vor knapp 300 Leuten – »mit Schulwissen«, wie er ohne Scham einräumt. Die Leute wollten es ja so. Und so ging's dann weiter: »Am selben Abend noch sprach mich jemand an, ob ich nicht für das Unternehmen, einen Kombinatsbetrieb, arbeiten möchte. Ich habe einmal drüber nachgedacht und mich dann entschieden. Vier Tage später hatte ich ein Büro mit Telefon und Sekretärin. Ich habe das mit einem Freund aus Bonn hochgezogen. Wir waren schnell mit Aufträgen eingedeckt und haben vielen Firmen beim Umbruch geholfen, bei den Rechtsformwechseln beraten, neue Strukturen eingezogen, Rückübertragungen von der Treuhand organisiert. Ehe man sich versah, war man mittendrin.« Der atemlose Redefluss entspricht der Dynamik jener Tage. Plötzlich war aus dem Studenten ein Unternehmensberater geworden. Vom kleineren Büro wechselte er ins nächstgrößere. Kemmerich stellte die ersten Mitarbeiter ein. Seine Entschlossenheit war groß. Und das sich bietende Vakuum war für einen Mann jenes Alters gigantisch. Die Millionen scheffelnden Stars der New Economy hatten die Bühne seinerzeit noch nicht betreten. An das geplante Referendariat zur Erlangung des zweiten Staatsexamens war nicht mehr zu denken.

Ab 1991 beriet Kemmerich auch diverse Friseurfilialisten, die als Produktionsgenossenschaften des Handwerks organisiert waren. »Das waren gute Handwerksleute, aber meist schlechte Kaufleute«, sagt er. Eine PGH mit sechs Geschäften und knapp 50 Mitarbeitern stand kurz vor der Insolvenz. Kemmerich und seine Mitstreiter ließen sich ihre Beratung mit einer Beteiligung von 40 Prozent vergüten. Zugleich stellte die Treuhand einen Teil eines Dienstleistungskombinats im Bereich Friseur und Kosmetik zum Verkauf. »Ab Mitte 1992 haben wir dann das größte Filialunternehmen in Thüringen aufgebaut«, erinnert sich Thomas Kemmerich. Zunächst waren es 16 Salons. Heute sind es 42 mit 238 Angestellten. Und mit Millionenumsätzen.

Retrospektiv sieht das alles für Skeptiker wie das berühmte Raubrittertum aus. Thomas Kemmerich passt in die Kategorie Raubritter trotzdem nicht rein. Dazu war er viel zu grün hinter den Ohren und verfügte darüber hinaus auch über keinerlei Eigenkapital. Sagt er zumindest. Ganz sicher ist seine Story aber die des Tellerwäschers, der binnen weniger Jahre zum Gutverdiener wurde, fraglos ausgestattet mit einer gewissen Entschlossenheit und begünstigt durch die Umstände. Und da Kemmerich auch sonst ein expandierender Charakter ist, machte er einfach weiter. Privat wie beruflich. 1995 lernte er eine ostdeutsche Bankangestellte kennen, die heute seine Frau ist. Die beiden bekamen schnell das erste Kind. Heute sind es sechs, drei Jungs, drei Mädchen, sechs Gesamtdeutsche, die trotz Kemmerichs anfänglicher Zurückhaltung alle in die Krippe gingen, weil Frau Ute es so wollte. Später bauten sie ein Haus in Weimarer Innenstadtlage, das 2002 fertig wurde. Zehn Jahre nach seinem ersten Erfurter Fasching stieg Thomas Kemmerich 1999 zum Karnevalsprinzen der Stadt auf.

Und weil seine Lust aufs Machen damit noch immer nicht gestillt war, rückte dieser Kemmerich schließlich in die Politik ein. 2007 trat er der FDP bei. Bereits wenige Monate darauf war er Vorsitzender des in Thüringen mit 140 Liberalen mitgliederstärksten Kreisverbandes. 2009 kandidierte er erfolgreich für den Thüringer Landtag, wo er wirtschaftspolitischer Sprecher der Fraktion wurde. »Er macht das gut«, sagt der thüringische FDP-Generalsekretär Patrick Kurth, ein Ostdeutscher, und fährt vieldeutig fort: »Es gibt auch andere.«

Die einzige Niederlage erlitt Kemmerich am 22. April 2012. Bei der Erfurter Oberbürgermeisterwahl erhielt er mit 2,6 Prozent die wenigsten Stimmen aller sieben Kandidaten. Bei der Kommunalwahl in Erfurt 2009 hatte die FDP mit 5,2 Prozent exakt doppelt so viel bekommen. Ein gewisser persönlicher Faktor scheint da nur schwer zu leugnen. Man könnte die Höhe der Niederlage sogar als Indiz einer zumindest teilweise gescheiterten Integration sehen. Immerhin hat Thomas L. Kemmerich mittlerweile die

Hälfte seines Lebens in Erfurt verbracht. Da könnte die Liebe an der Wahlurne ja vielleicht größer sein. Doch er denkt so nicht. Der politische Gegner versuche immer noch und immer mal wieder, »mit meiner Herkunft Stimmung zu machen«, sagt der Unerschrockene. Da behaupteten Vertreter der ehemaligen PDS auf Podien: »Ich komme aus Erfurt – und Sie nicht.« Dann stelle sich heraus, dass auch der Kritiker nicht in Erfurt geboren sei, sondern in Halle an der Saale. Das alles sei lächerlich.

Neben der bis heute andauernden Gegnerschaft sind Kemmerich selbst zwar die ersten ostdeutschen Jahre durchaus in schwieriger Erinnerung. Anfangs teilte er das Zimmer mit der Vierjährigen einer Gastfamilie. »Das war total lieb«, sagt Kemmerich, und doch wenig komfortabel. Später hauste er mit anderen in einer Wohnung auf provisorisch ausgelegten Matratzen und mit Ofen. Erst 1993 bekam Kemmerich eine Bleibe mit fließend warmem Wasser und Heizung. Allerdings waren auch noch sechs andere Leute auf diesen 180 Quadratmetern daheim. Zwischendurch ist er häufiger als heute gen Westen gependelt, nicht zuletzt wegen der schlechten Luft. Hindernisse gab es also reichlich. Kemmerich ist indes keiner, der sich lange mit unterschiedlichen Mentalitäten aufhält. Im Gegenteil.

»Es gibt überhaupt keine Fremdelungen, gar nichts«, sagt er. »Ich fühle mich pudelwohl. Ich fühle das als meine Heimat.« Oder: »Ich kenne hier jeden Stein.« Ost-West-Debatten prallen an ihm ab. Und überhaupt: »Ich habe sechs Kinder. Die haben mit dem Alten nichts mehr zu tun. Das ist für die Geschichte.« Dabei kommt ihm zugute, dass Erfurt auf Wachstumskurs ist. So wie Kemmerich. Wenn Thomas Kemmerich auf den Prozess der deutschen Vereinigung zurückschaut, dann sieht er eine Riesenaufgabe, die im Ganzen gut bewältigt worden sei. Es gibt für ihn bloß einen Punkt, den er im kritischen Sinne für erwähnenswert hält. Kemmerich ist der Meinung, dass der Westen zu viel Bürokratie in den Osten exportiert habe. Da ist er ganz Liberaler. Strukturelle Ungleichgewichte bei Vermögensverhältnissen und Eliten, das ist nicht sein Feld. »Das wächst sich raus«, sagt er. So einer wie Kemmerich grübelt nicht, sondern bezieht seine Energie nicht zuletzt aus der Fähigkeit, über die Widrigkeiten des Lebens auch mal ganz locker hinweggucken zu können. Das macht ihn stark. Stärker als die Zweifler. Im eher auf Gleichheit geeichten Osten hat Kemmerich keine Angst davor, herauszuragen. Sollen andere es doch auch tun.

Bleibt die Sache mit dem Mindestlohn. Die vielfach beschworenen 3,82 Euro Stundenlohn gäben die Realität schon lange nicht mehr wieder, sagt Thomas Kemmerich, der wegen des Themas bereits neben keinem Geringerem als Ex-Linksparteichef Oskar Lafontaine saß, und zwar bei Günther Jauch in der ARD. Tatsächlich haben sich die Tarifvertragsparteien derweil auf einen Mindestlohn verständigt, der im Osten 6,50 Euro und im Westen 7,50 Euro beträgt. Und bald gelten ohnehin 8,50 Euro bundesweit. Seine Friseurinnen bekämen zwischen sechs und zwölf Euro, sagt der Chef, je nach Leistung. Das sei die Wahrheit. Darunter seien auch Westdeutsche. Denn Kemmerich hat nicht nur längst ins Ruhrgebiet expandiert. Er hat vereinzelt auch westdeutsche Mitarbeiterinnen in Thüringen. Darüber hinaus gebe der Markt einfach keine höheren Gehälter her, betont er. 40 Prozent aller Deutschen gingen, statistisch gesehen, nicht einmal pro Jahr zum Friseur. Weil sie sich das Geld sparen wollten oder weil sie das Geld nicht hätten. Weil sie es schwarz machen ließen, oder weil eigene Familienmitglieder das einschlägige Geschick besäßen. Treibe man die Preise nach oben, werde dies zur Folge haben, dass noch mehr Kunden reguläre Friseursalons mieden. Damit sei niemandem gedient, am allerwenigsten seinen Angestellten. Kemmerich empfiehlt stattdessen, Steuern und Sozialabgaben zu senken, damit ihnen mehr netto vom brutto bleibt. Auch da lugt der Liberale hervor. Seine Umsatzrendite liege schon jetzt bei unter zwei Prozent und damit ungefähr in Höhe der Inflationsrate.

Thomas L. Kemmerich lässt sich seinen Kopf übrigens daheim kahlrasieren – von einer seiner Töchter. Sie mache das gern. Sagt der Papa.

Sprungbeförderung nach Magdeburg

*Rainer Robra und Matthias Schuppe bauten
in Sachsen-Anhalt die Landesverwaltung auf.*

In der Anfangszeit hat sich Matthias Schuppe immer wieder ge-
wundert. Wenn er morgens aus dem Fenster seiner Magdeburger
Wohnung am Hasselbachplatz schaute, sah er lauter Menschen
zur Arbeit eilen. Dabei war es erst 5.30 Uhr. »Da kommen die
Leute in Hamburg«, wo Schuppe bis dahin gewohnt hatte, »von
der Reeperbahn zurück.« Dass Sachsen-Anhalt mit dem Slogan
»Wir stehen früher auf« für sich wirbt, ist kein Witz, sondern
Wirklichkeit.

Auch das kulinarische Angebot ging Schuppe zunächst »ziemlich auf den Senkel«. Der 59-Jährige mag die schönen Seiten
des Daseins und frequentierte in Hamburg gern die zahlreichen
italienischen Restaurants mit ihren Drei-Gänge-Menüs. In der
Hauptstadt des gerade neu erstandenen Sachsen-Anhalt waren
italienische Restaurants Mangelware. Und wenn es welche gab,
dann passten sie sich rasch der heimischen Nachfrage an. Statt
der drei Gänge seien »Berge von Nudeln« aufgetischt worden, sagt
Schuppe und lacht lauthals. Hauptsache, der Teller ist voll. Kein
Zweifel, Hamburg und Magdeburg haben so gut wie nichts ge-
mein – außer dass beide Städte an der Elbe liegen.

Schuppe hatte in Bonn und Münster Jura, Geschichte und Pu-
blizistik studiert und war danach Pressesprecher der Hamburger
CDU geworden. Als der dortige Spitzenmann Hartmut Perschau
1991 zum Innenminister Sachsen-Anhalts berufen wurde, fragte
er Schuppe, ob er mitkommen und sein Sprecher werden wolle.
Plötzlich war der alles andere als arrogante, aber lebensfrohe
Wuppertaler im Osten der Republik gelandet. Und wurde auf der
Stelle Beamter. Er sagt: »Ich fand die Wiedervereinigung toll.«

Rainer Robra würde die Nudelgeschichten nicht erwähnen. Nicht, weil sie ihm nicht in den Kopf kämen, sondern eher, weil sie der 63-Jährige für nicht der Rede wert hält. Er ist von norddeutscher Ernsthaftigkeit. Allerdings fand Robra auf ähnliche Weise seinen Weg nach Sachsen-Anhalt wie Schuppe. Der Jurist war bis 1989 Leiter der Strafrechtsabteilung im niedersächsischen Justizministerium. Doch die CDU-geführte Regierung des Landes wurde 1990 von einer rot-grünen Koalition abgelöst. Der niedersächsische Justizminister Walter Remmers verlor sein Amt und wechselte 1990 in gleicher Funktion nach Sachsen-Anhalt. Der Christdemokrat nahm Robra gewissermaßen huckepack und machte ihn zu seinem Staatssekretär. Der wiederum sprach in der Heimat seinerseits andere Beamte an und fragte, ob sie nicht auch Lust auf Sachsen-Anhalt hätten. Die Methoden der Personalgewinnung waren so anarchisch wie die Zeiten, in denen sie sich ereigneten. Für viele war der Wechsel reizvoll. Denn während in Niedersachsen für Beamte der alten Regierung erst mal nichts mehr zu holen war, winkten in Sachsen-Anhalt zwar keine guten italienischen Lokale, dafür aber eine Zulage (wegen der materiellen Rückständigkeit des Ostens bald »Buschzulage« genannt), Beförderungsperspektiven und die Möglichkeit, etwas Neues und Einzigartiges zu wagen.

Ohnehin geschah in jenen Tagen überall im Osten mitunter Atemberaubendes: So erhielt Kurt Biedenkopf (CDU) irgendwann im Spätsommer 1990 um halb zwölf einen Anruf in seiner Villa am Chiemsee. Der Mann am anderen Ende der Leitung – der Parteifreund Lothar Späth – fragte, ob Biedenkopf nicht Ministerpräsident von Sachsen werden wolle. Die Antwort dulde keinen Aufschub.[79] In Magdeburg wurde ein Beamter auf Anhieb Abteilungsleiter, weil er dem Bibelkreis der Frau des aus dem Saarland importierten Wirtschaftsministers Horst Rehberger (FDP) angehörte. So will es zumindest die Legende.

Schuppe ist mittlerweile Regierungssprecher und Robra Chef der Staatskanzlei. So unterschiedlich ihr Temperament auch sein mag, eine Ostaffinität teilen die beiden Spitzenbeamten. Und das

schon vor 1989. Schuppes Mutter kommt aus Leipzig. Schätzungsweise 35 Mal hat er in der DDR Familienangehörige und Freunde besucht. Das ist in dieser Häufung nahezu einzigartig. Robra,
der eigentlich aus Celle stammt, hat Vorfahren im Magdeburger
Raum und sagt, er fühle sich heute mehr als Magdeburger, als er
sich je als Niedersachse gefühlt habe. Und das nicht ohne Grund:
Die Familie war über Generationen hinweg zwischen Magdeburg
und Halberstadt zu Hause. Robras Vater machte noch 1938 in
Stendal Abitur. Weil Celle und die Teile der Altmark, in denen es
Verwandte gab, nach 1972 im sogenannten Kleinen Grenzverkehr
zu erreichen waren, haben die Robras den Kontakt nach drüben
auch weiter pflegen können. Schuppe und Robra verbindet außerdem, dass sie anders als andere durchgehalten haben und seit
den frühen 90er Jahren für Sachsen-Anhalt tätig sind. Sie erlebten
mit, wie es 1990 losging. Und sie wissen aus eigener Anschauung,
was aus dem Versuch geworden ist, eine Landesverwaltung von
Grund auf neu aufzubauen.

Die erste Phase, das war schlicht Abenteuer. Die politische
Grundsatzentscheidung in allen fünf neuen Ländern lautete, die
Verhältnisse nach westlichem Vorbild zu modellieren. Und das
ging nur mit Leuten, die die westlichen Verhältnisse kannten. Mit
Westdeutschen, am besten mit Juristen. 1990 wurden 647 Beamte
und Angestellte aus dem Westen nach Sachsen-Anhalt abgeord-
net, 1991 waren es 3591, 1992 dann 2001 und 1993 immer noch 941.
Manche gingen recht schnell wieder. Doch bis 1993 wurden insgesamt 1598 Westdeutsche fest in den Dienst des Landes Sachsen-
Anhalt übernommen.[80] Die westliche Dominanz war gewaltig.
Als der spätere ostdeutsche Ministerpräsident Wolfgang Böhmer
(CDU) im Sommer 1991 zum Finanzminister aufstieg, kamen von
272 Mitarbeitern seines Hauses 221 aus dem Westen und nur 51
aus dem Osten. Böhmer weiß das noch heute aus dem Kopf. »Die
Zahl ist mir tief ins Gedächtnis eingegangen«, sagt er. Dabei habe
er alles erlebt, was man mit Menschen erleben könne. Manche
seien aus patriotischem Enthusiasmus in den Osten gekommen.
»Die waren einfach nur so glücklich wie wir.« Andere hätten die

Beförderungsperspektive gesucht, was man niemandem verübeln könne. Bei einer dritten Gruppe habe man den Eindruck gehabt, »sie wollten von zu Hause weg«. Da waren die Ehen kaputt.

Die westlichen Staatsdiener trafen im Osten auf eine merkwürdige Gemengelage. Finanziell war der Wechsel spätestens ab Mitte 1991 äußerst lukrativ. Da gab es jene »Buschzulage«, die bei Schuppe 2000 DM monatlich ausmachte, in der Regel bis 1995 gezahlt und deren Steuerfreiheit 1999 vom Bundesverfassungsgericht als grundgesetzwidrig verworfen wurde. Da gab es Trennungsgeld und Reisekosten. Vor allem gab es sogenannte Sprungbeförderungen. Während es im Westen ausgeschlossen war, dass ein Beamter bei einer Beförderung eine Gehaltsstufe ausließ, wurde das im Osten nun Standard. So entstand in den Anfangsjahren eine gigantische Gehalts- und Machtdifferenz. Die Ostbediensteten wurden nach Osttarif bezahlt. Böhmer beispielsweise begann mit 47 Prozent des Westniveaus. Die Westbediensteten bezogen fraglos den Westtarif und inklusive aller Zulagen manchmal das Dreifache ihrer Kollegen aus den neuen Ländern. Groß waren nicht nur die Gehälter, sondern auch die Gestaltungsspielräume. Ein Mann der ersten Stunde sagt: »Die Arbeit hat Spaß gemacht, weil man relativ frei agieren konnte. Das konnte man im Westen schon seit Ewigkeiten nicht mehr. Wenn man da in seinem Ministerialleben einen halben Paragrafen geändert hat, dann war das schon was. Hier hat man ganze Gesetze gemacht.«

Die berufliche Attraktivität kontrastierte mit unattraktiven Lebensbedingungen. »Ich hatte wegen der Buschzulage kein schlechtes Gewissen«, sagt ein Beamter, der ungenannt bleiben will. »Denn das war schon Busch.« Im Wirtschaftsministerium etwa seien fünf Telefonleitungen vorhanden gewesen. Eine war dem Minister vorbehalten, eine dem Staatssekretär, zwei blieben offen für Anrufe von außen. Der Rest musste sich die übriggebliebene Leitung teilen. Wollte ein Beamter nach Dessau oder Halle telefonieren, musste er den Anruf montags anmelden und kam dienstags zum Zug. War der Angerufene gerade auf der Toilette, musste der Anrufer am nächsten Tag ein neues Telefonat beantragen und dann wieder einen Tag warten. Dem Leben im »Busch« ähnelten nach dem Empfinden vieler auch die Verhältnisse außerhalb der Amtsstuben. Das illustriert nicht zuletzt jene Kollegin, die dem Vernehmen nach immer eine Plastiktüte mit sich führte. Darin befanden sich ein eleganteres Paar Schuhe für Auftritte in geschlossenen Räumen und eine Taschenlampe für die Straße. Viele Westbeamte wohnten in zwei an einer Hauptstraße liegenden 16-geschossigen Plattenbauten, dem sogenannten Bauarbeiterhotel. Sie hausten da mehr, als dass sie wirklich lebten.

Von Integration konnte damals im Übrigen nicht die Rede sein. Meist trafen die Westdeutschen montags am frühen Morgen ein, manche mit dem Nachtzug. Abends gingen sie zeitig und kaputt ins Bett. Dienstags und mittwochs wurde, wie sich ein Zeitzeuge erinnert, bis halb zehn »richtig malocht«. Während schlechter verdienende Einheimische um halb fünf zu ihren Familien fuhren, traten die Westbeamten zum Feierabend auf den Flur hinaus, guckten, wer noch da war, und gingen mit den Westkollegen in eine der drei in Frage kommenden Kneipen. Donnerstagabends wurde gepackt. Und freitags um eins stand die halbe Landesregierung auf dem Bahnhof, so sie nicht mit dem Auto heimfuhr. Das Ufo aus dem Westen hob wieder ab. Reibereien waren in diesen ersten Jahren die Ausnahme. Es hätten »Begeisterung, Euphorie und auch Anspannung geherrscht«, berichtet Staatskanzleichef Robra. »Es wusste ja keiner, was ihn erwartet.« Doch bald sei spürbar gewesen, dass alle den Karren hätten ziehen wollen.

Das gute Magdeburger Klima verschlechterte sich innerhalb weniger Jahre und kulminierte 1993 in der sogenannten Gehälteraffäre. Die westlichen Kabinettsmitglieder der CDU / FDP-Regierung unter dem aus Niedersachsen stammenden Ministerpräsidenten Werner Münch (CDU) gerieten in den Verdacht, weiter westliche Gehälter bezogen zu haben – unrechtmäßig. Zwar wurde Münch später gerichtlich von allen Vorwürfen freigesprochen. Damals aber sorgte die Affäre für jede Menge böses Blut. Denn das Ministergesetz war an der Stelle unpräzise geblieben. Ostfinanzminister Böhmer drang darauf, die Gemüter bis zur Klärung der Sachlage dadurch zu besänftigen, dass die West-minister womöglich zu viel erhaltenes Geld auf ein Sperrkonto überweisen. Doch Münch sperrte sich gegen das Sperrkonto. Der christdemokratische Parteifreund habe »seine eigene Persönlich-keitsstruktur und ein sehr stabiles Selbstwertgefühl«, sagt Böhmer. Seine Grundhaltung sei gewesen: »Erst wenn du Personenschutz hast, bist du was geworden in der Politik.« Er habe »kein Gefühl für die Denkweise der Leute hier« besessen.

Die Westminister standen mir nichts, dir nichts als »Raffkes« da. Der öffentliche Druck wurde täglich größer. Die Gehälteraf-färe machte bundesweit Schlagzeilen. Münch musste zurücktre-ten und wurde durch den zurückhaltenden Hallenser Christoph Bergner (CDU) abgelöst. Schuppe sagt rückblickend: »Nach der Geschichte konnte es nur ein Ostler machen. Mit einem West-deutschen ging es nicht mehr. Daran zeigte sich die Wende.«

Diese Wende vermittelte sich auch in die niederen Ränge. Eine Journalistin sprach Schuppe in der Landtagskantine mit den Wor-ten an: »Jetzt hier billig essen und dann in den Westen fahren!« Dabei lebte der doch bereits in Magdeburg. Zuweilen habe es zwi-schen Ost und West »Mobbing gegeben bis hart an die Grenze«, rekapituliert der Regierungssprecher. Das alles fand nach seiner Erinnerung ungefähr zu jener Zeit statt, als die *Super!*-Zeitung getitelt habe: »Angeber-Wessi mit Bierflasche erschlagen – ganz Bernau ist glücklich, dass er tot ist«. Tatsächlich war die Schlag-zeile vom 3. Mai 1991. Staatskanzleichef Robra hatte erstmals und dann auch nie wieder ein bisschen die Schnauze voll vom Osten, weil er plötzlich alle Westdeutschen stigmatisiert sah: »Du reißt dir hier den Arsch auf, um die Karre aus dem Dreck zu ziehen, und dann beschmeißen dich irgendwelche Leute mit Schmutz.« In den Magdeburger Verhältnissen spiegelten sich die deutsch-deutschen Verwerfungen, um diese ihrerseits zu verstärken. Die Distanz zwischen Ost und West wuchs nicht. Sie wucherte. Fürs Erste. Zugleich trennte sich unter den Westbeamten die Spreu vom Weizen. Zahlreiche Aufbauhelfer kehrten zurück, weil sie von Anfang an nie etwas anderes vorhatten. Ein Teil derer, die bleiben wollten, stellte sich, so Staatskanzleichef Robra, »als gnadenlos überfordert« heraus. Für einen von ihnen wurde notgedrungen der Posten des Sonderbeauftragten für touristische Großprojekte geschaffen. Da hatte er die nicht mehr revidierbare Gehaltsstufe B5 (etwa 5500 Euro netto) allerdings schon erklommen. Wieder andere tauschten ihre Bleibe im Bauarbeiterhotel gegen neue Häuser oder frisch sanierte Wohnungen ein und zogen mit ihren aus dem Westen herbeigeeilten Partnerinnen zusammen. Da wurde es in den Magdeburger Kneipen leerer. Parallel ging die Aufbauarbeit mit langsam nachlassender Intensität weiter. Auch die Konflikte ließen wieder nach, während es im Magdeburger Stadtbild ganz allmählich lebendiger zuging. Die Verhältnisse kehrten sich sukzessive um. »Der Lebensstandard hat zugenommen, und die Einflussmöglichkeiten haben abgenommen«, resümiert einer, der von Beginn an dabei war. Seit über zehn Jahren sei der Spaß beruflich gesehen definitiv vorüber. Das Ostsystem sei mittlerweile so erstarrt wie das Westsystem. »Wer heute initiativ wird, wird ausgebremst.« Normalisierung allerorten. Das Werk ist vollbracht.

Das alles bedeutet wiederum nicht, dass Ost oder West in der Magdeburger Ministerialbürokratie ununterscheidbar geworden wären. Objektiv erkennt man das immer noch daran, wo die Menschen leben. Statt nach Magdeburg oder in eines der umliegenden Dörfer zu ziehen, wohnen viele Beamte aus der nahe gelegenen Landeshauptstadt im westlichen Helmstedt an der einstigen »Zonengrenze«, in dem zwei Baugebiete entstanden. Magdeburg und Helmstedt trennt nur 40 Kilometer. Andere pendeln ins weiter entfernte Braunschweig. Ein Staatssekretär im Finanzministerium nimmt täglich die Strecke nach Garbsen auf sich; das liegt von Magdeburg aus gesehen noch hinter Hannover. Ein weiterer leitender Beamter verbringt die Wochenenden 25 Jahre nach dem Mauerfall unverändert im Saarland, weil seine Frau dort eine Physiotherapiepraxis unterhält. Und dann sind da noch jene acht Westbeamte, die eines Tages beschlossen, in Magdeburg gemeinsam eine Siedlung für sich und ihre Familien zu errichten. Wobei zwangsläufig der Eindruck entstand, hier wollten welche lieber unter sich bleiben. Die Pläne erstellten sie in Teilen während der Dienstzeit. Sie wurden Wirklichkeit.

Natürlich gibt es für all das jede Menge Erklärungen. Meist sind es die Frauen, die ihren Lebensmittelpunkt nicht verlagern möchten. Auch heißt es, Magdeburg habe erst relativ spät Baugebiete ausgewiesen, und andere seien halt schneller gewesen. Dennoch räumen Insider hinter vorgehaltener Hand ein, dass ein kleiner, aber durchaus auffälliger Teil der Westbeamten partout nicht im Osten leben wolle. Allein im Finanzministerium seien dies vielleicht 30 Prozent der noch etwa 220 Mitarbeiter. Überhaupt sei Magdeburg nun mal nicht die Krone der deutschen Städte, heißt es weiter. »Wenn man im Urlaub sagt, man kommt aus Sachsen-Anhalt, erntet man keine Bewunderung.« Komme man aus Sachsen, sei das schon etwas anderes. Überdies gibt es jetzt unter denen, die Anfang der 90er Jahre mit Anfang 40 nach Magdeburg gingen, die ersten Pensionierungen. Und Staatskanzleichef Robra sagt: »Ich stelle auch für mich überraschend fest, dass manche irgendwohin zurückgehen. Wenn auch nicht notwendigerweise dahin, wo sie hergekommen sind, sondern dahin, wo ihre Kinder jetzt leben.« Darunter seien »Leute, bei denen ich überzeugt war, sie seien voll integriert«. Bei diesen Leuten ist ganz offenbar in all den Jahren keine innere Beziehung gewachsen. Aus der Wirkungsstätte ist keine Heimat geworden. Noch im Mai 2013 beklagte Ministerpräsident Reiner Haseloff (CDU), dass der Abendzug von Magdeburg nach Braunschweig unverändert gut gefüllt sei, nicht zuletzt mit Mitarbeitern seiner eigenen Staatskanzlei. »Das bewegt mich, da es auch eine Frage der Glaubwürdigkeit ist«[81], sagte er. Subkutan existiert eine stetig schwindende Parallelgesellschaft.

Subjektiv spürt auch der Leiter jener Staatskanzlei dann und wann, dass die Dinge noch nicht so sind, wie sie sein sollten. »Wir bemühen uns, die Freundeskreise zu durchmischen, und das gelingt auch ganz gut«, sagt Rainer Robra, dessen Kinder in Dresden und Halle studiert haben, stellvertretend für sich und seine Frau. »Für uns ist es auch kein Thema, in den Westen zu fahren.« Dann fährt er fort: »Für unsere westdeutschen Freunde ist das hingegen noch ein Angehen. Es bedarf der Planung. Sie müssen sich vorher genau vergewissern, was da auf sie zukommt. Da habe ich schon manchmal das Gefühl: Macht ihr genau so ein Gewese, wenn ihr von Hannover nach Hamburg fahrt, wie wenn ihr von Hannover nach Magdeburg fahrt? Was ängstigt euch an Magdeburg mehr als an Hamburg? Man muss da schon sehr nachdrücklich einladen.« Der im Westen groß gewordene CDU-Mann erfährt jetzt jene Kränkung, die Ostdeutsche seit jeher kennen. Außerdem moniert er, dass das Bewusstsein für die besonderen Probleme des Ostens im Westen langsam wieder zurückgehe, und will überhaupt von innerer Einheit so lange nicht sprechen, wie beispielsweise zwei Drittel aller Saarländer noch nie im Osten gewesen seien.

Robra zählt denn auch zu jenen, die sich über die Heimkehr in den Westen migrierter Ostdeutscher freuen (»das tut der Gesellschaft gut«) und die Förderung der »Landeskinder« in der Verwaltung als notwendig betrachten, um Identifikation und Selbstbewusstsein zu stärken. So gebe es unter den vier Landgerichtspräsidenten bis heute noch keinen Ostdeutschen, sagt er. Das gehe nicht. Wie groß der Rückstand der Landeskinder ist, wurde im Herbst 2013 klar. Bei einer Umfrage in den ostdeutschen Landesregierungen stellte sich heraus, dass drei Viertel aller leitenden Positionen unverändert von Westdeutschen besetzt werden.[82] Magdeburg macht da keine Ausnahme. Dass sich das nach allgemeiner Einschätzung rauswächst, ist für die gegenwärtigen Landeskinder nur bedingt ein Trost.

Robra betont ungeachtet dessen: »Die Frage nach der Rückkehr hat sich für mich nie gestellt.« Und Schuppe, der zwischenzeitlich sieben Jahre Sachsen-Anhalts Landesvertretung in Berlin diente, ist erst 2013 nach Magdeburg zurückberufen worden, weil sie einen kommunikativen Mann brauchten, der möglichst nicht mehr als »Wessi« betrachtet wird. Die lebenslustige Art des Pasta-Liebhabers hat sich in Sachsen-Anhalt so herumgesprochen, dass niemand auf seine Dienste verzichten will. Und die Nudelberge auf den Tellern sind auch schon ein bisschen kleiner geworden.

»Wir sind Unioner und ihr nicht!«

Nico Schäfer heuerte 2011 bei dem
Ostfußballclub Union Berlin an.

Als das Spiel vorüber ist und die Trainer vor den mit Werbung beklebten Stellwänden ihre Interviews geben müssen, verschwindet Nico Schäfer von der Auswechselbank rasch in die Katakomben. Für ein kurzes Gespräch am Mittelkreis mit Christian Arbeit, dem Sprecher des Vereins mit dem dunklen Bart und der langen Mähne, ist noch Zeit. Doch dann ist der 46-Jährige weg. Draußen ist es kalt. Es ist Anfang Dezember. Das ist der eine Grund. Vor allem war das Spiel zu schlecht, um noch gut gelaunt auf dem Rasen zu stehen. Das ist der andere Grund.

Zwar haben die Fans wie immer 90 Minuten lang gesungen. Sie sangen: »Eisern Union – unsere Fußballreligion.« Oder: »Kämpfen und siegen.« Mal waren sie witzig: »Wir sind eure Hauptstadt, ihr Bauern.« Mal reichlich frech: »Auf die Fresse, auf die Fresse!« Bloß genutzt hat es nichts. Der 1. FC Kaiserslautern zieht mit 3:0 verdient in die nächste Runde des DFB-Pokals ein. Auf den Sitzplätzen macht sich Defätismus breit. »Wir gewinnen in diesem Jahr kein Spiel mehr«, schimpft einer zwischen Bier und Glühwein, nachdem die Saison gut angefangen und den Verein Ende Oktober auf einen Spitzenplatz der Zweitliga-Tabelle geführt hat, dann aber erst mal mies weitergegangen ist und denselben Club abrutschen ließ. Wie es im Fußball halt so ist.

Jener in den Katakomben verschwindende Nico Schäfer ist ausweislich seiner Visitenkarte kaufmännisch-organisatorischer Leiter der Lizenzspielerabteilung des fast 12 000 Mitglieder zählenden Vereins. Auf der Rückseite der Visitenkarte steht: »Nicht ohne Liebe! Eisern Union.« Dass Schäfer geworden ist, was er ist, ist durchaus der Rede wert. Denn der Ökonom wurde tief im

Westen geboren, im niedersächsischen Cuxhaven, und ist bei einem Verein gelandet, der mehr und mehr das Aushängeschild des ostdeutschen Fußballs zu werden verspricht. »Ich dachte, Berlin ist europäisch. Da spielt Ost und West doch wirklich gar keine Rolle mehr«, sagt Schäfer über den Beginn seines Engagements im Juni 2011 und fährt fort: »Ich war dann doch sehr überrascht, dass es nicht so ist und dass das schon noch eine große Rolle spielt.« Noch im September 2012 sagte Union-Mittelfeldspieler Christopher Quiring nach einer Heimniederlage gegen den Lokalrivalen Hertha BSC: »Wenn die Wessis in unserem Stadion jubeln, dann krieg' ich das Kotzen.«[83] Quiring wurde am 23. November 1990 geboren, also mehr als ein Jahr nach dem Fall der Mauer. Ironischerweise wurde der stürmische Union-Ultra zuletzt mit Arminia Bielefeld in Verbindung gebracht, einem mittlerweile in die Dritte Liga abgestiegenen Konkurrenten tief im Westen der Republik, blieb dann aber im Ostteil der Hauptstadt. Weil man ihn bat.

Nun bedeutet Fußball im Prinzip in Ost wie West, dass 22 Männer oder Frauen 90 Minuten hinter einem Ball herlaufen und dass derjenige gewinnt, der die meisten Tore erzielt. Den größten Erfolg im Ostfußball haben seit Jahren die Damen von Turbine Potsdam. Das, was drumherum geschieht und was Geschichte und Kultur des Fußballs ausmacht, das ist bis heute höchst unterschiedlich. Der größte Unterschied in Deutschland besteht darin, dass der Osten dem Westen auch auf dem Fußballfeld gemeinhin gnadenlos hinterherhinkt und dass das wieder einmal vor allem ökonomische Ursachen hat. Die erste Bundesliga ist eine Westliga und die zweite überwiegend. Geld schießt leider doch Tore.

Nico Schäfer weiß das. Er ist Jahrgang 1968 und wie so viele seiner Generation mit der deutschen Teilung selbstverständlich aufgewachsen. Er kannte gar nichts anderes. Das gilt unabhängig davon, dass der Großvater noch beim Dresdener SC kickte und der Enkel bei einer Klassenfahrt nach Ost-Berlin für ein paar Stunden ausgerechnet nach Köpenick ausbüxte. »Ich gehöre nicht zu den Menschen, die wissen, was sie getan haben, als die Berliner

Mauer fiel«, bekennt Schäfer freimütig. »Wo ich am 11. September 2001 war, das weiß ich.« Er studierte Betriebswirtschaftslehre in Essen, studierte weiter im niederländischen Utrecht und im irischen Dublin, war zunächst bei einem Unternehmen beschäftigt, das Großveranstaltungen organisierte, und landete eher zufällig bei Rot-Weiß Essen, einem Fußballverein, der zwischen zweiter und vierter Liga pendelte, zwischen Rettung und Bankrott. Zwischenzeitlich wechselte Schäfer zu einer Kommunikationsagentur, litt dort an einem Mangel an Emotionalität und kehrte zum Fußball zurück. Er ist ebenso zielstrebig wie ehrgeizig, macht aber beileibe nicht alles mit.

Tatsache ist im Übrigen, dass Schäfer berufsbedingt jahrelang viel im Osten unterwegs war. Das Regionalligateam von Rot-Weiß Essen hat immer wieder gegen Ostvereine gespielt, gegen Leipzig oder Dresden, Aue oder Magdeburg. Das waren jene alten DDR-Oberligaclubs, die sich im rauen Wind des gesamtdeutschen Fußballkapitalismus nicht hatten behaupten können. Schäfer hat noch in recht guter Erinnerung, was er den »härteren Fanbestand« nennt, Anhänger also, die zur Randale neigten. In den unteren Ligen kämen Minderheiten nun mal stärker zur Geltung, sagt er. Das sei jedoch nicht ost-west-spezifisch. Bei einigen Ostvereinen ist dem Sportmanager in jenen Jahren zudem eine gewisse »Westfeindlichkeit aufgefallen«. Fans und Verantwortliche von Rot-Weiß Essen wurden wahlweise als »Wessis« oder als »Kapitalistenschweine« verunglimpft. Ja, Schäfer wurde eines Tages in Magdeburg so heftig mit Bier beworfen, dass ihm nichts anderes übrig blieb, als von der Tribüne an den Spielfeldrand zu flüchten. »So was habe ich noch nie erlebt«, sagt er. »Es hat auch gar keiner verhindert, dass wir da die ganze Zeit beschmissen worden sind.« Trotzdem hat der Fußballmanager sich nicht allzu viel dabei gedacht. Aggressionen sind schließlich Teil des Fußballs. Und so ein Stadion hat nicht zuletzt die Funktion, sie ungefiltert rauslassen zu können. »Hätte es ein anderes als das Ost-West-Thema gegeben, wäre es das gewesen«, sagt Schäfer heute. »Fußballstadien sind manchmal einfach und plakativ.« Er habe da »kein besonderes Gefühl« gehabt. Es ist deshalb keineswegs übertrieben zu sagen, dass Nico Schäfer erst im 22. Jahr nach dem Fall der Mauer so richtig aufgegangen ist, welche Dimension die Spaltung des Landes in Ost und West hat. In dem Augenblick, als er umzog und bei Union Berlin anfing.

Nein, beworben habe er sich nicht, sagt Schäfer, als wir im Büro jenes Hauses in Berlin-Köpenick sitzen, das in der Tat mal eine Försterei inmitten der Wuhlheide gewesen ist und dem das Stadion seinen heimelig-identitätsstiftenden Namen verdankt: »Stadion an der Alten Försterei«. Das Büro in Sichtweite ist in den Vereinsfarben rot-weiß gestrichen. An der Wand hängt ein Flachbildschirm, der unentwegt Spielausschnitte und Fußballer-Interviews zeigt. Anstelle einer Bewerbung verhielt es sich vielmehr so, dass der seit 2007 amtierende Union-Trainer Uwe Neuhaus einst Trainer bei Rot-Weiß Essen war und Schäfer gewissermaßen nachholte. Neuhaus musste dann wegen Erfolglosigkeit gehen. Schäfer blieb. »In dieser Branche bewirbt man sich nicht«, sagt er. »Wer sich bewirbt, hat schon verloren. Es gibt Leute, die einen empfehlen.« Die Ironie der Geschichte besteht darin, dass Schäfer lange Zeit Hertha-Fan war. Denn der legendäre Hertha-Torwart Norbert Nigbur, der bei Schalke 04 spielte und ein Kind des Ruhrgebiets ist, war Kunde im Laden von Schäfers Eltern. Als deren Sohn dann in Köpenick eintraf, bemerkte er die Unterschiede. Da waren zunächst die seiner Wahrnehmung nach grundsätzlichen Differenzen. Die Atmosphäre in der Clubleitung erschien ihm hierarchischer und die Ansprache direkter als im Westen. Der Cuxhavener mit Ruhrpott-Erfahrung stellt außerdem fest: »Im Osten wird schlechter bezahlt als im Westen. Und man kann mit Geld weniger beeindrucken. Alles, was über Gebühr ist, wird nicht gebraucht. Es vermisst auch keiner.« Das habe ihn selbst wieder mehr geerdet. Bei Rot-Weiß Essen war es Schäfer gewohnt, mit Anzug und Krawatte in der Geschäftsstelle zu erscheinen. Hier nicht. »Hier ist mehr Inhalt und weniger Verpackung.«

Der Rest ist nicht unbedingt typisch Osten, doch sicherlich typisch Union. Zwar hat der Club 1968 den FDGB-Pokal gewonnen (FDGB steht für Freier Deutscher Gewerkschaftsbund). 2001 zog er als Drittligist ins gesamtdeutsche DFB-Pokalfinale gegen Schalke 04 ein. Union Berlin verlor dort, durfte allerdings, weil Schalke an der Champions League teilnahm, die vereinte Fußball-Republik im Uefa-Pokal vertreten, als erster Drittligist überhaupt. Die Erfolge waren indes nicht maßgeblich. Die geistige Haltung vieler Fans des Vereins prägt bis heute die einstige Frontstellung gegen den als Stasi-Club geltenden BFC Dynamo Berlin. Als solches Bollwerk hatte Union die meisten Zuschauer hinter Dynamo Dresden und den Ruf, Zusammenschluss der in der DDR Andersdenkenden zu sein, weshalb die Unioner streng genommen nichts gewinnen durften. Richtete sich der Zorn der Fans früher gegen den real existierenden Sozialismus, so richtet er sich neuerdings – wenn auch deutlich abgeschwächt – gegen den real existierenden Kapitalismus. Allein der Schlachtruf ist seit den 20er Jahren des vorigen Jahrhunderts gleich geblieben. Er lautet: »Eisern Union!« Seit zehn Jahren versehen mit dem Zusatz: »Und niemals vergessen: Eisern Union!«

So bauten die Fans in 140 000 Arbeitsstunden am neuen Stadion mit, ohne dafür einen Cent zu nehmen. Schäfer ist beeindruckt. »Das gibt's in Essen nicht«, sagt er. »Da wären fünf Fans gekommen. Und drei hätten es mit dem Rücken gehabt. Das ist ein ganz spezieller Verein. Das kann man auf keinen anderen übertragen. Das ist weltweit einmalig.« Da gibt es das berühmte Weihnachtssingen am 23. Dezember. Es geht auf genau 89 im positiven Sinne Verrückte zurück, die vor über zehn Jahren über den Zaun kletterten und auf Höhe der Mittellinie Weihnachtslieder sangen. Die Zahl der Sänger nahm dann von Jahr zu Jahr zu, bis der Verein die Tore öffnete. Mittlerweile kommen stets Tausende zum Weihnachtssingen, zuletzt waren es offiziell 27 500, und jeder bekommt eine Kerze geschenkt. Union nimmt keinen Eintritt, sondern zahlt eher noch drauf. Während der WM in Brasilien richteten sie das Stadion an der Alten Försterei wie ein großes Wohnzimmer her, mit vielen Sofas auf dem Rasen und Stehlampen dazu sowie als Kontrastprogramm zur durchkommerzialisierten Fanmeile jenseits des Brandenburger Tors. Fußballverrückt, doch zugleich lässig und auf jeden Fall ein bisschen anders, so haben es die Köpenicker am liebsten. Zu guter Letzt herrscht in Köpenick eine besondere Nähe zwischen Spielern und Fans. Sie gehen vor Heimspielen gemeinsam in der angrenzenden Wuhlheide spazieren. Sie fahren gemeinsam ins Trainingslager. Natürlich nicht alle Fans, sondern jeweils nur ein paar, stellvertretend für alle anderen. Generell ist es verpönt, die Spieler auszupfeifen, egal, wie das Spiel ausgegangen ist und wie blöd sie sich angestellt haben. Während sich ehemalige ostdeutsche Top-Clubs wie Hansa Rostock in der dritten Liga wiederfanden und wie Dynamo Dresden ihre gewalttätige Anhängerschaft nicht unter Kontrolle bekommen, hat sich Union seiner finanziellen Sorgen entledigt und ist zugleich sportlich immer stärker geworden. Dennoch hat der Club seinen eigenen Charakter bewahrt. »Um Union herum ist sehr viel Klischee, auch viel PR, aber eben immer noch auch sehr viel Herzblut«, schrieb ein Kritiker respektvoll. Ja, man könne Union »als eine Art letzter Wärmestube im modernen Fußball betrachten«[84]. Das Stadiondach ziert nicht nur kommerzielle Werbung, sondern auch die Zeile: »Unsere Liebe, unsere Mannschaft, unser Stolz, unser Verein.« Und Nico Schäfer ist mittendrin. Offen ist, wie es nun weitergeht, und zwar unabhängig davon, in welcher Liga Union spielt und welchen Tabellenplatz der Verein einnimmt. Zugespitzt geht es um die Frage, wie viel ostdeutsche Eigenwilligkeit sich ein Verein in einem Business bewahren kann und bewahren will, das aus Westdeutschland übernommenen marktwirtschaftlichen Regeln gehorcht. Der kaufmännisch-organisatorische Leiter der Lizenzspielerabteilung hat an der Stelle ein entscheidendes Wort mitzureden, auch wenn der Präsident mit Dirk Zingler ein ostdeutscher Unternehmer ist.

Dass die talentierten ostdeutschen Spieler nach dem Mauerfall wegen der horrenden Gehälter in Scharen gen Westen zogen, war die erste Konsequenz in Deutschland einig Fußballland. Allen voran der spätere Nationalmannschaftskapitän Michael Ballack. Im Gegenzug verdrängten vielfach westdeutsche Trainer ihre ostdeutschen Kollegen. Die Älteren unter ihnen seien autoritärer geprägt, sagt Nico Schäfer, hätten auf Drill und Kasernierung von Spielern gesetzt, so wie der legendäre Eduard Geyer von Energie Cottbus. »Es musste eine neue Trainergeneration nachwachsen, die das so frei erlebt, wie wir es jetzt haben«, fügt er hinzu. »Das ist auch normal.« Schäfer räumt weiter ein, es gehe ihm zuweilen auf die Nerven, wenn die Mannschaft selbst nach schlechten Leistungen noch gefeiert werde. Hier ringt die Vereinskultur mit dem Leistungsgedanken. Ohnehin will er Union am Markt als Berliner Verein positionieren, wie Marketingexperten sich auszudrücken pflegen, und nicht als Verein aus dem Stadtteil Köpenick. Denn wenn er auf Werbetour nach Abu Dhabi fährt, wie das mal der Fall war, dann kennen sie Köpenick dort nicht. Zu klären ist, ob Union Berlin im Fußball einen Weg beschreiten kann, den viele nach dem Mauerfall in Ostdeutschland ganz generell hatten beschreiten wollen und den sie den dritten Weg nannten, oder ob das bloß Träumereien sind. Ob es also am Ende nur noch um Spielergehälter, Transfersummen und Ausstiegsklauseln geht. Oder um mehr. Um eine übergeordnete Idee. Um Moral. Um Eigensinn. Um Gemeinschaft. Schon jetzt ist Unions härtester Konkurrent im Osten RB Leipzig. RB steht offiziell für RasenBallsport, in Wahrheit aber für den global agierenden Energydrink-Hersteller Red Bull. Er hat es mit viel Finanzkraft auch auf den Nachwuchs aus Köpenick abgesehen und ist gerade in die zweite Liga aufgestiegen, während die Traditionsvereine Cottbus und Dresden abstiegen. Wieder schießt das Geld die Tore.

Schäfer verweist darauf, dass zentrale Belange des Vereins lediglich mit einer Zweidrittelmehrheit aller Mitglieder entschieden werden könnten. Um Identität und Geschichte zu bewahren. So werde zum Beispiel verhindert, dass der Namen des Stadions einfach an einen Sponsor verhökert werden könne. Er sagt: »Wir sind jetzt der wahre Fußballclub. Und darauf sind die Leute stolz. Der Club gehört ihnen.« Das sei selbst im Osten eine Ausnahmeerscheinung. Schäfer sagt aber auch, dass man das schöne neue Stadion doch gebaut habe, um vielleicht mal Urlaub in der ersten

Liga zu machen, und das womöglich länger, und dass die erste Liga ihren Tribut fordern werde. Er findet: »Die Mischung macht's.« Über solche Sachen redet er übrigens oft mit dem schon erwähnten Christian Arbeit, dem ostdeutschen Sprecher des Vereins, der in seiner unkonventionellen Art ein bisschen zu dessen Gesicht geworden ist. Es sind Gespräche auf Augenhöhe. »Die Zeiten, in denen der Wessi dem Ossi was erklärt, sind vorbei«, sagt Schäfer.

Nein, es dreht sich in der Regel nicht mehr um fußballerische Gegnerschaft zwischen Ost und West. »Ost oder West auf dem Platz oder im Stadion, das macht gar keinen Unterschied«, sagt der Funktionär. Im Gegenteil, als Fans von Eintracht Frankfurt eines Tages wegen eigener Randale zur Strafe nicht zu einem Spiel nach Berlin fahren durften, da besorgten Union-Fans ihnen Karten und gewährten ihnen Unterschlupf in ihrem Block. Vorbei die Zeiten, als Westfußballer in Magdeburg oder andernorts mit Bier beworfen wurden. Worum es sich eigentlich dreht, das ist die Philosophie des Fußballs und was von der Ost-Berliner Fußball-Philosophie aus Köpenick übrig bleibt. Fußball-Marxisten würden sagen: vom Überbau.

Längst wird es ja schick, sich als Union-Anhänger zu zeigen. Die Mitgliederzahl stieg zuletzt sprunghaft an. Und erst im vorigen Jahr hat Linksfraktionschef Gregor Gysi die Tribüne als Platz für ein Fernsehinterview gewählt. Der 66-Jährige mit seinem Wahlkreis Treptow-Köpenick ist Vereinsmitglied und Stadionaktionär. Die Bundestagswahl stand ins Haus. Immer zahlreicher kommt das sogenannte Eventpublikum. Das sind Leute, die ein gutes Spiel sehen wollen und nichts anderes, die für ein Ticket im Zweifel mehr zahlen können als der Rest und einfach abhauen, wenn's ihnen reicht oder weil sie nicht in einer vollgestopften S-Bahn nach Hause fahren möchten. Das müssen nicht unbedingt Westdeutsche sein. Doch egal, ob Ost- oder Westdeutsche: In jedem Fall kratzen sie an der Glaubwürdigkeit des Slogans »Eisern Union«. Ein Eiserner verharrt selbstredend bis zum Schluss.

Als dieses Eventpublikum nach dem dritten Gegentor gegen Kaiserslautern in der 83. Spielminute aufspringt, um den Heimweg anzutreten, ruft der Fanblock in der 84. Minute: »Steht auf, wenn ihr Unioner seid!« Und: »Wir sind Unioner und ihr nicht!« Nico Schäfer, der Fußball-Manager aus dem Westen im Osten, sitzt zwischen den Stühlen der Ostdeutschen, die den Club als Kulturgut und Teil ihrer Herkunft, und jener wohl überwiegend Westdeutschen, die ihn als Konsumartikel betrachten. Er sympathisiert mit den einen und versteht die anderen.

Aufarbeitung Marke West

Helmut Müller-Enbergs erforscht in Ost-Berlin
das Wirken der Stasi.

Der Abend des 20. März 2013 ist im Leben des Helmut Müller-Enbergs zweifellos einer der unangenehmeren. Da sitzt der Mann, der gern eine Baskenmütze trägt, im Collegium Hungaricum von Berlin und muss auf Veranlassung seines Arbeitgebers die eigene Arbeit verteidigen.[85] Und das nicht etwa hinter verschlossenen Türen, sondern in aller Öffentlichkeit. Ihm wollte die Veranstaltung im Vorfeld wie eine Art Rückspiel erscheinen. Der groß gewachsene 54-Jährige mit den selbstgedrehten Zigaretten, der entgegen seiner Herkunft lustvoll berlinert, war mit eben diesem Arbeitgeber, der Stasi-Unterlagenbehörde, immer mal wieder auch pressewirksam aneinandergeraten. Nun scheint die Gelegenheit günstig, dem Aufmüpfigen die Grenzen aufzuzeigen.

Sechs Diskutanten ringen also miteinander, den Blick meist stur nach vorn gerichtet. Interessierte Journalisten beobachten die Szene. Mancherlei DDR-Prominenz lauscht in der ersten Reihe. Es knistert. Nur Behördenleiter Roland Jahn fehlt. Er ist krank.

Jahrelang war man in der Forschungsabteilung der Stasi-Unterlagenbehörde und basierend auf Recherchen des westdeutschen Wissenschaftlers davon ausgegangen, dass das Ministerium für Staatssicherheit am Ende der DDR etwa 189 000 inoffizielle Mitarbeiter (IM) führte. Doch dann veröffentlichte Müller-Enbergs Ostkollege Ilko-Sascha Kowalczuk das Buch *Stasi konkret*[86] und legte darin nahe, dass es nur 110 000 gewesen seien. Das war für Insider keine Kleinigkeit. Denn Müller-Enbergs, 1960 im münsterländischen Haltern geboren, ist einer der profiliertesten und damit auch umstrittensten Wissenschaftler dieser Republik, wenn es darum geht, das Wirken der Staatssicherheit zu untersuchen.

Der seit über 20 Jahren in der Behörde tätige Politologe gilt als der IM-Experte schlechthin. Die Kontrahenten kommen deshalb auf Betreiben der Behörde im Collegium Hungaricum zusammen, um den Streit auszufechten. Der Saal ist voll, die Stimmung erwartungsschwanger.

Die Debatte ist freilich weniger bemerkenswert aufgrund der nackten Zahlen. Interessant ist vielmehr, dass Kowalczuk mit den Zahlen offenbar auch die Geschichtsschreibung revidieren will. Die Stasi sei entgegen der gängigen Wahrnehmung nicht fähig gewesen, eine ganze Gesellschaft zu überwachen, sagte er der *Leipziger Volkszeitung*.[87] Das Sagen habe überdies die SED gehabt. Und die IM seien fälschlicherweise »auf diesen Lebensabschnitt reduziert« worden. »Die Stasi-Keule hat in den Jahren 1989/90 doch nur bewirkt, dass wir ein Volk von Tätern und Opfern konstruierten«, lautete Kowalczuks Fazit. »Ein Bild, das ahistorisch ist.« Interessant ist ferner die gereizte Atmosphäre. Interessant ist aber vor allem, dass fünf Westdeutsche und mit Kowalczuk lediglich ein Ostdeutscher auf dem Podium sitzen und sich Letzterer heftiger Angriffe zu erwehren hat. So bemerkt Müller-Enbergs' Mitstreiter Christian Booß, der Münchner Verlag habe Kowalczuks Buch mit der PR-Strategie flankiert, wonach die Stasi für zu wichtig befunden werde. Das indes sei eine »problematische Botschaft«[88]. Der Preis dafür sei schließlich eine Verharmlosung der DDR. Im Ganzen wird es nicht die erwartete Abrechnung mit Müller-Enbergs. Dafür drängt sich der Eindruck auf, dass es eine westdeutsch dominierte DDR-Geschichtsschreibung mit einem nun ostdeutschen Herausforderer gebe.

Tatsächlich sind es die Westdeutschen, die seit 1989 auch auf diesem Feld eine herausragende Stellung einnehmen. Ein Beispiel ist Hubertus Knabe, Direktor der Gedenkstätte Berlin-Hohenschönhausen. Er hat die einstigen DDR-Eliten stets hart kritisiert und gilt vielen als eine Art Stasi-Jäger. Neben Knabe hat sich der Leiter des Forschungsverbundes SED-Staat, Klaus Schroeder, einen Namen gemacht. Der Lübecker monierte noch 2009, 20 Jahre nach dem Mauerfall habe die Verklärung der DDR »einen neuen

Höhepunkt«[89] erreicht. Nicht mal die Hälfte der ostdeutschen Jugendlichen bezeichne die DDR als Diktatur. Eine Mehrheit halte die Stasi für einen normalen Geheimdienst. »Das sind erschreckende Erkenntnisse.« Ulrich Mählert wäre zu nennen, ein 1968 in Neckarsulm geborener Zeithistoriker bei der Stiftung zur Aufarbeitung der SED-Diktatur. Und: Christian Pfeiffer, der leidenschaftliche Kriminologe aus Niedersachsen. Er führte den Rechtsextremismus im Osten unter anderem auf die autoritäre Erziehung in den Kinderkrippen der DDR zurück, in denen die Kleinen zu festen Zeiten gemeinsam aufs Töpfchen hätten gehen müssen. Dieser von manchen als reichlich schlicht empfundene Kausalschluss ging als heftig attackierte »Töpfchenthese« in die Annalen ein. Moralische Brisanz hat die Geschichte des langjährigen Direktors der Stasi-Unterlagenbehörde, Hans Altendorf, eines Vorgesetzten von Müller-Enbergs. Altendorf hatte es in westdeutsche orthodoxe Kreise verschlagen, die ein Regime billigten, in dem die Bespitzelung durch die Stasi Alltag war.[90] Müller-Enbergs sagt, Altendorf habe seine Biografie »spät« und unzureichend transparent gemacht.

Während Westdeutsche also offensiv die Ostvergangenheit aufarbeiten, kommt dies umgekehrt so gut wie nie vor. Sie konnten nach 1989 in den für die Aufarbeitung zentralen Institutionen beherrschende Stellungen erringen. Darüber hinaus taten sich die Westdeutschen bei der Aufarbeitung leichter, weil sie nicht in die DDR-Vergangenheit verstrickt waren. Der Fall Müller-Enbergs ist wiederum komplizierter, als es die rein westdeutsche Zuordnung vermuten lässt. Im Übrigen hat er sich auch im Westen früh unbeliebt gemacht.

Den ersten Ärger bekam Helmut Müller-Enbergs mit 17. Damals war der junge Mann gerade in der Ausbildung. Er lernte Chemiefacharbeiter in den Buna-Werken von Marl-Hüls. Das liegt an der Grenze vom Münsterland zum Ruhrgebiet. Eines Tages schickte ihn sein Vorgesetzter zum Aufräumen. Beim Aufräumen fiel dem jungen Westfalen eine Zwangsarbeiterkartei in die Hände. Die schaffte er weg, um damit auf das Schicksal der Geknechteten aufmerksam zu machen. Die Zwangsarbeiter waren so alt wie Müller-Enbergs seinerzeit, 17, und kamen zu einem erheblichen Teil aus der Ukraine, wie seine Mutter. Der Schmuggel flog auf. Und der Lehrling wurde entgegen den Gepflogenheiten nicht übernommen. »Das war meine Initialzündung«, sagt Müller-Enbergs. Nach der Pleite von Marl-Hüls musste er gucken, wie es weitergeht. Der früh Renitente holte in Münster das Abitur nach. Hinterher ging er zum Studium der Politikwissenschaft an die Freie Universität in West-Berlin, obwohl er nie etwas anderes als Chemiefacharbeiter hatte werden wollen. Der Osten war, sieht man von den Zwangsarbeiter-Unterlagen einmal ab, für ihn ein blinder Fleck. »Die DDR erschien mir nie als interessante Vision«, sagt Müller-Enbergs. »Die Mauer stand im Widerspruch zu Marx.« Das wirkte sich eines Tages auch physisch aus: Als er mit 18 Jahren Flugblätter gegen ein Festival der Sozialistischen Deutschen Arbeiterjugend in der Dortmunder Westfalenhalle verteilte, holte er sich von eben jener SDAJ einen zerquetschten Lungenflügel. Die SDAJ unterhielt enge Kontakte zur Freien Deutschen Jugend in der DDR.

Müller-Enbergs landete an der Freien Universität in der DDR-Abteilung, schrieb 1989 eine Diplomarbeit über den Journalisten und kommunistischen Funktionär Rudolf Herrnstadt. Einen Mann, der schon 1953 die Notwendigkeit einer »Wende« in der Deutschen Demokratischen Republik propagiert hatte, darum in Ungnade gefallen war und die SED verlassen musste. Herrnstadt war es, der Müller-Enbergs nachhaltig faszinierte und sein Interesse für die DDR erst so richtig entfachte. »Damals galt es in der Wissenschaft als absolute Loser-Nummer, sich mit diesem grauen Land zu befassen«, sagt er. »Man kannte sich mit der Innenpolitik in Portugal und Chile aus, hatte aber keine Ahnung, wo Glauchau liegt.« Das änderte sich in jenem Jahr, als Müller-Enbergs die Diplomarbeit fertigstellte und die Mauer fiel: 1989. Seither ist er von der DDR nicht mehr losgekommen. Der für den Studenten zuständige akademische Lehrer Hartmut Zimmermann rief diesem mit Blick auf die historischen Umwälzungen zwar noch zu: »Lauf,

Junge, das gibt's nur einmal im Leben!« Aber die Ermunterung war gar nicht mehr nötig.

Müller-Enbergs trieb seine Forschungen voran und trug in den Wende-Monaten zu dem Versuch bei, einen West-Berliner Ableger der ostdeutschen Oppositionsgruppe Neues Forum zu gründen. Der Versuch war gut gemeint. Doch die Mutter der Revolution, Bärbel Bohley, betrachtete ihn als wenig hilfreiche Einmischung in die inneren Angelegenheiten. Sie riet dringend ab. Bald darauf ging der enthusiastische 29-Jährige selbst nach Ost-Berlin. Er arbeitete mit der Dissidentin Ulrike Poppe bei Demokratie Jetzt mit, hatte ein Zimmer bei der hochbetagten kommunistischen Schriftstellerin Elfriede Brüning und betrieb, wenn er nicht selbst politisch aktiv war, »Feldforschung«. »Die DDR kam zu mir, nicht ich zu ihr«, sagt Müller-Enbergs über diese ungewöhnliche Laufbahn. Fortan geriet er zunehmend in den Sog der Zeitgeschichte.

Er wurde Sprecher der Fraktion von Bündnis 90 im neuen Landtag des neu gegründeten Landes Brandenburg. Dort lernte er seine kommende Chefin Marianne Birthler kennen. Aus der normalen Fraktionsarbeit rutschte Müller-Enbergs als wissenschaftlicher Mitarbeiter in den Untersuchungsausschuss, der die Stasi-Mitarbeit des SPD-Regierungschefs und früheren evangelischen Konsistorialpräsidenten Manfred Stolpe bewerten sollte. Müller-Enbergs erinnert sich an die Worte Stolpes, mit denen es losging: »Da gibt es üble Gerüchte über mich.« Dabei habe dieser »allen gegeben, was ihnen gefiel, darunter auch der Staatssicherheit«. Die Vokabel IM vermeidet Müller-Enbergs wohlweislich. Sie könnte ungewollt juristische Konsequenzen haben. Das Urteil ist dennoch klar Stolpe-kritisch. Vom Stolpe-Ausschuss war es nur noch ein Katzensprung in die Stasi-Unterlagenbehörde, die das heutige Staatsoberhaupt Joachim Gauck aufzubauen begann.

Am 1. Dezember 1992 heuerte Müller-Enbergs in der Forschungsabteilung des Hauses an. Sein Fachgebiet: Inoffizielle Mitarbeiter. Hier folgte auf den Fall Stolpe der des ebenfalls der Stasi-Mitarbeit verdächtigen Linksfraktionschefs Gregor Gysi.

Auf den Fall Gysi folgten die Rosenholz-Karteikarten, mit deren Erforschung die Gauck-Nachfolgerin Birthler den mittlerweile erfahrenen Wissenschaftler betraute und die Informationen der Hauptverwaltung Aufklärung, des Auslandsnachrichtendienstes der DDR, enthielten. Nur eines blieb Müller-Enbergs über die Zeit und die Stationen: die Reibung.

Dies liegt, neben dem Widerstand der unmittelbar Betroffenen, an der inneren Verfasstheit der Stasi-Unterlagenbehörde und deren Forschungsabteilung. Die Belegschaft bestand und besteht noch immer aus ehemaligen Bürgerrechtlern sowie ehemals ostdeutschen und westdeutschen Staatsbediensteten. Die Forschungsabteilung ist westdeutsch geprägt und hat in all den Jahren ihrer Existenz nicht einen einzigen ostdeutschen Leiter gehabt. Die aus Bayern stammenden Mitarbeiter firmierten spaßhaft als »Grüß-Gott-Fraktion«. »Die Ostkollegen hatten ein viel besseres Gespür dafür, wo die Gesellschaft gerade steht und wie man sie mit dem Thema Staatssicherheit vertraut machen sollte«, sagt Müller-Enbergs und fährt fort: »Die Westdeutschen wollten eher akademische Arbeit leisten, während die Ostdeutschen an gesellschaftliche Aufklärung gedacht haben. Diesen Streit gibt es noch heute.« Er findet, aus dem Etat von zeitweilig 100 Millionen Euro pro Jahr ergebe sich auch eine Verantwortung. »Es braucht nicht dicke Bücher mit 2000 Fußnoten und einer gedrechselten Sprache.« Die Gesellschaft benötige verständliches, handhabbares Wissen. Jetzt. Was das anbelangt, steht Müller-Enbergs also auf der Ostseite.

Der Ärger, dem er sich zuweilen ausgesetzt sah, rührt neben dem Zustand der Behörde aus Müller-Enbergs Persönlichkeit her. Er geht Konflikten nicht aus dem Weg. Bei Bedarf begibt er sich immer tiefer hinein und scheut weder Anwaltskosten noch Gerichtsverhandlungen. Zuweilen meint man, den Tatort-Kommissar Horst Schimanski vor sich zu haben, der keinen Fall lösen konnte, ohne sich mit seinen Vorgesetzten anzulegen – ausschließlich im Dienst der gerechten Sache, versteht sich. Die Konfliktbereitschaft zeigte sich bei Müller-Enbergs, als er darauf aufmerksam wurde, dass es zahlreiche Inoffizielle Mitarbeiter der Stasi auch im Bundestag gegeben hatte. Birthler hielt sich bei der Verbreitung dieser Information eher zurück, was ihr Experte wiederum nicht akzeptieren mochte. Manche vermuteten, sie habe Angst. Angst vor dem Aufruhr im Westen. Andere unkten, Birthler wolle ihre Wiederwahl nicht gefährden. Das wies sie natürlich weit von sich. Auch hier stand Müller-Enbergs also auf der Ostseite.

Danach erregte er Aufsehen mit dem Fall Karl-Heinz Kurras. Der West-Berliner Polizist hatte 1967 den Studenten Benno Ohnesorg erschossen und war, wie sich erst 2009 herausstellte, der Stasi ergeben. Die Sachbearbeiterin Cornelia Jabs stieß auf die IM-Akte. Sie schaltete Müller-Enbergs in die Aufarbeitung ein, der damit an die Öffentlichkeit ging. Rasch tauchte die Frage auf, ob die Geschichte der 68er Bewegung neu geschrieben werden müsse. Müller-Enbergs glaubt das nicht. »Die Interpretation im Fall Kurras war überdehnt.« Überhaupt standen den seit 1949 etwa 600 000 aktiven Ost-IMs »nur« 12 000 West-IMs gegenüber. Doch der Wissenschaftler ist dafür, an der Stelle genau hinzuschauen. Aus prinzipiellen Gründen.

Wie komplex das Minenfeld ist, demonstriert zu guter Letzt der Fall der Eheleute Barbara und Wolfgang Deuling aus Bonn. Die Deulings, die auch im Westen geboren wurden, stehen in dem dringenden Verdacht, als Inoffizielle Mitarbeiter »Petra« und »Bob« führende SPD-Kreise ausspioniert zu haben. Als Müller-Enbergs das in einer Behördenpublikation schriftlich und nachlesbar feststellte, klagte das Paar. Behördenchef Roland Jahn versagte seinem Forscher daraufhin die Unterstützung, da seine Tatsachenbehauptung nicht gedeckt und die Behörde ohnehin nicht für die absolute Wahrheit zuständig sei.[91] Der Ostdeutsche, der in der DDR aufmüpfig war und darum außer Landes geschafft wurde, ließ einen Westler im Regen stehen, der die Stasi im Westen genauso hart unter die Lupe nehmen wollte wie die Stasi im Osten. So zumindest war die dominierende Wahrnehmung. Verkehrte Welt. Das Ergebnis: Müller-Enbergs darf, was die

Behörde nicht mehr darf, die Deulings Inoffizielle Mitarbeiter nennen. Er spitzt das Ost-West-Gefälle bei der Aufarbeitung denn noch einmal zu. »Es können sich nicht mehr alle daran erinnern, dass sie in Frankfurt am Main mal einen Stein in der Hand gehalten haben«, sagt Müller-Enbergs. Gemünzt ist das auf den ehemaligen grünen Außenminister Joschka Fischer und andere einst Radikale, die vielfach längst ins bürgerliche Leben eingetaucht sind und beruflich oft ordentlich Karriere gemacht haben. In der DDR habe sich derweil ein ganzes Volk »umfärben« müssen. Aber leider sei das nicht allen Bürgern gelungen. Denn das Stasi-Archiv gebe nun mal über einen Teil der Gesellschaft Auskunft. Summa summarum hätten alle vier Systemwechsel des 20. Jahrhunderts aus dem Ausschreiben von Persilscheinen einen gesamtdeutschen Volkssport werden lassen. So viel Einheit herrsche dann schon.

Unterm Strich darf man feststellen: Der 54-Jährige schaut kritisch auf den Osten, ohne kategorische Urteile zu fällen. So seien beispielsweise viele nur Inoffizielle Mitarbeiter geworden, weil ihnen der Mumm gefehlt habe, Nein zu sagen, sagt er. Zugleich schaut er nicht minder kritisch auf den Westen, eben weil er kritisch auf den Osten schaut. Das eine ergibt sich aus dem anderen. Ja, das Ganze funktioniert nach dem Prinzip der kommunizierenden Röhren. Dass die Ostvergangenheit für Westdeutsche eine Art No-go-Area sei, hält der renommierte Stasi-Forscher, der in West-Berlin lebt, aber überwiegend ostdeutsche Freunde hat, darunter eine hohe Zahl »echt Repressierter«, für ganz falsch. »Mit dieser Logik dürften nur die Herrschenden des Römischen Reiches die Römische Geschichte aufarbeiten«, betont er und fügt berlinernd hinzu: »Ehrlich gesagt: Dit tickt nich.«

Den Streit darüber, wie viele Inoffizielle Mitarbeiter die Stasi am Ende der DDR führte, hat Müller-Enbergs gewonnen. Die Linke im Bundestag hatte auf der Basis des Buches von Kowalczuk eine einschlägige Anfrage an die Bundesregierung gerichtet. Diese hatte auf der Basis von Auskünften der Stasi-Unterlagenbehörde geantwortet: *Stasi konkret* sei »keine Publikation des

Bundesbeauftragten, sondern der Beitrag eines einzelnen Autors, dessen Inhalt er persönlich verantwortet«[92]. Die Recherchen seines Kontrahenten hingegen seien auch in seiner Behördenpublikation von der Rechtsprechung bestätigt.[93]

Rückkehr in die Bürgerlichkeit

Ingrid Mössinger aus Schwaben wurde
Museumsdirektorin in Chemnitz.

Als unser Gespräch vorüber ist, führt mich Ingrid Mössinger noch einmal durch ihr Haus. Sie stürmt die mächtigen Treppen hinauf und stürzt sie wieder herab. Dazwischen fliegt die Museumsdirektorin gleichsam durch die Räume, an respektvoll dreinschauendem Wachpersonal vorbei. An den Wänden hängen alte Meister und Künstler der Moderne. Dazwischen stehen Skulpturen. Zu Füßen der Werke verharrt für Sekunden immer mal wieder die energiegeladene Frau, die einen großen Teil der Kunst hierher gebracht hat, erklärt dieses und erläutert jenes, bevor sie in den nächsten Raum weiterfliegt.

Beim Abschied stehen wir draußen vor der Tür, an einer überdimensional langen Bank aus Holz. Auch die Bank ist natürlich nicht einfach nur eine Bank, sondern gebrauchsorientierte Gegenwartskunst: die »banc éléphant« der französischen Designerin und Innenarchitektin Andrée Putman. Doch zum Hinsetzen ist keine Zeit mehr. Mein Zug wartet. Also verschwindet die Direktorin in dem wuchtigen Museumsbau am Chemnitzer Theaterplatz, der über 100 Jahre alt ist, grazil und erhaben. Der Rundgang, das darf man sagen, war eine kleine Demonstration.

Seit 1996 ist Ingrid Mössinger Chefin der Kunstsammlungen Chemnitz. Sie kam aus dem Westen, aus dem schwäbischen Ludwigsburg, und hatte in ihrem Leben schon allerlei vorzuweisen. Erst im Sächsischen aber hat sie es vermocht, auch überregional auf sich aufmerksam zu machen. Selbstverständlich ist das nicht. Zumal im Osten. Zumal in der Kunst.

Wie tief der Ost-West-Graben auch in der Kunstwelt zuweilen noch ist, das konnte Ingrid Mössinger vor fünf Jahren aus nächster

Nähe erfahren. 2009 hatte ein neunköpfiges Kuratorium die Ausstellung »60 Jahre – 60 Werke« im Berliner Martin-Gropius-Bau zusammengestellt. Die Kuratoren hatten es sich auf die Fahnen geschrieben, eine Rückschau auf sechs Jahrzehnte bundesrepublikanischer Kunst zu liefern. Doch sie hatten bis 1989 nur Werke im Programm, die im Westen geschaffen worden waren. Denn es sollte erklärtermaßen um Kunst gehen, die auf Basis des Grundgesetzes entstand. Mössinger verwies zwar darauf, dass Georg Baselitz, A. R. Penck, Gerhard Richter, Imi Knoebel, Markus Lüpertz, Blinky Palermo und andere aus Ostdeutschland gen Westen geflohen seien. »Wenn man die alle zusammenzählt, bleibt vom Westen eigentlich nicht mehr viel übrig«[94], sagte sie. Die längst mit einem ostdeutschen Sensorium ausgestattete Generaldirektorin der Kunstsammlungen Chemnitz gehörte dem Kuratorium an und war auf Ausgleich bedacht. Der Plakat-Künstler und Präsident der Akademie der Künste, Klaus Staeck, schimpfte trotzdem. Die Trennung »in freie West- und unfreie Ostkunst« ergebe keinen Sinn, sagte der alte Mann, der als Jugendlicher von Pulsnitz bei Bautzen nach Heidelberg übersiedelte, die Verbindung »nach drüben« aber nie gekappt hat. »Die Behauptung, in Unfreiheit könne keine Kunst entstehen, ist einfach unzulässig, und wenn wir sie alle miteinander ernst nähmen, dann könnten wir einen großen Teil der Werke aus unseren Museen räumen. Viel Kunst ist doch gerade im Widerstand, in Unfreiheit, entstanden.«[95] Überdies war Staeck 2009 beileibe nicht der einzige Kritiker: Harald Jähner attestierte der Ausstellung in der *Berliner Zeitung* ein »schläfriges politisches Desinteresse«[96]. Und er bemerkte ebenso spitz wie wahrheitsgetreu, dass die bei der Schau federführende Stiftung Kunst und Kultur aus Bonn komme und das ganze Unternehmen von den Rheinisch-Westfälischen Elektrizitätswerken in Essen gesponsert werde. Kein Wunder, dass die den Osten vergessen.

Ingrid Mössingers Verschulden ist das nicht. Ohnehin wird sie als Ausstellungsmacherin seit Jahren gefeiert. 1997 zum Beispiel haben sie Mössinger ein kleines Denkmal gesetzt. Das Denkmal hat die Gestalt eines Bildes, misst 2,35 mal 1,37 Meter und hängt nicht in Chemnitz, sondern im Dresdner Albertinum. Die Künstlerin Christiane Möbus zeigt die zierliche Frau in einem schwarzen Abendkleid mit einem roten Mund und einer roten Kette, wie sie lachend einen roten Hula-Hoop-Reifen um die Hüften kreisen lässt. Der Druck trägt irritierenderweise den Titel »Ludwigsburg«. Der Titel ist nicht mehr ganz so irritierend, wenn man weiß, dass Ingrid Mössinger eben dort mal gearbeitet hat. Und das mit dem Hula-Hoop-Reifen passt ganz gut. Auch sonst kann sich die Frau vor Ehrenbezeugungen kaum retten. Sie wurde vom französischen Staatspräsidenten Jacques Chirac zum Ritter der Ehrenlegion geschlagen, bekam das Verdienstkreuz am Bande der Bundesrepublik Deutschland, den Dannebrogorden der dänischen Königin und den Preis »Heiße Kartoffel« des Mitteldeutschen Presseclubs. Der für Mössinger persönlich vielleicht bedeutendste Preis ist aber der, der gar nicht an sie ging, sondern an das von ihr geführte Haus, die Kunstsammlungen Chemnitz. Es war der Titel »Museum des Jahres«, 2010 verliehen von 170 Kritikern.

Zu guter Letzt wären da noch die Urteile der Journalisten. Andreas Montag feierte die Essenz des Chemnitzer Projekts in der *Mitteldeutschen Zeitung* mit den Worten: »Tatsächlich ist es Chemnitz gelungen, bildungsbürgerliche Identität neu zu generieren.«[97] Dank Ingrid Mössinger. Und Ingeborg Ruthe, wie Montag aus dem Osten Deutschlands kommend, notierte in der *Frankfurter Rundschau:* »Chemnitz sieht in Ingrid Mössinger längst einen Glücksfall.«[98] Dieser Glücksfall hat seinen Vertrag denn auch 2011 unter dem Beifall von Oberbürgermeisterin Barbara Ludwig (SPD) um weitere fünf Jahre bis 2016 verlängert. Ludwig zeigte sich froh und dankbar über Mössingers Entschluss, wider Erwarten noch etwas da zu bleiben und die 20 Dienstjahre voll zu machen. »Ich bin sicher, dass uns Frau Mössinger auch in den nächsten Jahren überraschen und begeistern wird«[99], sagte die erste Repräsentantin der Stadt. Das hört man selten in Zeiten, in denen Kommunalpolitiker mit ihrem künstlerischen Personal überwiegend Ärger haben.

Ein Geheimnis der Generaldirektorin der Kunstsammlungen Chemnitz, die ganz dem bürgerlichen Kosmos verhaftet ist, besteht zunächst einmal darin, dass man sie leicht unterschätzt. Wohl versprüht Mössinger die ätherische Aura des Künstlerischen, das in einer eigenen Sphäre zu Hause ist. Sie kombiniert das weiße Kleid mit weißen Schuhen und einer weißen Tasche und drapiert eine rosa Stola darüber. Das Unterstatement beginnt jedoch schon damit, dass Mössinger nicht in einem Arbeitszimmer empfängt, sondern in einer kleinen Nische des Museumscafés. Und je länger das Gespräch dauert, desto mehr gewinnt man den Eindruck, dass man weniger eine zerbrechliche Museumsdirektorin als eine zähe Marathonläuferin vor sich hat. Die Unterhaltung beginnt schleppend und nimmt dann stetig Fahrt auf. Hinterher sprintet Mössinger durch die Stockwerke und zeigt sichtbar beseelt ihr Haus, als sei es eine Wundertüte.

Ingrid Mössingers Leben ist, so scheint es, kurz erzählt. Sie wuchs in Stuttgart auf, studierte Kunstgeschichte in Frankfurt am Main, leitete die Kunstmesse Art Frankfurt und später den Kunstverein Ludwigsburg. Ach ja, und im australischen Sydney war sie auch eine Weile. Aber das ist Mössinger wie so vieles keine größere Erwähnung wert. Osterfahrungen hatte sie nicht, bis auf eine Exkursion nach Ost-Berlin im Rahmen der Magisterarbeit. In Ost-Berlin sei »alles so grau« gewesen, sagt Mössinger, und räumt ein: »Ich hätte mir vielleicht mehr Mühe geben können. Aber wir waren ja völlig westorientiert, auch was die Kunst anbelangt.« Heute tritt die Person Ingrid Mössinger ganz hinter die künstlerische Passion zurück. Es sei ihr nicht so wichtig, wenn die Spätzle fehlten, sagt die Schwäbin. Sie könne sich da ganz gut anpassen. Und: »Der Freundeskreis ergibt sich. Dadurch, dass man so im Fokus steht, erkennt einen ja jeder.« Nach Chemnitz möchte sie entweder in Sachsen oder in Hessen leben. Allzu tiefe Wurzeln sind Mössinger suspekt. Das alles lüftet weniger Geheimnisse, als dass es neue schafft. Die »erfolgreichste Museumsdirektorin im deutschen Osten«[100] identifiziert sich nach eigenem Bekunden »in hohem Maße über die Arbeit mit Kunst. Alles andere interessiert mich weniger.« Arbeit wiederum gab es in Chemnitz reichlich. Wo es keine gab, schuf sie welche.

Das Abenteuer im Südsächsischen begann noch in Ludwigsburg. Dort zeigten sie 200 Holzschnitte von Lyonel Feininger. Feininger war ein Freund des Malers Karl Schmidt-Rottluff aus dem heute zu Chemnitz gehörenden Rottluff. Die Ludwigsburger Feininger-Ausstellung wurde daraufhin in Chemnitz übernommen. Und weil die Stelle der Generaldirektorin gerade vakant geworden war, wurde Mössinger animiert, sich doch zu bewerben. Sie war gleich angetan von dem großen Haus aus dem Jahr 1909 in zentraler Lage direkt neben der Oper und von der Kunstgeschichte, die Chemnitz auszeichnet. Die Stadt mit ihren 250 000 Einwohnern ist zweifellos ein anderes Kaliber als das kleinere Ludwigsburg. Es ging bei dem Wechsel nicht um den Ort und um den Landstrich, sondern um die Möglichkeiten, die sich damit verbanden. Es tat sich eine Gelegenheit auf, die man nutzen konnte oder auch nicht. Dabei hatte Mössinger Glück. Denn ihre ebenfalls aus dem Westen stammende Vorgängerin hatte sich dem Vernehmen nach in kurzer Zeit unbeliebt gemacht. Sie verprellte laut Beobachtern der Szene das ostdeutsche Publikum mit dem Ansinnen, ausschließlich Westkunst zu zeigen, und galt als wenig einfühlsam. Ingrid Mössinger wusste also gleich, wie man es nicht machen durfte. Die Erwartungen der Außenwelt konnten nach den vorangegangenen Schwierigkeiten ohnehin nur noch übertroffen werden.[101] Unter diesen Voraussetzungen ging es 1996 los.

Die Herausforderung in den Kunstsammlungen bestand zu Beginn in den Strukturen. Chemnitz verfügte zwar über enorme Kunstschätze, wenngleich es während des Nationalsozialismus fast 1000 davon verloren hatte. Die Stadt hatte allerdings nach dem Mauerfall zunächst andere Probleme. Im Haus befanden sich unter anderem ein Naturkundemuseum und eine Theater-Schneiderei. Bildende Kunst spielte eine nachgeordnete Rolle. Später machten verschiedene öffentliche Stellen 30 bis 40 Millionen Euro für Baumaßnahmen locker. Mössinger konnte zwischen 1996 und 2013 rund 20 Millionen Euro Drittmittel einwerben, darunter Schenkungen und Stiftungen. Das Kronjuwel sind die 2500 Bilder des Münchner Sammlers Alfred Gunzenhauser, die Mössinger an Land zog, obwohl andere Museen nicht minder interessiert waren, und die jetzt in einem eigenen Gebäude untergebracht sind: dem Museum Gunzenhauser. Ein separates Haus machte der renommierte Galerist zur Bedingung. Eine weitere Schenkung, 580 Bilder und Plastiken, kam aus Düsseldorf, überreicht von dem Sammlerehepaar Gisela und Wolfgang Flügge. Deren Begründung lautete unter anderem, dass es ja denen im Osten nicht möglich gewesen sei, westdeutsche Nachkriegsmoderne zu erstehen. So oder so überwiegt Mäzenatentum aus den gut betuchten Zentren der alten Bundesrepublik. Zugleich knüpfte Ingrid Mössinger an Chemnitzer vorsozialistische Traditionen an.

Um das öffentliche Bild der Stadt stand es nicht zum Besten. Das vom Krieg stark zerstörte Chemnitz rangierte, dies war der öffentliche Eindruck, weit abgeschlagen hinter Dresden und Leipzig. Selbst Meißen war im Westen noch eher ein positiver Begriff aufgrund des Meißner Porzellans. Die SED-Oberen hatten den Chemnitzern überdies den Tort angetan, ihre Stadt in Karl-Marx-Stadt umzutaufen und das Erbe darunter zu verschütten. Zu allem Überfluss lernte Kati Witt in Karl-Marx-Stadt das Schlittschuhlaufen. Jene Kati Witt, die Erich Honecker so gern herzeigte, bevor auch die gesamtdeutschen Eliten ihr Lächeln freudig entgegennahmen. Chemnitz hatte auf den ersten Blick ein miserables Image. Mössingers Arbeit begann mit dem Versuch, die kunstgeschichtlichen Wurzeln der Stadt freizulegen. Und diese reichen weit vor die DDR zurück. Es sind gesamtdeutsche Wurzeln. Chemnitz war einst ein Ort mit vielen reichen Unternehmern. Weil es sich überwiegend um Textilunternehmer handelte, taufte man die Stadt das »sächsische Manchester«. Sie brauchten Schmuck für ihre Häuser und zogen auf diese Weise Künstler an. 1869 entstand der Verein »Kunsthütte« und ging eines Tages in eine städtische Sammlung über, Grundstock des heutigen Museums. Der besagte Expressionist Karl Schmidt-Rottluff malte in Chemnitz, genauso Erich Heckel und Ernst Ludwig Kirchner. Das erste Wohnhaus des Architekten und Designers Henry van de Velde entstand hier und zählt nun in Form der Villa Esche zum Bestand der Kunstsammlungen. Ein kunstsinniger Unternehmer holte Edvard Munch als Familienporträtisten in die Stadt. Und dann sind da noch der Tausendsassa Lothar-Günther Buchheim, der in Chemnitz zur Schule ging, und der Schriftsteller Stefan Heym, der ebenda als Sohn einer Kaufmannsfamilie geboren wurde und seinerzeit Helmut Flieg hieß.

Indem Ingrid Mössinger die Werke von Künstlern mit Chemnitz-Bezug ausstellte, machte sie Chemnitz mit sich selbst bekannt und die Chemnitzer ein bisschen stolz. Daneben zeigte sie Bilder des in der DDR widerständigen Malers Michael Morgner aus dem Chemnitzer Stadtteil Einsiedel, präsentierte in einer großen Schau die Malerei des russischen Realismus von Mitte des 19. bis Anfang des 20. Jahrhunderts unter dem Titel »Die Peredwischniki« und konnte das gesamte Plakat-Œuvre des bereits erwähnten Klaus Staeck in die Sammlung integrieren. Nicht zu vergessen das Künstlerpaar Neo Rauch und Rosa Loy aus Leipzig, das gemeinsam in Chemnitz ausstellte. Beide sind Vertreter der neuen Leipziger Schule. Mössinger zeigte also sehr bewusst und ohne Dünkel, dass sie durchaus auch nach Osten blickt. Auf dieser Basis machte sie die Fenster auf in die westliche Welt und tat mitunter selbstbewusst Unerwartetes. So kam neben Pablo Picasso und Auguste Renoir im Jahr 2007 kein Geringerer als Bob Dylan mit Aquarellen zu Ehren und lockte den damaligen Bundespräsidenten Horst Köhler als Besucher. Dylan in Chemnitz, das war ein gesamtdeutscher, ja ein europäischer Coup. Teilweise bildeten sich Schlangen ums Haus. Die Ausstellung wurde verlängert. Die für Ostverhältnisse inzwischen ökonomisch recht potenten Chemnitzer wurden noch stolzer.

Die Mischung stimmte offenbar. Und Mössingers Begeisterungsvermögen steckte an. Sie selbst hat Chemnitz mal mit Bilbao verglichen. Die baskische Stadt sei wenigen bekannt, das dortige Guggenheim-Museum hingegen vielen geläufig. Die Kunstsammlungen Chemnitz mit ihren sage und schreibe 185 000 Exponaten sind nun das sächsische Guggenheim und konkurrieren mit Dresden und Leipzig, zumindest wenn es nach der Chefin geht. Dabei herrschen natürlich die Mechanismen der neuen, der kapitalistischen Zeit.

Die Kunst in der Kunst war anfangs, wenn man Ingrid Mössinger richtig versteht, alles Künstlerische vom Ideologischen zu entkleiden. Denn in der bildenden Kunst sei das Ideologische sofort am offensichtlichsten, sagt sie. Auch deshalb stehen nicht alle großen vier der DDR-Malerei – Wolfgang Mattheuer, Bernhard Heisig, Werner Tübke und Willi Sitte – in ihrer Gunst. Wolfgang Mattheuer, der ja. Immerhin kommt der Vertreter der (alten) Leipziger Schule aus dem nahen Vogtland. Mössinger gab ihm mehrfach Gelegenheit, sich zu zeigen. »Für die Leute war das wichtig, weil sie sich mit ihm identifizieren konnten«, sagt sie. »Anlässlich einer Ausstellungseröffnung gab es Standing Ovations.« Aber Bernhard Heisig, Porträtist von Altbundeskanzler Helmut Schmidt, sei ihr »zu pathetisch« gewesen und Werner Tübke »ein bisschen sehr traditionell«. Von dem bis ins Mark systemtreuen Staatsmaler Willi Sitte schließlich war kein Werk in der Sammlung. Kurzum: Es waren nicht so viele Kunstwerke da, an die man im gegenwärtigen Ostdeutschland anknüpfen müsste. Hinzu kamen die fehlenden Bindungen zur westlichen Kunstwelt. Kontakte ins nichtsozialistische Ausland gab es kaum. Selbst die Chemnitzer Kuratoren konnten kurz nach der Wende lediglich innerhalb der Stadt telefonieren. Kontakte mussten neu geknüpft werden. Insgesamt fand ein westdominierter Transformationsprozess statt. Ein Transformationsprozess aber, der nicht alle Unterschiede einzuebnen wusste.

Der positive Unterschied ist der der Wahrnehmung. »Kunst ist kein Mittel, sich gesellschaftlich aufzuwerten«, sagt Ingrid Mössinger über ihr Publikum von früher, soweit es aus der Umgebung kommt. »Es gibt ein auffällig tiefes Interesse daran.« Hierin unterscheiden sich die Ostdeutschen vom Big Business der Jetztzeit, das Kunst oft als Accessoire begreift. Der negative Unterschied ist einmal mehr der der Marktverhältnisse. Ostkünstler kamen in den ersten Nachwendejahren schwerer auf diesen Markt, wurden nicht auf Messen zugelassen, fanden keine Sammler, reüssierten nicht in Galerien. Mössinger sagt, vor 1989 sei der Druck im Osten von oben gekommen und im Westen vom Markt. Nun gälten in der Kunst überall die Marktgesetze. »Und da siegt oft der Stärkere.«

Mössingers eigentliche Leistung besteht vielleicht darin, die Balance zwischen den Zeiten und gegensätzlichen Ansprüchen mit einer Mischung aus Bestimmtheit und Bescheidenheit hergestellt zu haben. Zugleich widersteht sie der Erwartung, nun auf Teufel komm raus heimische Künstler zu präsentieren. So ein Lokalpatriotismus werde leicht »provinziell«, sagt sie. Und provinziell will sie nicht sein. Außerdem wisse man ja, dass der Prophet in der Heimat erst dann zähle, wenn er in der Fremde Erfolg gehabt habe. Egal ob West- oder Ostprophet.

Ingrid Mössinger folgt der Devise: Think Big. Und in Chemnitz nehmen sie ihr das nicht übel. Hier vermerken sie lieber gutwillig, dass sich Ingrid Mössinger jahrelang mit einem klapprigen weißen Golf beschied und das Antlitz der Stadt mit dem heute höchsten Einkommenssteueraufkommen in Sachsen ein bisschen aufmöbelt. Und sie goutieren, dass sie die Kunst ihrer vermeintlich realsozialistischen Muffigkeit entledigt und sie zurückverwandelt in das, was sie in Chemnitz schon einmal war: ein möglichst glänzendes Stück der bürgerlichen Welt, um 40 Jahre Deutsche Demokratische Republik einen Bypass legend.

Vier Westler für Thierse

Als der bekannteste Politiker Ostdeutschlands das Feld
räumte, bewarben sich in der SPD nur Altbundesbürger
um seine Nachfolge.

Am Morgen des 1. Januar 2013 klingelte bei Klaus Mindrup das
Telefon. Da war es halb elf. Am anderen Ende der Leitung war
Uwe Rada, ein Redakteur der linken *tageszeitung.* Der wollte
wissen, was denn der Vorsitzende der Abteilung 15 in der SPD
Pankow – das ist die Gegend um den Berliner Kollwitzplatz – ei-
gentlich zu den jüngsten Äußerungen seines Genossen Wolfgang
Thierse sage.

Mindrup war zunächst wenig begeistert, was weniger an der
Frage lag als am Zeitpunkt des Anrufs. Schließlich hatte das neue
Jahr gerade mal zehneinhalb Stunden auf dem Buckel. Dann aber
stellte dieser Sozialdemokrat gegenüber der *taz* fest, dass es am
Prenzlauer Berg »natürlich ein Problem mit der sich zuspitzenden
Wohnungssituation« gebe, um hinzuzufügen: »Gleichwohl sind
wir eine offene und tolerante Stadt.«[102]

Man konnte die zweite der beiden Anmerkungen im Lichte der Gefechtslage als Kritik verstehen. Als Kritik an Thierse.
Auch weil da einer das »Wir« für sich in Anspruch nahm, der
20 Jahre vorher noch gar nicht dazugehört hatte. Der nunmehr
70-jährige Thierse hatte nämlich am Tag vor Silvester in einem
Interview mit der *Berliner Morgenpost* erklärt, das alltägliche Zusammenleben mit den zugezogenen Schwaben in Prenzlauer Berg
sei mitunter »strapaziös«, und dann einen Satz angehängt, der in
der nachrichtenarmen Zeit wie eine Bombe einschlug. Der Satz
lautete: »Ich wünsche mir, dass die Schwaben begreifen, dass sie
jetzt in Berlin sind – und nicht mehr in ihrer Kleinstadt mit Kehrwoche.«[103] Hier wurden das Wir und das Ihr zweifellos anders
verteilt als durch Mindrup.

Nun ist Mindrup kein Schwabe, sondern Münsterländer. Er ist allerdings der Mann, der Thierse als SPD-Kandidat ablöste und später für ihn in den Bundestag einzog. Wenn auch nicht via Direktmandat, sondern über einen sicheren Platz auf der Landesliste. Und überhaupt sind die Sache mit den Schwaben und die Sache mit dem Bundestagsmandat untrennbar miteinander verbunden. Denn es ist nicht bloß so, dass der Mann, der als »Ossi-Bär« Geschichte machte, von einem Westdeutschen beerbt wurde, und zwar in einem ehedem reinen Ostbezirk namens Pankow, der neuerdings zu großen Teilen von Westdeutschen bevölkert wird. Es ist auch so, dass innerhalb der SPD neben Mindrup drei weitere Westdeutsche um Thierses Nachfolge konkurrierten und kein einziger Ostdeutscher. Dieser Umstand wirkt wie der Beleg für die These, dass Thierse Recht hatte.

Auf der einen Seite steht also Thierse, der im Sommer 2013 in einer der letzten Tagungswochen des alten Bundestages in seinem Büro sitzt mit Blick auf den Reichstag und noch etwas schwankt zwischen Frust und Freude über die Freiheit des angehenden Pensionärs. Vor ihm steht das angebliche Lieblingsgetränk derer vom Prenzlauer Berg: ein Latte Macchiato. Über 3000 Mails hat Thierse nach eigenem Bekunden zu seinen Äußerungen über die Schwaben bekommen. Es waren überwiegend Schmähungen. »Spießer, Rassist, Nazi, Arschloch«, so riefen sie den bärtigen Mann, der die 89er Nachwendezeit wesentlich geprägt hatte, der den Karrieristen in der westdeutsch dominierten Sozialdemokratie suspekt war und den Christdemokraten verhasst, weil er sie für die Spendentricks ihres großen Vorsitzenden Helmut Kohl zur Kasse bat. Das Käthe-Kollwitz-Denkmal vor Thierses Haus am Kollwitzplatz wurde mit Spätzle beworfen. Karnevalisten aus dem Südwesten luden ihn zur Fastnacht. Der Mann ging hin und ließ sich tapfer durch den Kakao ziehen. Nur verstanden haben ihn wenige, manche auch, weil sie nicht wollten. Denn Thierse ging es nicht um die Schwaben und auch nicht um die Kehrwoche. »Der Schwabe ist eine Metapher für die dramatischen und schmerzlichen Veränderungsprozesse, die Gentrifizierung, die Verdrängung«, erläutert der angehende Politpensionär ein paar Monate später. »Wohnen wird immer teurer, weil es so viele Leute gibt, die aus dem Süden und Westen und aus dem Ausland kommen und in Pankow und Prenzlauer Berg für viel Geld Wohnungen und Häuser kaufen und dadurch Verdrängung und eine Verteuerung des Lebens erzeugen.« Das war es, was Thierse benennen und zur Diskussion stellen wollte, ohne der Veränderung als solcher eine Absage zu erteilen. Ein Versuch, der gründlich schiefging. Die einen sagen, weil Thierse sich im Ton vergriff und eine Personengruppe attackierte, statt Prozesse zu analysieren. Die anderen sagen, weil die Zeit über seine Weltwahrnehmung hinweggegangen ist.

Dabei ist Thierses Weltwahrnehmung für die meisten Ostdeutschen allemal nachvollziehbar. Der Mann, als Kind aus Schlesien vertrieben und vor 50 Jahren selbst aus Thüringen nach Berlin gezogen, erkennt schlicht und ergreifend seine Heimat nicht wieder. Nicht mehr randständige Künstler und Arbeiter wohnen im Süden des Prenzlauer Bergs, der zu Pankow gehört. Stattdessen dominieren exaltierte Mütter, Väter mit Geländewagen, zuweilen verzogene Kinder und schicke Cafés die Szene. So besagt es das Klischee. Und die Realität ist von dem Klischee nicht weit entfernt. Fest steht: Rund um den Kollwitzplatz sind 90 Prozent der Bewohner Einwanderer. Und es gibt nur noch wenige Nachbarn aus alter Zeit. Die Journalistin Jutta Voigt von der *Wochenpost* und die Dissidentin Ulrike Poppe, die jetzt als Stasi-Beauftragte in Brandenburg tätig ist, fallen Thierse ein. Und der Soziologe Wolfgang Engler, Rektor der Schauspielschule Ernst Busch. Sonst sind die Nachbarn überwiegend neu. Hans-Ulrich Jörges vom *Stern* beispielsweise, der schon wieder weg ist, der Soziologe Claus Offe, der seit ein paar Jahren mit Ulrike Poppe zusammenlebt, oder Thomas Roth, der *Tagesthemen*-Moderator, der zwischen Hamburg und Berlin pendelt. Erfolgreiche Menschen. Menschen mit Geld.

Für Thierse spiegeln sich in diesem Bevölkerungsaustausch auch die Machtverhältnisse im neuen Deutschland. Selbst wenn er das nicht so sagt. Die Westdeutschen sitzen mal wieder auf der Sonnenseite. Und die Ostdeutschen sitzen am Rand, oft kaum wahrnehmbar. Lange Zeit war der langjährige Bundestagspräsident, der als Vizepräsident aus dem Bundestag schied, derjenige, der für andere Ostdeutsche die Stimme erhob. Jetzt erhebt er sie für sich selbst. Jetzt, wo er aus Altersgründen marginalisiert wird und manchen aus der Zeit zu fallen scheint. Längst gibt es Leute, die behaupten, der Sozialdemokrat sei als Abgeordneter gar nicht mehr geeignet gewesen, weil er nicht mehr die Gegend repräsentiere, in der er lebe. Das stand zumindest in einer Zeitung.

Auf der anderen Seite sind in Pankow all jene, die im Bezirk die neue Mehrheit bilden, die im Schnitt 30 Jahre jünger sind als Thierse und vielfach aus dem Westen kommen, und die, weil sie die Mehrheit bilden, keinen Zweifel an diesem Zustand hegen. Warum auch? Da der Widerspruch fehlt, scheint der Zweifel nicht nötig. Ihr Motto ist gewissermaßen ebenfalls sozialdemokratisch und keineswegs zynisch, sondern der Realität entlehnt. Es könnte lauten: »Mit uns zieht die neue Zeit.« Vier von ihnen gingen ins sozialdemokratische Nachfolgerennen.

Roland Schröder, der 1968 in Hamburg geboren wurde, im Jahr 2000 in die Berliner SPD eintrat und sich seit 2006 in der Bezirksverordnetenversammlung von Pankow engagiert, zählte dazu. Schröder ist Geschäftsführer einer landesweiten Planungsgesellschaft und frustriert über seine Niederlage gegen den Thierse-Nachfolger Mindrup. Auf Versuche der Kontaktaufnahme reagiert er nicht. Ein weiterer Aspirant war Severin Höhmann. Seine Eltern knüpften schon als Studenten Kontakt nach Ostdeutschland, so dass der 42-Jährige als Jugendlicher häufiger dort war, während Schulkameraden nach Frankreich fuhren. Höhmann, der wie Mindrup im Münsterland zur Welt kam, sah sich nach dem Abitur in der ganzen Republik um. Der Ostteil Berlins faszinierte ihn am meisten. »Das war für Westdeutsche eine andere Welt, in der sehr viel mehr in Bewegung und sehr viel mehr möglich war, als man das aus westdeutschen Mittel- und Großstädten kannte«, sagt Höhmann. »Auch wenn es unendlich viel grauer war, war es hinter den Fassaden unendlich viel bunter.« Er wurde Mitarbeiter in Thierses Wahlkreisbüro, hat drei Kinder und ist mit einer Ostfrau liiert. Deren Eltern waren ihrerseits mit seinen Eltern befreundet, weil sie den deutsch-deutschen Kontakt über die Mauer hinweg pflegten. Aus gesamtdeutscher Perspektive eine Bilderbuchbiografie.

Dritte im Bunde und einzige Frau war Leonie Gebers, die ebenfalls mit einem Ostdeutschen verheiratet ist und vier Kinder hat. Die 43-Jährige, die für die ostdeutsche Familienministerin Christine Bergmann tätig war, ist im Bundeswirtschaftsministerium für politische Koordinierung zuständig und wohnt in Wilhelmsruh, einem Teil des Bezirks Pankow, in dem die Westprägung geringer ist als im Prenzlauer Berg. In einer Mitgliederbefragung setzte sie sich mit 132 Stimmen klar gegen Mindrup durch, der 101 Stimmen erhielt. Der Bundestagskandidat wurde letztlich aber nicht durch die Mitglieder bestimmt, sondern durch eine Delegiertenversammlung. Und hier obsiegte Mindrup. Der schließlich ist seit 1982 in der SPD und seit immerhin 1995 in Berlin. Der Diplom-Biologe und Inhaber von zwei Projektentwicklungsgesellschaften war nach dem Umzug sachkundiger Bürger im Bauausschuss von Pankow, Kandidat für die Bezirksverordnetenversammlung, Wirtschaftsausschussvorsitzender und Fraktionschef. Er zählt zur Gruppe jener Westdeutschen, die zuerst den Bezirk und danach die Bezirks-SPD prägten. Denn anfangs kamen die Weststudenten. Nach dem Regierungsumzug folgten die Westbeamten. Und plötzlich waren sie in der Überzahl. Die anderen Wettbewerber sagen, im Rennen um die Thierse-Nachfolge habe der machtpolitisch Versierteste obsiegt.

Gebers nimmt ihre Niederlage gleichwohl gefasst. Sie kennt die Spitzenpolitik lange genug, um zu wissen, welche Mechanismen im politischen Wettbewerb wirken. Höhmann gibt zu Protokoll: »Wer sein Beet nicht bestellt, der muss sich nicht wundern, dass nicht wächst, was er möchte.« Das zielt weniger auf Mindrup als auf Thierse, den Höhmann schätzt, dem er dennoch zur Last legt, auf seine Nachfolge keinen oder zu wenig Einfluss genommen zu haben. Thierse widerspricht. Mindrups Wahl sei unter den Funktionären ohnehin verabredet gewesen, sagt er. Dann fährt er fort: »Das, könnte ich jetzt sagen, sind altbekannte westdeutsche Politikmethoden. Aber das Wort westdeutsch kann man weglassen. Das sind altbekannte Methoden.« Mindrups Sicht der Dinge wiederum steht dem diametral entgegen. »Es ist erstaunlich, dass solche Nachfolgeregelungen in der Politik eine große Ähnlichkeit haben mit der Höfe-Regelung in Westfalen«, tut er kund. »Ich habe nie verstanden, warum man das Altenteil weit entfernt vom Hof gebaut hat. Jetzt ist mir das klar: Das Loslassenmüssen ist schwierig.« In dieser Lesart geht es nicht um Ost und West, sondern um Alt und Jung. Thierse und Mindrup könnten sich übrigens jederzeit treffen, um zu reden. Ihre Wohnungen sind kaum mehr als einen Kilometer voneinander entfernt. Nur die Schönhauser Allee liegt dazwischen. Doch der Graben ist zu tief.

In jedem Fall bleiben Differenzen zwischen dem Ein-Mann-Ostlager und dem vierköpfigen Westlager sowie innerhalb des Westlagers. Zuweilen verwischen auch die Fronten. Offen bleiben darüber hinaus die Fragen: Warum hat kein einziger Ostdeutscher seinen Hut für die Thierse-Nachfolge in den Ring geworfen? Und kann irgendjemand diesen Thierse eigentlich ersetzen?

Auf die Frage nach den Ostdeutschen gibt es seitens der westdeutschen Beteiligten unterschiedliche Antworten. Die Dominanz im Politischen gebe den Bevölkerungswandel wieder, glaubt Gebers. Punkt. Für ihren Mann etwa sei das auch überhaupt kein Thema. Zahlreiche Ostdeutsche seien nach 1990 vielfach mit einer großen Selbstverständlichkeit aus ihren alten Quartieren im Prenzlauer Berg weggezogen. »Die möchten auch nicht mehr zurück.« Während die couragierte Frau redet, erinnert sie sich daran, dass sie mit anderen ein Fest organisierte zum 120-jährigen Bestehen ihres Stadtteils Wilhelmsruh und dass dabei ein Ostdeutscher auf sie zukam und erklärte: »Ist ja toll, dass ihr Wessis, die ihr uns die Grundstücke weggekauft habt, jetzt ein Fest organisiert!« Dabei habe der Mann verkannt, dass viele Zugezogene im Kiez Ostdeutsche seien. Gebers will die Sache nicht zu hoch hängen. Sie verweist auf den hohen Bevölkerungsaustausch, der für Ost- wie West-Berlin gleichermaßen typisch sei. So gehe es in einer Hauptstadt nun mal zu. Mindrup argumentiert ähnlich. Er vermutet hinter der Tatsache, dass sich vier Westdeutsche um Thierses Erbe bewarben, den Genossen Zufall.

Höhmann dagegen ärgert sich in erster Linie darüber, dass alle Westdeutschen in einen Topf geworfen würden, auch von seinem alten Chef. Tatsächlich ist er deutlich eher in den Osten gekommen als zum Beispiel Gebers und noch dazu gezielt und nicht weil die Regierung aufgrund eines Parlamentsbeschlusses zufällig nach Berlin verlegt wurde. Höhmann spricht über die »Verlusterfahrungen« seiner ostdeutschen Partnerin und seine »emotionale Verbindung« in jenes Gebiet, das man früher verächtlich »Zone« rief. »Braunkohlegeruch und Ofenheizung, das ist trotz allem Heimatgefühl«, sagt er. Höhmann hat die Hälfte seines Lebens in Ostdeutschland, in Ost-Berlin, verbracht. Seine Eltern waren ost-affin. Seine Frau ist Ostdeutsche, seine Kinder sind, wenn man so will, Wostdeutsche. Dem Politologen geht es wie manchem türkischen Migranten: Er möchte, dass seine Integrationsbemühungen auch mal anerkannt und nicht ignoriert werden. Wohl wissend, »dass man nie zum Ostdeutschen wird, so viel Mühe man sich auch gibt«.

In jedem Fall ist Höhmann innerlich vielleicht am nächsten an Thierse dran. Der antwortet auf die Frage nach der westdeutschen Vorherrschaft in seiner SPD: »In der Abteilung 15, zu der ich mit meiner Frau gehöre, verderben wir den Altersdurchschnitt, weil die Mehrheit 25- bis 40-jährige junge Leute und in irgendeiner Weise politiknah beschäftigt sind. Sie können sich eine politische Karriere leichter vorstellen.« Hinzu komme, dass sich Ostdeutsche in der Politik weniger engagierten, so der scheidende Platzhirsch. Das habe bei Älteren sicher auch mit Enttäuschungs- und Ernüchterungserfahrungen zu tun. Die jüngeren Ostdeutschen müssten sich in einem viel stärkeren Maße um ihre berufliche Existenz bemühen, hätten Arbeitslosigkeit entweder bei ihren Eltern erlebt oder ringsum. Deswegen sei die Selbstverständlichkeit einer beruflichen Laufbahn viel geringer als im Westen. Und für ein politisches Engagement benötige man nun mal eine bestimmte Form beruflicher Freiheit und eine sichere Ausgangsposition. »Das ist ja anders als 1990, als wir uns alle in ein Abenteuer gestürzt haben und keiner wusste, was dabei herauskommt«, sagt Thierse. Noch immer wirke nach, dass die Ostdeutschen eine viel geringere Demokratieerfahrung hätten. Sie hätten viel weniger Hornhaut, seien leichter zu frustrieren und in ihren politischen Einstellungen labiler.

Während die Westdeutschen den Ost-West-Faktor ihres Wettbewerbs mithin eher herunterspielen, neigt der Ostdeutsche Thierse dazu, diesen Faktor hervorzuheben. Verantwortlich für ihre Dominanz sind demnach die offensiven Westdeutschen, nicht die defensiven Ostdeutschen. Die erste Lesart deutet auf ein schlechtes, die andere auf ein gutes Gewissen hin.

Die Frage nach Thierses Ersetzbarkeit wird durchweg negativ beantwortet. Er sei nicht ersetzbar, lautet die Botschaft schlicht und ergreifend. Das klingt wie ein Lob und ist auch so gemeint. Zwar ist Mindrup der Auffassung, dass sich einige Ost-West-Probleme langsam einebneten, unterstreicht jedoch: »Thierses Rolle kann ich nicht ausfüllen. Das wäre wie Äpfel mit Birnen zu vergleichen. Meine Rolle wird eine andere sein. Das ist der Zug der Zeit.« Gebers pflichtet dem bei: »Die Funktion, die Wolfgang Thierse für Deutschland und die SPD hatte, kann kein Westdeutscher wahrnehmen.« Auch weil er ein Intellektueller sei. Davon existierten in der Politik nicht viele. Kein Zweifel, der Respekt ist da. Und er ist groß.

Derweil gibt es hinsichtlich dessen, was man Spätzle-Debatte nennen könnte, und der Nachfolgedebatte zwei ironische Pointen. Thierse, der Kehrwochen-Kritiker, hat letztlich Leonie Gebers unterstützt, weil er eine Frau wollte und um Mindrup zu verhindern. Gebers indes ist in Ulm aufgewachsen. Und Ulm liegt in Schwaben. Das ist die erste Pointe. Die zweite Pointe besteht darin, dass der Westdeutsche Mindrup bei der Bundestagswahl in seinem Wahlkreis weniger Erststimmen bekam als die SPD

Zweitstimmen und im Kampf um das Direktmandat nur Platz drei belegte. Platz zwei errang der Christdemokrat Lars Zimmermann, der in Schwerte an der Ruhr geboren wurde. Das Direktmandat gewann Stefan Liebich von der Linkspartei. Und Liebich ist ein richtiger »Ossi«. Wie Thierse.

»Leben ist Brückenschlagen ...«

Ein Resümee mit Ausblick

»Leben ist Brückenschlagen über Ströme, die vergehn«, schrieb der Dichter Gottfried Benn. So wird es auch mit den deutsch-deutschen Befindlichkeiten sein. In einigen Jahren wird man sich ihrer erinnern, wie man sich heute des Gegensatzes erinnert, der bis in die 50er Jahre hinein zwischen Katholiken und Protestanten in Westdeutschland herrschte, als Vorurteile und Abneigung das Verhältnis der Konfessionen bestimmten und gemischt konfessionelle Ehen vielerorts noch undenkbar waren. Was 25 Jahre nach dem Fall der Mauer unverändert virulent ist, wird 50 Jahre danach zur Geschichte erstarren. Sieht man vom ökonomischen Gefälle einmal ab, das sich womöglich auf dem gegenwärtigen Niveau verfestigen wird. Nur: *Heute* ist der Ost-West-Konflikt noch lebendig. Noch sind die in diesem Buch beschriebenen Zustände keineswegs historisch.

Man erkennt das an den Schwierigkeiten der Ost- und der Westdeutschen, zueinanderzufinden. Sicherlich, da gibt es Ostliebhaber wie den Kabarettisten Rainald Grebe oder Integrationschampions wie den hessischen Malermeister Gotthard Debelius, der das thüringische Dorf Neidhartshausen gleichsam im Sturm eroberte und der in bemerkenswertem Gegensatz steht zu jenem Ostdeutschen Uwe Gerig, der aus Westdeutschland in die alte Heimat zurückkehrte, in Quedlinburg ebenfalls ein Fachwerkhaus sanierte und seither in Unfrieden mit seiner Umgebung lebt. Da gibt es Typen wie den Erfurter Unternehmer Thomas Kemmerich, der mittlerweile die Hälfte seiner Lebensjahre in Thüringen verbracht hat und der sich von anderen mit Recht nicht absprechen lassen will, dass er jetzt dort zu Hause sei. Doch dieses Beispiel zeigt ebenso wie das des Bundestagsabgeordneten Jan Korte von der Linkspartei, dass Integration nicht von allein kommt und Rückschritte möglich bleiben. In fast allen West-Migranten wohnt die Sorge, auch nach längerer Zeit im Osten auf das alte Negativklischee reduziert zu werden, das in den 90er Jahren entstand. Als Westdeutscher im Osten zu leben, das bedeutet nach wie vor, unter besonderer Beobachtung zu stehen und im Zweifel all jene Persönlichkeitsaspekte nicht zeigen zu können, die einem latenten Überheblichkeitsverdacht unterliegen. Der Anpassungsdruck, der systembedingt auf den Ostdeutschen lastet, lastet im menschlichen Sinne umgekehrt auf jenen Westdeutschen, die in den Osten kommen. Der Druck ist nur subtiler. Nicht selten unterhalten die Westdeutschen Fluchtpunkte in die alte Heimat, etwa in Form einer Erst- oder Zweitwohnung oder in Gestalt eines Partners, der den Wohnortwechsel nicht mitvollzieht.

Jenseits dieser Feststellungen werden quer durch die Lebensgeschichten weitere Muster deutlich. Ein Muster besagt, dass die allermeisten Westdeutschen bis 1989 von Ostdeutschland wenig oder nichts wussten. Ausnahmen bestätigen auch hier die Regel. Zwar gab es die typischen Erfahrungen: die Verwandtenbesuche aus oder in der DDR, die Grenzkontrollen, die Klassenfahrten nach Berlin mit einer auf wenige Stunden beschränkten Exkursion in den unbekannten Ostteil. Aber sie waren sporadisch und blieben oft ganz aus. Aufs Ganze gesehen gilt: Die Westdeutschen betraten eine *Terra incognita*. Das wiederum ist nicht allein der Mauer und dem Abreißen sozialer Bindungen geschuldet. Darin drückt sich auch ein Mangel an Interesse aus. Ein Mangel, der jetzt unter anderem jene Westdeutschen trifft, deren neuer Lebensmittelpunkt Ostdeutschland ist. Der Psychoanalytiker Jörg Frommer, der Landarzt Dirk Grotkopp, die einstige Studentin Stephanie Maiwald oder der Magdeburger Staatskanzleichef Rainer Robra – sie alle ernteten entweder Unverständnis für ihren Umzug oder spüren die Konsequenzen im westdeutschen Umfeld. Mal fällt das Unwort »Dunkeldeutschland«, mal klagen die Migrierten über den ausbleibenden Besuch von Freunden. Das alles macht deutlich: Neben den Migranten und der sie empfangenden Ostgesellschaft gibt es einen dritten Akteur, der sich bis heute kaum bewegt. Das ist die westdeutsche Mehrheitsgesellschaft. Was der Fall der Mauer und die anschließende Vereinigung für die neuen Länder bedeutet haben, neben vielerlei Gewinn auch eine Verlusterfahrung, das weiß diese Mehrheitsgesellschaft bis heute nicht. Es mangelt an Neugier und Empathie.

Klar ist ferner: Die Migranten der ersten Stunde wissen ganz andere Geschichten zu erzählen als jene, die nach ihnen kamen und auf konsolidierte Verhältnisse trafen. Die Erfahrungen der Westbeamten in Magdeburg sind tatsächlich Geschichte geworden. Was sie erlebten, das lassen sich die Westrentner in Görlitz und die Weststudenten in Greifswald nicht einmal träumen. Die einen hatten den Auftrag, das westdeutsche Regelwerk im Osten zu etablieren. Sie trafen auf Widerstand und hatten Fremdheitserlebnisse. Das kann man von den Migranten nach der Jahrtausendwende nicht mehr behaupten. Sie fielen ins gemachte Nest. Gleichwohl spüren auch die Spätberufenen, dass die Verhältnisse, denen sie jetzt anheimfallen, andere sind als jene, aus denen sie stammen. Die evangelische Bischöfin Ilse Junkermann ist dafür ein Beispiel, der Fußballmanager Nico Schäfer ein anderes. Sie treffen auf eine Kultur, die sich der westdeutschen angleicht, die jedoch immer noch signifikant verschieden ist und die sie so nicht mehr erwartet hatten.

Bei all dem zeigen die Wanderungsbewegungen, dass es *den* Osten nicht mehr gibt. Die Neigung, sich mit als vorzeigbar geltenden Orten wie Erfurt, Görlitz oder Jena zu identifizieren, ist größer als die Neigung, auf Magdeburg stolz zu sein, und zwar bei Einheimischen wie bei Zugezogenen. Die ostdeutschen Zentren sind westlicher geworden als die Provinz. In einigen Gegenden überragt das regionale Selbstbewusstsein die schwächer werdende Ostidentität. Dann wird es für beide Seiten leichter. Überdies macht es einen Unterschied, ob man aus Hessen ins nicht allein landschaftlich verwandte Thüringen zieht oder ob aus dem barocken Niederbayern in die schöne, aber eher norddeutsch nüchterne Uckermark. Hier sind Interessengegensätze und kulturelle Differenzen kleiner. Da sind sie größer. Und manchmal ist der Osten auch bloß Projektionsfläche für Unverdautes. Unter anderem dadurch erklären sich die Ambivalenzen, die dieses Buch durchziehen, das vielfach nicht Eindeutige.

Offensichtlich ist schließlich, dass die Westdeutschen im Osten immer noch eine weit bedeutendere Rolle spielen, als sie die Ostdeutschen im Westen je spielen werden. Normalerweise müssen Migranten die Spielregeln einer Gesellschaft verinnerlichen. Das Besondere der West-Ost-Migration bestand darin, dass die Migranten die Spielregeln gleich mitbrachten. Und während im Osten Hunderttausende ihre Arbeitsplätze verloren, bekamen Zehntausende Westdeutsche dort vereinigungsbedingt Jobs, die sie zu Hause nie bekommen hätten. Angesichts dieser Ungleichgewichte waren Auseinandersetzungen programmiert. Die Spielregeln sind nun etabliert. Eigentlich könnten die Ostdeutschen die Kontrolle übernehmen. Tatsache ist allerdings, dass es quantitativ immer noch Westdeutsche sind, die in den ostdeutschen Eliten den Ton angeben. Das Institut für Wirtschaftsforschung in Halle, in dem mehrheitlich Westdeutsche arbeiten, demonstriert dies genauso wie die Landesverwaltung in Magdeburg, in der drei Viertel der Führungspositionen von Bürgern aus den alten Bundesländern besetzt werden. Ob in der Politik, der Wirtschaft oder der Wissenschaft – die Bilder ähneln sich. Selbst die Landärzte müssen zuweilen aus dem Westen importiert werden. Dass sich die in der Regel akademisch gebildeten Westdeutschen ihre Dominanz da, wo sie auftritt, nicht erklären können, ist weniger ein Hinweis auf mangelnde Intelligenz als auf ein verstecktes Schuldgefühl.

Nun sagen manche, mit dem Zusammenwachsen Deutschlands spiele die Herkunft doch immer weniger eine Rolle. Das ist richtig. Richtig ist auch, dass sich die Frage nach der westdeutschen Dominanz in den Osteliten nicht zuletzt an die Ostdeutschen selbst richtet. Warum schafft es Mecklenburg-Vorpommern nicht, seine Ärzte aus der eigenen Bevölkerung zu rekrutieren? Warum fand sich in der Evangelischen Kirche Mitteldeutschlands 2009 kein überzeugender Ostaspirant für den Bischofssitz? Wo waren im Berliner Bezirk Pankow die Ostdeutschen, als es darum ging, einen Nachfolger für Wolfgang Thierse zu finden? Obwohl oder gerade weil all das berechtigte Fragen sind, wird es Zeit, dass die Ostdeutschen ihr Schicksal mehr in die eigenen Hände nehmen. Dazu gehört auch ein gewisses Machtbewusstsein.

Es geht nicht darum, eine Wiederauflage jener aufgeheizten Stimmung herbeizuschreiben, in der »Ossis« und »Wessis« einander beharkten. Dass die Westdeutschen ihre Chancen im Osten nutzten, ist ihnen so wenig vorzuwerfen wie den Ostdeutschen, die Gleiches in viel größerer Zahl im Westen taten. Und die »Wessis« lassen sich ohnehin nicht über einen Kamm scheren. Die Geschichten sind so bunt wie das Leben selbst. Da sind jene seltenen Exemplare, die recht gezielt in den Osten aufbrachen, so wie Rainald Grebe, um der Bürgerlichkeit des Westens zu entfliehen, oder aus Abenteuerlust wie die Görlitzer Rentner. Da sind viele, denen sich eine berufliche Gelegenheit bot wie der Museumsdirektorin Ingrid Mössinger, die dem Osten Bürgerlichkeit brachte. Und da ist eine dritte Kategorie von Menschen, die durch die Vereinigungsdynamik gleichsam in den Osten hineingezogen wurden. Der Unternehmer Thomas Kemmerich ist dafür ein Beispiel, die Hotelinhaberin Gertraud Huber ein anderes. Jedes Motiv hat seine Berechtigung. Es geht darum, dass der Osten noch mehr zu sich selbst kommt, als es im Moment der Fall ist. Bevor Gottfried Benn endgültig recht behält mit seinem Satz: »Leben ist Brückenschlagen über Ströme, die vergehn.«

Anhang

Anmerkungen

1 Vgl. Rother, Bernd: »Jetzt wächst zusammen, was zusammengehört« – Oder: Warum Historiker Rundfunkarchive nutzen sollten, in: Garton Ash, Timothy: Wächst zusammen, was zusammengehört?, Schriftenreihe der Bundeskanzler-Willy-Brandt-Stiftung, Heft 8, Berlin 2001.

2 Vgl. Schmelz, Andrea: Migration und Politik im geteilten Deutschland während des Kalten Krieges. Die West-Ost-Migration in die DDR in den 1950er und 1960er Jahren, Opladen 2002, S. 13 f.

3 Greene, Sir Hugh: Mit dem Rundfunk Geschichte gemacht. Eine Biographie, Berlin 1984, S. 113.

4 Vgl. Köpf, Peter: Wo ist Lieutenant Adkins? Das Schicksal desertierter Nato-Soldaten in der DDR, Berlin 2013.

5 Stumberger, Rudolf: Auswanderung in die DDR, in: heise.de vom 11. November 2009.

6 Althaus, Hans-Joachim: Auslandsleute. Westdeutsche Reiseerzählungen über Ostdeutschland, Tübingen 1996, S. 24.

7 Vgl. Warneken, Bernd Jürgen: Entfernung durch Annäherung? Blicke auf Ostdeutschland vor und nach der Maueröffnung, in: Althaus, Hans-Joachim: Auslandsleute, S. 53 ff.

8 So ein 34-jähriger Bilanzbuchhalter, in: ebenda, S. 88.

9 Ebenda, S. 96.

10 Statistisches Bundesamt: Wanderungen zwischen dem früheren Bundesgebiet und den neuen Ländern einschl. Berlin-Ost, Wiesbaden 2011.

11 Umfrage des Instituts für Demoskopie Allensbach im Auftrag der Welt am Sonntag, Ausgabe vom 16. Dezember 2012.

12 Vgl. Roesler, Jörg: Die Treuhandpolitik, in: Bahrmann, Hannes; Links, Christoph (Hg.): Am Ziel vorbei. Die deutsche Einheit – Eine Zwischenbilanz, Berlin 2005, S. 102.

13 Vgl. ebenda, S. 97.

14 Vgl. U.L.: Westdeutsche kaufen Ost-Wohnungen, in: Leipziger Volkszeitung vom 22. Mai 2012.

15 Vgl. Grundmann, Siegfried: Bevölkerungsentwicklung in Ostdeutschland. Demographische Strukturen und räumliche Wandlungsprozesse

auf dem Gebiet der neuen Bundesländer (1945 bis zur Gegenwart), Opladen 1998, S. 197.

16 Vgl. Bahrmann, Hannes: Gestörte Kommunikation, in: Bahrmann, Hannes; Links, Christoph (Hg.): Am Ziel vorbei, S. 262.

17 Magirius, Christoph: Der Umbau in den Kirchen. War alles nötig?, in: Thießen, Friedrich (Hg.): Die Wessis. Westdeutsche Führungskräfte beim Aufbau Ost, Köln, Weimar, Wien 2009, S. 238.

18 Frommer, Jörg: Die Wende in Westdeutschland. Einige Bemerkungen zur transgenerationalen Scham- und Schuldreaktion, in: Steiner, Beate; Bahrke, Ulrich (Hg.): Der »Innere Richter« im Einzelnen und in der Kultur, Gießen 2013, S. 12.

19 Ebenda, S. 14.

20 Ebenda, S. 14.

21 Ebenda, S. 15.

22 Ebenda, S. 18.

23 Frommer, Jörg: Umzug von West nach Ost im vereinten Deutschland, in: Forum der Psychoanalyse, Zeitschrift für klinische Theorie und Praxis, Band 19, Heft 2–3, Oktober 2003, S. 214.

24 Vgl. Klein, Olaf Georg: Ihr könnt uns einfach nicht verstehen! Warum Ost- und Westdeutsche aneinander vorbeireden, München 2004.

25 Emnid-Umfrage im Auftrag des Nachrichtenmagazins Der Spiegel aus dem Jahr 1991.

26 Vgl. Dreke, Claudia: Der fremde Osten. Formen der Verarbeitung von Fremdheit in der West-Ost-Migration nach 1990 am Beispiel von Verwaltungsangestellten, Berlin 2003, S. 27.

27 Vgl. ebenda.

28 Thießen, Friedrich: Das Wirken der westdeutschen Führungskräfte in der Gesamtschau, in: Thießen, Friedrich (Hg.): Die Wessis. Westdeutsche Führungskräfte beim Aufbau Ost, Köln, Weimar, Wien 2009, S. 16.

29 Pergande, Frank; Wehner, Markus: »Die DDR war kein totaler Unrechtsstaat«, Interview mit Erwin Sellering, in: Frankfurter Allgemeine Sonntagszeitung vom 22. September 2009.

30 Endlich, Luise: Neuland, Berlin 1999.

31 Borowski, Judith: Knietief im Osten. Reisen durch ein fremdes Land, München 2009.

32 Ebenda, S. 159.

33 Witzel, Holger: Schnauze Wessi. Pöbeleien aus einem besetzten Land, Gütersloh 2012.

34 Pressemitteilung von Wolfgang Neskovic vom 29. November 2012 auf seiner Homepage, Titel: Zurück in die Zukunft der SED.

35 Dreke, Claudia: Der fremde Osten, S. 119.

36 Ebenda, S. 128.

37 Eltzel, Birgitt: »Bei uns heißt es Brötchen«, in: Berliner Zeitung vom 14. Januar 2013.

38 Friedrich, Detlef: Wir noch in der Burg und draußen schon die Hunnen, Interview mit Frank Castorf in der Berliner Zeitung vom 14. November 1992.

39 Andre, Thomas; Unger, Christian: Der Häuptling der bösen Lieder, in: Hamburger Abendblatt vom 27. Dezember 2011

40 Borowski, Judith: Knietief im Osten. Reisen durch ein fremdes Land, München 2010, S. 202.

41 C.L.: Ein Stück Bayern in der Uckermark verwurzelt, in: Nordkurier vom 1. Oktober 2011.

42 Maiwald, Stephanie: Zurück in die Zukunft. Von Frankfurt West nach Frankfurt Ost, in: Hacker, Michael u.a. (Hg.): Dritte Generation Ost. Wer wir sind, was wir wollen, Berlin 2012.

43 Endlich, Luise: Neuland, Berlin 1999.

44 Endlich, Luise: Ostwind, Berlin 2000.

45 Plarre, Plutonia: »Ich würde nicht nochmal in den Osten ziehen«, Interview mit Werner Mendling, in: die tageszeitung vom 29. Dezember 2008.

46 Maaz, Hans-Joachim: Ihr könnt die 68er des Ostens sein, in: Zeit online vom 10. Januar 2013.

47 Seltmann, Uwe (Evangelischer Pressedienst): Hochzeit nur bei wahrer Liebe. In Stasi-Statistiken sind deutsch-deutsche Eheschließungen pedantisch aufgeführt, in: Der Tagesspiegel vom 1. März 1995.

48 Vgl. ebenda.

49 Seipp, Bettina: Der Mythos von den Ost-West-Ehepaaren, in: Die Welt vom 29. Mai 2009.

50 Ebenda.

51 Vgl. Klein, Olaf Georg: Ihr könnt uns einfach nicht verstehen! Warum Ost- und Westdeutsche aneinander vorbeireden, München 2004, S. 163.

52 Ebenda, S. 162.

53 Rösler, Wiebke: Die Ost-West-Partnerwahl. Wanderungen, Vorurteile, Wohlstandsunterschiede, in: Krause, Peter; Ostner, Ilona (Hg.): Leben in Ost- und Westdeutschland. Eine sozialwissenschaftliche Bilanz der deutschen Einheit 1990–2010, Frankfurt am Main 2010, S. 213.

54 Vgl. Klein, Olaf Georg: Ihr könnt uns einfach nicht verstehen! Warum Ost- und Westdeutsche aneinander vorbeireden, München 2004, S. 170.

55 Korte, Jan: Geh doch rüber! Feinste Beobachtungen aus Ost und West, Berlin 2013.

56 Ebenda, S. 17.

57 Ebenda, S. 18.

58 Ebenda, S. 27.

59 Ebenda, S. 39.
60 Ebenda, S. 52–54.
61 Ebenda, S. 67.
62 Ebenda, S. 45.
63 Gerig, Uwe: Unterwegs im anderen Deutschland. Reisen zwischen Fichtelberg und Kap Arkona, Frankfurt am Main 1986.
64 Gerig, Uwe: Quedlinburg. Ein Umzug in Deutschland, Aachen 2012.
65 Ebenda, S. 4.
66 Ebenda, S. 204.
67 Ebenda, S. 5.
68 Ebenda, S. 27.
69 Ebenda, S. 4.
70 Ebenda, S. 52.
71 Ebenda.
72 Platthaus, Andreas: Wandlitz im Westen. Ein Novemberspaziergang: Kronberg im Taunus im Jahre 10, in: Frankfurter Allgemeine Zeitung vom 29. November 1999; Vgl. auch: Sußebach, Henning: Maria und Josef im Ghetto des Geldes, in: Die Zeit vom 22. Dezember 2011.
73 Dieckmann, Christoph: Kaiser, Bürger, Bettelmann, in: Die Zeit vom 11. April 2002.
74 Vgl. http://www.zentralratdjuden.de/de/topic/548.redebeitrag-dr-dieter-graumann.html.
75 Vgl. Decker, Markus: Heimatlos im Lutherland. Eine protestantische Pfarrersfamilie auf unfreiwilliger Wanderschaft zwischen Ost und West, in: Heitmeyer, Wilhelm (Hg.): Deutsche Zustände, Folge 7, Frankfurt am Main 2009, S. 209–217.
76 Lüpke-Narberhaus, Frauke: Studenten-Umfrage: Wessis, ab in den Osten!, in: Spiegel online vom 12. September 2012.
77 Ebenda.
78 Ebenda.
79 N.N.: Du passt nicht mehr in unser Weltbild, in: Der Spiegel vom 13. Juli 1992.
80 Antwort der Landesregierung Sachsen-Anhalt auf eine Kleine Anfrage der PDS-Fraktion im Landtag, Drucksache 1/3129 vom 1. November 1993.
81 Augustin, Hartmut; Gauselmann, Kai: »Wir können nicht anders«, Interview mit Reiner Haseloff, in: Mitteldeutsche Zeitung vom 29. Mai 2013.
82 Locke, Stefan; Machowecz, Martin: Wer regiert den Osten?, in: Die Zeit vom 26. September 2013.
83 N.N.: Wenn Wessis bei uns jubeln, krieg' ich das Kotzen, in: Die Welt vom 4. November 2012.

84 Ahrens, Peter: Zweitliga-Überraschung Union-Berlin: Immer weiter, ganz nach vorn, in: Spiegel online vom 4. November 2013.

85 Vgl. Decker, Markus: Missstimmung bei der Stasi-Debatte, in: Mitteldeutsche Zeitung (online) vom 21. März 2013.

86 Kowalczuk, Ilko-Sascha: Stasi konkret. Überwachung und Repression in der DDR, München 2013.

87 Debski, Andreas: »Die Stasi war mächtig, aber nicht mächtiger als die SED«, Interview mit Ilko-Sascha Kowalczuk, in: Leipziger Volkszeitung vom 8. März 2013.

88 Decker, Markus: Missstimmung bei der Stasi-Debatte, in: Mitteldeutsche Zeitung (online) vom 21. März 2013.

89 N.N.: Mitleid mit den Eltern, Interview mit Klaus Schroeder, in: Der Spiegel vom 27. April 2009.

90 Vgl. Staud, Toralf: Vergangenheitsaufklärung einmal anders, in: Zeit online vom 25. März 2010.

91 Vgl. Wehner, Markus: Für Verdienste um Volk und Vaterland, in: Frankfurter Allgemeine Sonntagszeitung vom 28. Oktober 2012.

92 Decker, Markus, 189 000 Inoffizielle Mitarbeiter, in: Mitteldeutsche Zeitung vom 21. Mai 2013.

93 Vgl. ebenda.

94 Hammerschmidt, Ulrich: Die Bundeskunst zum Republikgeburtstag, in: Freie Presse vom 30. April 2009.

95 Kindermann, Angelika: »Ziemlicher Unfug«, Interview mit Klaus Staeck, in: art – das Kunstmagazin vom 15. Mai 2009.

96 Jähner, Harald: Kunst aus einer halben Nation, in: Berliner Zeitung vom 30. April 2009.

97 Montag, Andreas: Der Maler, der nicht ins Bild passen wollte, in: Mitteldeutsche Zeitung vom 6. Dezember 2012.

98 Ruthe, Ingeborg: Kunsteinsatz Ost, in: Frankfurter Rundschau vom 6. Januar 2012.

99 Moritz, Tino: Mössinger verlängert ihren Vertrag, in: Mitteldeutsche Zeitung vom 19. Januar 2011.

100 Ruthe, Ingeborg: Kunsteinsatz Ost, in: Frankfurter Rundschau vom 6. Januar 2012.

101 Es fällt auf, dass die Kunstwelt im Osten eine Domäne der Frauen zu sein scheint, während der west-ostdeutsche Elitentransfer sonst überwiegend Männersache war.

102 Rada, Uwe: Thierse sagt zum Abschied laut Adé, in: die tageszeitung vom 2. Januar 2013.

103 Kain, Florian: Schwaben sollen »Schrippe« sagen – findet Thierse, Interview mit Wolfgang Thierse, in: Berliner Morgenpost vom 31. Dezember 2012.

Abbildungsnachweis (in der Reihenfolge des Erscheinens)

Markus Decker (Foto: Sven Gatter)
Jörg Frommer (Otto-von-Guericke-Universität Magdeburg)
Rainald Grebe (Gesa Simons)
Gertraud Huber (Sven Gatter)
Stephanie Maiwald (Sven Gatter)
Ilona und Peter Krakow (Andreas Stedtler)
Ilse Junkermann (Viktoria Kühne)
Jan Korte (Engelbert Pülicher)
Gotthard Debelius (privat)
Ruth und Uwe Gerig (privat)
Inge und Siegfried Eisenlohr (Nikolai Schmidt)
Birgit und Horst Lohmeyer (Roman Pawlowski)
Jutta Günther (Andreas Stedtler)
Dirk Grotkopp (Katja Hoffmann)
Johanna Ehlers, Till Lüers, Lisa-Samira Henke (privat)
Thomas Kemmerich (Marco Schmidt)
Rainer Robra und Matthias Schuppe (Ines Berger)
Nico Schäfer (Matthias Koch)
Helmut Müller-Enbergs (Sven Gatter)
Ingrid Mössinger (Gerd Engelsmann)
Wolfgang Thierse und Klaus Mindrup (Christian Schulz)

Literaturverzeichnis

Althaus, Hans-Joachim: Auslandsleute. Westdeutsche Reiseerzählungen über Ostdeutschland, Tübingen 1996.

Bahrmann, Hannes; Links, Christoph (Hg.): Am Ziel vorbei. Die deutsche Einheit – Eine Zwischenbilanz, Berlin 2005.

Borowski, Judith: Knietief im Osten. Reisen durch ein fremdes Land, München 2009.

Bundesregierung: Jahresbericht zum Stand der Deutschen Einheit, Berlin 2012.

Decker, Markus: Die Rechten im Osten. Fünf Gründe, warum es nicht schaden kann, die Wahrheit auf kleiner Flamme zu kochen, in: Berliner Republik, 1/2001, S. 69–70.

Decker, Markus: Heimatlos im Lutherland. Eine protestantische Pfarrersfamilie auf unfreiwilliger Wanderschaft zwischen Ost und West, in: Heitmeyer, Wilhelm (Hg.): Deutsche Zustände, Folge 7, Frankfurt am Main 2009, S. 209–217.

Dreke, Claudia: Der fremde Osten. Formen der Verarbeitung von Fremdheit in der West-Ost-Migration nach 1990 am Beispiel von Verwaltungsangestellten, Berlin 2003.

Endlich, Luise (Gabriela Mendling): Neuland, Berlin 1999.

Dies.: Ostwind, Berlin 2000.

Frommer, Jörg: Umzug von West nach Ost im vereinten Deutschland, in: Forum der Psychoanalyse, Zeitschrift für klinische Theorie und Praxis, Band 19, Heft 2–3, Oktober 2003.

Frommer, Jörg: Die Wende in Westdeutschland. Einige Bemerkungen zur transgenerationalen Scham- und Schuldreaktion, in: Steiner, Beate; Bahrke, Ulrich (Hg.): Der »Innere Richter« im Einzelnen und in der Kultur, Gießen 2013.

Gerig, Uwe: Unterwegs im anderen Deutschland. Reisen zwischen Fichtelberg und Kap Arkona, Frankfurt am Main 1986.

Gerig, Uwe: Quedlinburg. Ein Umzug in Deutschland, Aachen 2012.

Greene, Sir Hugh: Mit dem Rundfunk Geschichte gemacht. Eine Biographie, Berlin 1984.

Grundmann, Siegfried: Bevölkerungsentwicklung in Ostdeutschland. Demographische Strukturen und räumliche Wandlungsprozesse auf dem Gebiet der neuen Bundesländer (1945 bis zur Gegenwart), Opladen 1998.

Hacker, Michael u.a. (Hg.): Dritte Generation Ost. Wer wir sind, was wir wollen, Berlin 2012.

Hinck, Gunnar: Eliten in Ostdeutschland. Warum den Managern der Aufbruch nicht gelingt, Berlin 2007.

Hoffmann, Ruth: Stasi-Kinder. Aufwachsen im Überwachungsstaat, Berlin 2012.

Huhn, Klaus: Die Flachzangen aus dem Westen, Berlin 2011.

Jacobsen, Heike: Umbruch des Einzelhandels in Ostdeutschland. Westdeutsche Unternehmen als Akteure im Transformationsprozess, Frankfurt am Main, New York 1999.

Jürgs, Michael: Wie geht's, Deutschland? Populisten. Profiteure. Patrioten. Eine Bilanz der Einheit, München 2008.

Klein, Olaf Georg: Ihr könnt uns einfach nicht verstehen! Warum Ost- und Westdeutsche aneinander vorbeireden, München 2004.

Köpf, Peter: Wo ist Lieutenant Adkins? Das Schicksal desertierter Nato-Soldaten in der DDR, Berlin 2013.

Korte, Jan: Geh doch rüber! Feinste Beobachtungen aus Ost und West, Berlin 2013.

Kowalczuk, Ilko-Sascha: Stasi konkret. Überwachung und Repression in der DDR, München 2013.

Krause, Peter; Ostner, Ilona (Hg.): Leben in Ost- und Westdeutschland. Eine sozialwissenschaftliche Bilanz der deutschen Einheit 1990–2010, Frankfurt am Main 2010.

Rother, Bernd: »Jetzt wächst zusammen, was zusammengehört« – Oder: Warum Historiker Rundfunkarchive nutzen sollten, in: Garton Ash, Timothy: Wächst zusammen, was zusammengehört?, Schriftenreihe der Bundeskanzler-Willy-Brandt-Stiftung, Heft 8, Berlin 2001.

Schaad, Martin: »Dann geh doch rüber«. Über die Mauer in den Osten, Berlin 2009.

Schindler, Thomas: Herausforderung Ostdeutschland. Westdeutsche in den neuen Bundesländern, Neuwied, Berlin 1991.

Schmelz, Andrea: Migration und Politik im geteilten Deutschland während des Kalten Krieges. Die West-Ost-Migration in die DDR in den 1950er und 1960er Jahren, Opladen 2002.

Thießen, Friedrich (Hg.): Die Wessis. Westdeutsche Führungskräfte beim Aufbau Ost, Köln, Weimar, Wien 2009.

Witzel, Holger: Schnauze Wessi. Pöbeleien aus einem besetzten Land, Gütersloh 2012.

Dank

Ich danke allen, die mir für dieses Buch Rede und Antwort standen – besonders denen, die dabei öffentlich etwas offenbart haben, was sie normalerweise nicht offenbart hätten. Ich danke Christoph Links für die Idee zu dem Buch und dafür, dass er mich hat machen lassen. Und ich danke Johanna Links für die schöne Zusammenarbeit.

Ich danke allen, die mir für dieses Buch wichtige Hinweise zu Personen gaben. Dazu zählen Ingeborg Ruthe, die mich auf Ingrid Mössinger hinwies, Christian Arbeit, ohne den ich auf seinen Vereinskollegen Nico Schäfer nicht gekommen wäre, Martin Biedermann, der mir von Gotthard Debelius erzählte, Christiane Biedermann, die Thomas L. Kemmerich beim Zeitunglesen entdeckte, Wolfgang Tiefensee, der mein Interesse an Ilona und Peter Krakow weckte, und Ulrike Fleischer, die mich in eine Vorstellung von Rainald Grebe mitnahm.

Ich danke meinen Freunden Hans Christian Hagedorn sowie Leonie und Jochen Loreck für die Ermutigung, das aufmerksame Studium des Manuskripts und mancherlei Gespräch in trauter Runde.

Zu guter Letzt möchte ich Gabi, Eike, Christiane und Martin Biedermann sowie Bea, Cora, Urs und Wolf Berthold dafür danken, dass sie mich immer wieder in ihre familiäre Mitte nehmen.

Zum Autor

© Sven Gatter

Markus Decker
Jahrgang 1964, Studium der Politikwissenschaft, Soziologie und
Romanistik in Münster und Marburg, ab 1994 Redakteur in
Lutherstadt Wittenberg und Halle,
seit 2001 Berliner Parlamentskorrespondent für die *Mitteldeutsche Zeitung* und den *Kölner Stadt-Anzeiger,* seit 2012 auch für
die *Berliner Zeitung* und die *Frankfurter Rundschau.*
2006 erhielt Markus Decker den *Journalistenpreis Münsterland*
für einen autobiografischen Text über seine Heimatstadt.
Er lebt in Berlin.

Michael Hacker u.a. (Hg.)
Dritte Generation Ost
Wer wir sind, was wir wollen

3. Auflage
264 Seiten, Broschur
ISBN 978-3-86153-730-4
16,90 € (D); 17,40 € (A)

Über 2,4 Millionen Ostdeutsche erlebten die Wende von 1989 als Kinder und Jugendliche. In der DDR geboren, aber in der vereinten Bundesrepublik erwachsen geworden, haben sie einzigartige Umbruchserfahrungen gemacht. Sie sind dadurch zu doppelten Vermittlern geworden – zwischen den Generationen und zwischen Ost und West. Eine Rolle, die sie nun selbstbewusst wahrnehmen wollen und für die sie ihre eigene Sprache gefunden haben.

»Spannende, anrührende und vor allem von der Lust zur Mitgestaltung der Zukunft durchdrungene Beiträge machen den Band zu einem absoluten Lesegewinn.«

Gießener Allgemeine

www.christoph-links-verlag.de

Credo-Film, RBB,
Berliner Zeitung (Hg.)
Die Ostdeutschen
25 Wege in ein neues Land

ca. 200 Seiten, Festeinband
ISBN 978-3-86153-797-7
19,90 € (D); 20,50 € (A)

Das trimediale Großprojekt zum 25. Jahrestag der Fried-
lichen Revolution und des Mauerfalls besteht aus 25 Fern-
sehfilmen von jeweils 15 Minuten der Firma Credo-Film,
die vor dem 9. November 2014 an fünf Abenden im RBB
ausgestrahlt sowie mit einer Artikelserie von 25 ganzseiti-
gen Porträts in der Berliner Zeitung begleitet werden. Dargestellt werden die Entwicklungen von 25 Menschen aus
verschiedenen Berufen und Regionen seit 1989. Porträtiert
werden u. a. ein Generaldirektor und ein Bäckermeister,
eine Gaukler-Familie und ein Leistungssportler, eine Alt-
kommunistin und ein Boulevard-Journalist, ein »Held der
Arbeit« und eine Arbeitslose, ein Galerist und eine Strip-
teaselehrerin.

Ch.Links

www.christoph-links-verlag.de